Игорь Юдович

# СОЕДИНЁННЫЕ ШТАТЫ и Ближний Восток

## Палестинская проблема и еврейский вопрос

БОСТОН · **2026** · BOSTON

**Игорь Юдович**

Соединённые Штаты и Ближний Восток (1780–1948)

*Палестинская проблема и еврейский вопрос*

**IGOR YUDOVICH**

The United States and the Middle East (1780–1948)

*The Palestinian Issue and the Jewish Dilemma*



ISBN 978-1-970342-03-1

Published by M•GRAPHICS | BOSTON, MA
   www.mgraphics-books.com
   mgraphics.books@gmail.com

Book Design by M•GRAPHICS © 2025
Cover Design by Larysa Studinskaya © 2025
Images: Wikimedia Commons and Wikipedia / Public Domain

Printed in the United States of America

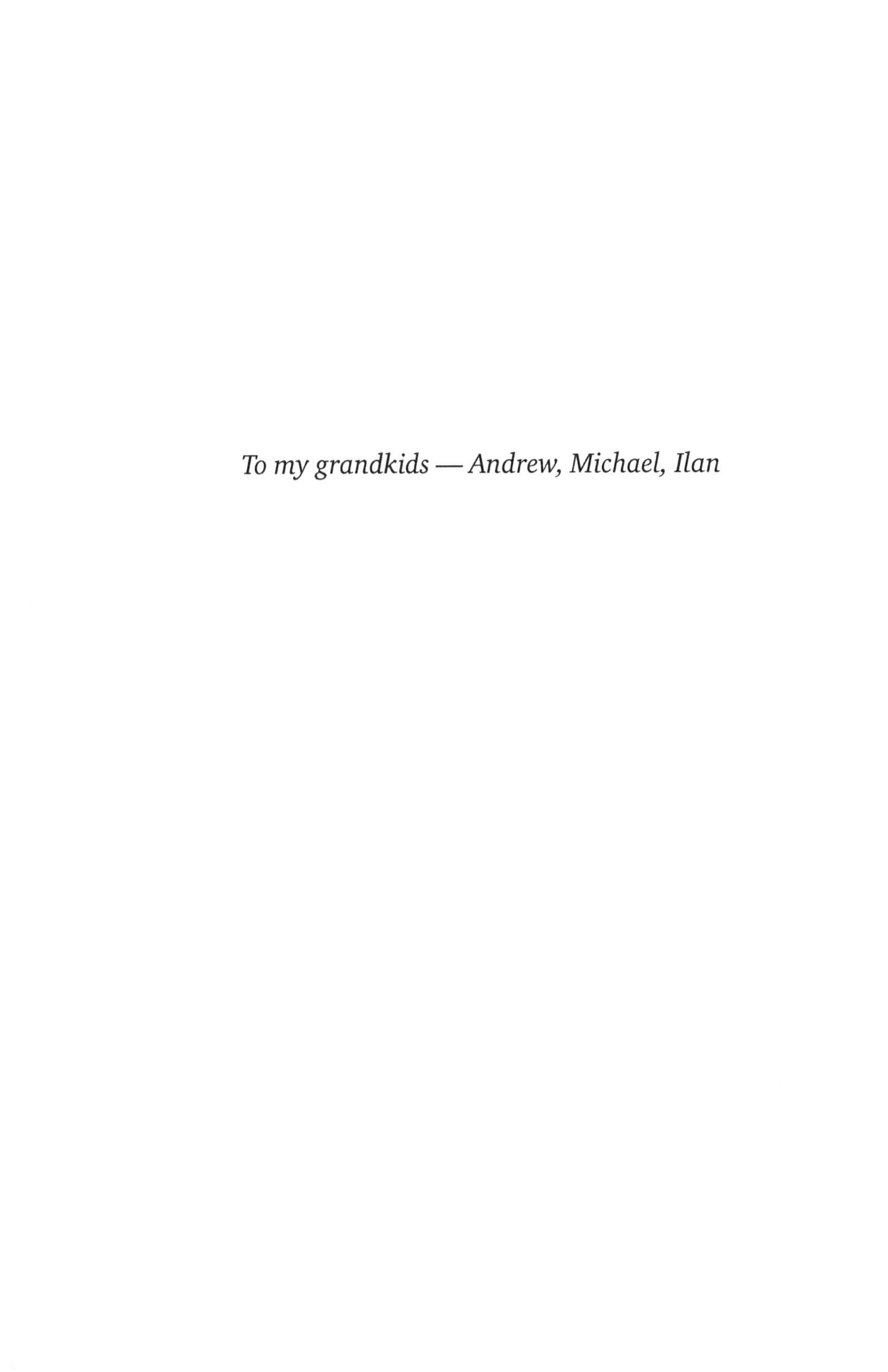

*To my grandkids — Andrew, Michael, Ilan*

# СОДЕРЖАНИЕ

# ПРЕДИСЛОВИЕ

*Rome was not built in a day*

Н<br>а землях, которые сегодня называют Ближним и Средним Востоком, испокон веков жили большие и не очень большие народы. Но после Второй мировой войны одним из главных действующих лиц, а вскоре и наибольшим влиянием в регионе пользуется государство, расположенное за тысячи километров и в населении которого арабы, персы, турки и евреи составляют совершенно незначительное меньшинство. Этому должно быть объяснение. Нефтяные интересы, как бы важны сегодня они не были, на мой взгляд, объясняют это только частично. Я попытаюсь показать, что у США с самого зарождения независимого государства и задолго до его нынешнего статуса экономического гегемона и «мирового жандарма» были серьёзные геополитические и экономические интересы на Ближнем Востоке. Но не только. Двумя другими, не менее важными историческими факторами, которые способствовали вовлечению Соединённых Штатов Америки в события и конфликты на Ближнем и Среднем Востоке, была весьма необычная история знакомства с регионом и последующая за этим эпоха христианского миссионерства: оба этих фактора влияли и, возможно, будут продолжать влиять на отношение США к событиям в регионе.

Начиная с утверждения христианства, а затем ислама, проблемы региона были в основном религиозные. Но где-то с конца XIX века главным противоречивым и до нашего времени всё ещё неразрешимым вопросом Ближневосточного региона стала так называемая «Палестинская проблема», проблема всё более политическая или, если использовать модный термин — геополитическая. Как нам сегодня уже очевидно, исторически сравнительно новая «Палестинская проблема» тысячами связей переплетена с куда более древним «еврейским вопросом», на решение которого по-разному, часто антагонистически по-разному, смотрят евреи диаспоры, евреи вновь воссозданного Израиля, представители христианского и мусульманского мира. Соединённые Штаты, имея большую еврейскую диаспору, не могли не оказаться вовлечёнными в попытки решения или хотя бы сглаживания региональных противоречий, важных для Великобритании, Франции, СССР и других заинтересованных стран. С возникновением в 1948 году государства Израиль, по существу, ничего не изменилось, борьба интересов разве только усилилась.

Дипломатическим, религиозным, военным и политическим взаимоотношениям Соединённых Штатов Америки с государствами Ближнего Востока, а также связанными внутриполитическими, социальными и религиозными конфликтами в самой Америке и посвящена эта книга.

В *первой главе* будет рассказано о неожиданно быстром, «тесном» и малоприятном знакомстве только что возникшей республики с государствами, политикой и культурой Ближнего и Среднего Востока. В частности, я попытаюсь показать, как события на Ближнем Востоке стали причиной, по которой дала трещину завещанная отцами-основателями США традиция изоляционизма по отношению к иностранным государствам.

Во *второй главе* — краткое описание истории американского протестантского миссионерства на Ближнем Востоке, его влияния на политические решения в регионе и историю его срастания с американской дипломатической бюрократией. Попутно, я надеюсь показать, как одним из непредвиденных последствий миссионерства стал широко известный институционный антисемитизм Госдепартамента (Министерства иностранных дел) США, уже тогда для многих, но к счастью, не для всех, прикрываемый фиговым листком антисионизма. Продолжение темы антисемитизма, окончательно принявшего форму антисионизма в Госдепартаменте будет в четвёртой главе.

В *третьей главе*, которая как бы выпадает из заявленной темы, будет рассказано о невероятных событиях, которые привели Гарри Трумэна, героя следующей главы, малоизвестного сенатора от второстепенного штата к должности вице-президента США. Его необычайно важная роль уже в должности Президента США в борьбе за решение трагической проблемы перемещённых лиц, в нашем контексте — евреев, в послевоенной Европе и в самой борьбе за создание и признание государства Израиль будет темой *четвёртой главы.*

В *пятой главе* я немного подробнее остановлюсь на нескольких малоизвестных эпизодах в решающее время для признания Израиля и о нынче, к сожалению, забытых американцах, которые сыграли значительную роль в принятии Резолюции №181, официального документа ООН о признании государства Израиль.

Наконец, в *шестой главе* я познакомлю с обсуждением «еврейского вопроса» в довоенных (Второй мировой войны) Соединённых Штатах и об общей истории антисемитизма в англоязычном мире к тому времени. Эта глава поможет лучше понять исторические предпосылки системного антисемитизма в американском обществе, который, безусловно, сыграл свою роль в решении «Палестинского вопроса» в 1945–1948 годах.

Предлагаемая читателям книга скомпонована из различных работ автора, опубликованных в течение последних двадцати лет на страницах сетевого портала-издания «Заметки по еврейской истории», под редакцией Евгения Берковича. Для этой книги все они были заново отредактированы. В текст добавлена новая информация, новые фотографии, уточнены некоторые детали и положения, сделана общая корректировка содержания глав и ссылок. В том числе сделаны изменения и дополнения с учётом замечаний и критики участников обсуждения на портале «Заметки по еврейской истории». Всем им, и, конечно, редактору портала Евгению Михайловичу Берковичу, искреннее спасибо.

Огромное спасибо моим многочисленным друзьям, особенно Михаилу Рейзу и жене — Марии Юдович, за их советы, критику и помощь в написании книги.

# Глава первая

# БЕРБЕРСКИЕ ВОЙНЫ

## 1

Государства, как и люди, могут «родиться в рубашке», или, как принято говорить в англоязычных странах — «с серебряной ложкой во рту».

Соединённые Штаты Америки — счастливое государство. Геополитика любой страны, как следует из определения [1], является функцией прежде всего её географического положения, демографии и экономики. Трудно найти страну с более удачной географией. Государству, которое в 1787 году назовут Соединённые Штаты Америки, от бога была дана естественная защищённость границ и разделение двумя океанами от всех конфликтных зон Старого Света, доступность и удобство речного и морского судоходства — самого дешёвого способа транспортировки продуктов производства и экспорта/импорта товаров [2], прекрасный климат и связанное с ним плодородие почв, обилие удобных для пахоты земель и девственных лесов, наличие всех необходимых полезных ископаемых. Не растеряв данного свыше, колонии ко времени своей независимости добавили такие геополитические преимущества как быстрорастущее трудолюбивое население и самую развитую и производительную культуру своего времени — англосаксонскую. Девятнадцатый век добавил к вышеперечисленному неистощимый источник энергии новых эмигрантов, непрекращающийся поток финансирования и новых технологий из Европы.

Политическая история и политическая традиция государства на длительном промежутке времени является практическим воплощением геополитики и всегда зависит от неё [3]. На основе геополитических реальностей возникает и развивается культура нации и её важная часть — религия. Но геополитические особенности, являясь базовыми, далеко не полностью определяют *прак-*

*тический* курс политической истории страны. Существует ещё один очень важный фактор, на который опирается и без которого невозможно представить внешнеполитический курс любой страны.

Имя ему — история страны и связанная с ней историческая традиция.

В этом очень важном аспекте Америка уступала любой европейской стране: у неё не было своей истории.

Как легко увидеть, изучая историю стран любого региона, их развитие и взаимоотношения опираются не только на геополитические основы и достигнутую экономическую базу, но и на достоверные исторические события прошлого (или, что то же самое — на исторические мифы), определяющие возникновение и/или переломные моменты истории страны, включая сюда и историю взаимоотношений со странами-соседями. И конечно, как следствие — на религию, фольклор, литературу, музыку, архитектуру, сложившиеся за многочисленные века и определяющие культурные и бытовые традиции народа. Эти традиции, в свою очередь, опираются на свою собственную национальную историю развития. Если сказать коротко: хотя политический курс страны фундаментально зависит от геополитических основ, но его невозможно детализировать, сделать предсказуемым как для внутреннего употребления, но ещё более — для внешнего, без учёта и опоры на историю страны.

Америка была слишком юной, чтобы всё это иметь. По существу, единственным историческим событием, ставшим общим мифом для некоторых из разобщённых колоний, была достаточно второстепенная история пилигримов, которой к обретению независимости было всего полторы сотни лет. Новая страна вряд ли могла состояться, не создав взамен несуществующей общей культурно-исторической традиции что-то другое, на базе чего можно было объединить население в единую нацию, которую мы сегодня называем «американской», или «американским народом» [4]. И такое «что-то другое» было найдено [5].

Это не произошло и не могло произойти быстро.

Фундамент американской идеи национального государства строился много десятилетий и опирался в свою очередь на два скальных основания. Первым — идеологическим — была история Революции, в гораздо большей степени основанная на истории жизни и борьбы отцов-основателей, чем на самих исторических событиях. Эта идеологическая часть со временем стала опираться не только на реальную историю, но и на созданные народным сознанием мифы [6]. Второй опорой фундамента, на мой взгляд — материальной, и в этом радикальное отличие от других государств, были Основополагающие Документы, созданные отцами-основателями [7].

Эти две составляющие — история Революции/история отцов-основателей и Основополагающие Документы — стали частью национального сознания или, если угодно, национальным мифом, в разное время.

Создание первой составляющей оказалось долгим и совсем не простым делом. По существу, за очень длительный период, примерно с революционных 1770-х до послевоенных 1860-х, стране, несмотря на все усилия, удалось прорисовать только один общенациональный образ-икону — Джорджа Вашингтона [8] и не удалось создать ничего подобного общепринятой истории Революции.

А усилия были предприняты очень серьёзные.

## 2

В сфере создания национальной истории, так же как законодательства и администрирования, сказался американский федерализм: каждый штат писал свою историю как единственно важную или, в лучшем случае, решающую в победе. То же относилось к героям Революции. После Вашингтона, казалось бы, самыми очевидными кандидатами на общеамериканскую признательность были Джон Адамс, Франклин, Джефферсон и Гамильтон. Но это взгляд на историю из нашего времени, когда мы не принимаем во внимание ту свирепую политическую борьбу, из-за которой добрая половина страны в первые послереволюционные десятилетия относилась к ним с большим предубеждением (каждая половина, соответственно, к своей жертве). Кроме всего, Франклина считали слишком большим космополитом, большая часть его политической активности прошла за границей, в самой Революции он почти не принимал участие. Его выдающиеся литературные работы и политические памфлеты были почти все написаны на французском и ждали 1830–40-х годов быть переведёнными и опубликованными в Америке. Совершенно замечательная «Автобиография» [9] добралась до Америки только в 1868 году. Джон Адамс, роль которого была огромна в Революционное время, был первым Президентом, не переизбранным на следующий срок, к тому же совершивший несколько серьёзных ошибок с формированием своей Администрации — этого оказалось достаточно для его быстрого вытеснения из национальной памяти. С Джефферсоном были свои сложности: он никогда, вплоть до глубокой старости, не считал себя американцем, везде в речах и письмах вне восьмилетнего периода своего президентства называл себя вирджинцем [10]. Немаловажно, что сам характер Джефферсона не без основания был предметом серьёзных дебатов. Только в 1858 году после публикации Генри Рэндаллом трехтомной биографии третьего Президента Джефферсон занял место в пантеоне американской славы. Гамильтону, которого многие великие современники считали единственным политическим гением своего времени, не повезло ещё больше; по разным причинам, в том числе — из-за любовного скандала, закончившего его политическую карьеру, и преждевременной смерти на дуэли, его признали великим американцем только в начале XX-го столетия.

Поэтому первыми национальными героями после Вашингтона стали во многом хотя и замечательные, но второстепенные участники революционного времени. И самое главное — провинциальные. Первый из них — Патрик Генри, вирджинец, давший Революции один из двух её главных лозунгов [11]. Его политическая судьба была крайне противоречивой. Он начал свою деятельность в одной связке с Джефферсоном и Мэдисоном, но позже примкнул к партии федералистов Гамильтона и стал смертельным врагом своих старых друзей и соратников по Революции. После публикации в 1805 году вирджинским (естественно!) политиком, юристом и писателем Уильямом Виртом фундаментальной книги о Генри [12] он стал героем Вирджинии и в немалой степени в отсутствие других — национальным героем Америки. Это не устроило людей, живших в штате Массачусетс [13]. Поэтому немедленно жители Массачусетса (при поддержке других штатов Новой Англии), и в первую очередь бывший Президент Джон Адамс, стали создавать образ своего «национального» героя — Джеймса Отиса, роль которого в Революции, по их мнению, была существенно значимее. В 1823 году вышла книга бостончанина Уильяма Тюдора о жизни Отиса — и «справедливость», по мнению массачусетцев, была восстановлена. Аналогичные процессы происходили и в других штатах; в результате на позицию национальных героев иногда выдвигались люди, для которых сегодня не нашлось ссылки в Вики.

Очень похоже развивались события по созданию общепринятой национальной истории Революции.

До Революции каждый штат имел свою историю, свою провинциальную традицию обращения к местным символам, героям, свои исторические книги. После Революции выяснилась одна странная особенность: отцы-основатели, люди во всех отношениях выдающиеся, практически не оставили после себя не только литературных или исторических описаний эпохи, но даже полноценных дневников, говорящих о событиях за пределами их штатов. Постоянно перемещающееся и часто сменяемое правительство с плохо хранящимися архивами и явно неадекватное отношение к сохранению документов Континентального Конгресса также оказалось важным негативным фактором. Кроме того, разрыв экономических отношений с Англией привёл к тому, что более чем на десятилетие практически прекратилось печатание книг, и, как следствие, к полной неопределённости местного книжного рынка в условиях недоступности рынка английского. Тем не менее в общественном мнении существует мнение о «полноте документов» революционной эпохи, что, конечно, во многом заслуга историков куда более поздних времён.

Работа по написанию послереволюционной истории началась, как всегда, в штатах после того, как в большинстве их были созданы «Исторические общества». Первым, создавшим такое общество в 1794 году, был Массачусетс, вторым и третьим — Нью-Йорк и Мэйн [14]. Работа обществ была, конечно, сосредоточена вокруг истории штатов в последние десятилетия. Но это уже была настоящая история, основанная на сборе тысяч и тысяч подлинных документов и очень профессиональной работе с ними. Вторым этапом стало обращение к биографиям как известных, так и не очень известных людей, явно пытаясь представить их национальными фигурами. В 1820–1827 годах появилась, например, «Биография людей, подписавших Декларацию независимости». В 1848 году, под редакцией Джареда Спаркса была издана фундаментальная «Библиотека биографий американцев» в 25 томах, где по мысли редакторов были собраны истории жизни знаменитых американцев самого широкого географического представительства.

Вскоре стало понятно, что этого недостаточно и что такой путь может никогда не привести к созданию общенационального исторического нарратива. Интересно, что написанной американцами национальной истории ещё не было, но при этом существовали приличные американские историки и уже была известна богатая литература по этому вопросу за пределами Америки. Человек, более известный как выдающийся американский писатель, поэт и философ—Ральф Уолдо Эмерсон, был, может быть, первым американцем, которому удалось представить краткую, но связную и строго документированную историю создания страны в своей чрезвычайно популярной лекции «История», опубликованной в 1841 году [15]. Касаясь причины отсутствия других, более фундаментальных книг на эту тему, Эмерсон проницательно замечает, что объяснение может быть в самой республиканской идее «типичного представителя» (Representative Man [16]), вокруг «скучной жизни» которого гораздо сложнее написать связную национальную историю, чем, как в европейском случае, вокруг историй королей, королев и прочих людей с голубой кровью и «гламурной» жизнью. Дополнительным фактором был странный для нас сегодня факт—историк, пытавшийся написать что-либо «общеамериканское», воспринимался его окружением как не патриот и чуть ли не изменник своего штата.

В этих сложившихся условиях американцам, интересующимся общенациональной историей, не оставалось ничего другого как обратиться к написанному за рубежом, прежде всего—в Англии. А там исторических исследований на американскую тему хватало на все вкусы. В Annual Register, публикации партии Вигов, тщательно описывались подробности американской Революции с обязательным ежегодным обобщающим комментарием самого Эдмунда Бёрка. Все американские историки долгое время считали своей библией книгу английского консерватора (члена партии Тори) Джорджа Чалмерса «Political Annals of the Present United Colonies», которая была издана в 1780 году. Ещё одним значительным, хотя и вторичным [17] явлением в американской историографии, была книга англичанина Уильяма Гордона «История протеста, прогресса и установления независимости Соединённых Штатов Америки», напечатанная в 1788 году в Лондоне. Гордон был одним из участников революционных событий в Америке (на стороне Америки), но издать свою книгу в Америке не смог.

И наконец, первую по-настоящему полную и признанную классической историю ранних лет Соединённых Штатов написал тоже иностранец, на этот раз итальянец — Чарльз Ботта [18]. Его книга «История Войны за Независимость», написанная на итальянском и изданная в 1809 году, была переведена на английский в 1820 году. Джон Адамс считал эту книгу лучшей из всех, а Джефферсон писал, что она станет «общим учебником нашей революционной истории» [19].

Сама же концепция *национальной* истории, начавшаяся с истории Революции, окончательно и органично вошла в сознание нации только после Гражданской войны 1860-х. Как широко известно, только после Гражданской войны страну стали воспринимать единой и называть, используя единственное число, и соответственно глагольную связку «is». До этого в английском языке после словосочетания Соединённые Штаты Америки употребляли «are» [20].

Так очень вкратце обстояло дело с трудным рождением первой составляющей общенациональной культурно-политической и исторической традиции молодой страны.

**3**

Совсем не так было с другой её важной составляющей — Основополагающими Документами.

Для Соединённых Штатов Америки, возникших на глазах мирового сообщества уже в эпоху широкого распространения печатного станка и прессы, освещающей каждое мгновение её жизни, список таких документов — очень короткий список — никогда не подвергался сомнению. К ним принадлежит Декларация независимости (1776), Конституция (1787), 85 статей, известных под названием «Записки федералиста» (*Federalist Papers* (1787–1788)), и прощальное Послание Джорджа Вашингтона (1796) [21].

Декларация независимости стала главным документом, объясняющим моральную сторону причин разрыва с Англией, обосновала саму необходимость разрыва и, как итог, провозгласила существование нового независимого государства.

Конституция — основной Закон государства, кроме всего прочего, узаконив разделение власти, наделила правом решать внешнеполитические вопросы—с определёнными исключениям и ограничениями—исполнительную власть, олицетворяемую президентом страны.

Статьи Федералиста—замечательные политические трактаты, объясняющие уникальный характер предлагаемой системы политической власти в новом государстве, детализирующие, разъясняющие достаточно общие, краткие статьи Конституции.

Вышеперечисленные документы явились (и являются!) основой для понимания внутреннего политического и социального устройства американской жизни, её отличия от устройства жизни других государств. Ни в одном из первых трёх документов мы не найдём совета или указания каким образом и в каком направлении должна осуществляться внешнеполитическая деятельность нового государства (за определённым исключением статьи Федералист 11, написанной Гамильтоном).

Только последний из этих документов, прощальное Послание, которое часто называют политическим завещанием Вашингтона (Farewell Address) или в своей внешнеполитической части—Доктриной Вашингтона, кроме размышления о внутренней политической системе страны, открыто и определённо говорит о желательном направлении её внешней политики.

Важность прощального Послания невозможно переоценить. Это единственный документ, который зачитывался ежегодно с 1896 и вплоть до 1984 года, перед объединённой сессией Конгресса и Сената (а до этого в течение многих лет зачитывался не регулярно). Чтение происходило в день рождения Вашингтона, 22 февраля. С 1984 года, после того, как посещение объединённой сессии конгрессменами из-за отсутствия интереса (!) почти прекратилось, традиция сохранилась только в Сенате, где Послание зачитывает вслух один из сенаторов, при этом выбор сенатора чередуется по годам между республиканцами и демократами [22]. В этой связи полезно вспомнить, что же сказал первый американский Президент, какие предпочтения курса внешней политики он завещал американскому народу, интересам которого он служил более двадцати лет?

В интересующей нас внешнеполитической части Послания сначала идут общие, хоть и важные, соображения (я выделил курсивом некоторые места, на мой взгляд, важные для данного очерка):

«Проявляйте добрую волю и соблюдайте справедливость по отношению ко всем государствам. Поддерживайте мир и согласие со всеми. Религия и мораль поощряют такое поведение… В осуществлении такого плана ничто не является более существенным, чем отказ от постоянной, глубоко укоренившейся вражды по отношению к одним государствам и горячей привязанности к другим; вместо этого следует развивать честные и дружественные отношения со всеми. Государство, испытывающее по отношению к другому ставшую привычной ненависть или вошедшую в привычку симпатию, является в какой-то степени рабом. Оно раб своей вражды или расположенности, и каждое из этих чувств достаточно для того, чтобы сбить такое государство с пути, отвечающего его долгу и интересу. Антипатия, существующая в одном государстве по отношению к другому, легко располагает обе стороны к нанесению оскорбления или ущерба, нетерпимому отношению к малейшей нанесённой обиде, а также к заносчивости и несговорчивости при возникновении непринципиальных или незначительных споров. Отсюда частые коллизии, упорные, острые и кровавые столкновения. *Нация, движимая недоброй волей и негодованием, вопреки трезвым политическим расчётам иногда понуждает правительство к войне.* Аналогичным образом горячая привязанность одного государства к другому приводит к множеству нежелательных последствий. Симпатия к государству-фавориту, *способствуя иллюзии надуманного взаимного интереса в случаях, когда взаимные интересы в действительности отсутствуют,* и внушение одной стороне враждебных чувств по отношению к другой втягивают первую в участие в спорах и войнах второй без достаточных на то оснований или оправданий. Она также ведёт к предоставлению государству-фавориту привилегий, в которых отказано другим, что вполне может нанести большой урон предоставляющему уступки государству, безосновательно теряющему то, что следовало бы сохранить, и провоцирующему ревность, недобрые чувства и намерение отплатить сторицей у тех, кто лишён аналогичных привилегий; и тщеславным, продажным или введённым в заблуждение гражданам (посвятившим себя государству-фавориту) предоставляется возможность жертвовать интересами своей собственной страны или предавать её и, не навлекая на себя позора, а подчас даже и обретая популярность, скрывать истинные основы безрассудных уступок тщеславию, коррупции или увлечению под маской благородного чувства долга, достойного похвалы уважения общественного мнения или похвального стремления к всеобщему благу. Свободному народу следует быть постоянно настороже ввиду опасности коварных уловок иностранного влияния (заклинаю вас верить мне, сограждане), *поскольку история и опыт свидетельствуют, что иностранное влияние является одним из злейших врагов республиканского правительства.* Но для того, чтобы эта настороженность приносила пользу, она должна быть непредвзятой, иначе она станет инструментом того самого влияния, которого следует избегать, вместо того чтобы быть защитой от него. *Чрезмерное расположение к одному иностранному государству и чрезмерная неприязнь к другому приводят к тому, что те, в отношении которых проявляются эти чувства, видят опасность лишь с одной стороны и не замечают козней влияния — с другой.* Истинные патриоты, которые могут сопротивляться интригам фаворита, становятся подозрительными и ненавистными, тогда как жертвы обмана удостаиваются аплодисментов и доверия народа, предавая его интересы».

Наконец наступает время для главного:

«*Основополагающим правилом поведения для нас во взаимоотношениях с иностранными государствами является развитие наших торговых отношений с ними при минимально возможных политических связях. Поскольку у нас уже возникли обязательства, давайте будем их выполнять, проявляя добрую волю в полной мере. Но давайте тут и остановимся. Европа определила для себя ряд первостепенных интересов, которые либо не касаются нас, либо имеют к нам весьма отдалённое отношение. Поэтому ей приходится ввязываться в частые конфликты, причины которых, по сути, далеки от наших забот. Следовательно, неразумно для нас связывать себя искусственными узами с заурядными превратностями её политики или со столь же заурядными коллизиями её дружественных либо враждебных отношений. Наше географически отдалённое положение позволяет нам придерживаться иного курса. Если мы останемся народом, полагающимся исключительно на себя, руководимым эффективным правительством, то уже недалеко время, когда мы сможем пренебречь материальным ущербом от исходящих извне неприятностей; когда мы сможем занять позицию, обеспечивающую тщательное соблюдение нейтралитета, который мы решим в любой момент объявить; когда враждующие государства, осознавая невозможность сделать приобретения за наш счёт, не будут с лёгкостью нас провоцировать; когда мы сможем выбирать между миром и войной, учитывая собственные интересы, диктуемые справедливостью».*

* * *

Послание Вашингтона стало теоретическим основанием важнейшей политической доктрины, долгие годы отличающей Соединённые Штаты от практически всех остальных стран Западного мира—*Доктрины Вашингтона* или по-другому—*Доктрины изоляционизма* [23]. (В дальнейшем повествовании я попробую показать, как с ростом экономической и военной мощи США неминуемо выхолащивался смысл Послания Вашингтона, остававшегося при этом чрезвычайно важным—действительно основополагающим документом для политической фракции, которая предпочитала самоизоляцию страны). Эту доктрину можно назвать доктриной трёх «не»: не вступать в интернациональные политические и торговые союзы (альянсы), не вступать в международные организации, не принимать на себя обязательства, связанные с решением военных, политических и экономических споров между другими странами или группами стран.

Основой Доктрины Вашингтона были геополитические и культурно-исторические особенности Соединённых Штатов, о чём достаточно ясно сказал сам Вашингтон. Политически Доктрина опиралась на глубокое убеждение большинства населения страны в том, что интересы свободы и демократии в стране могут быть утверждены и *защищены* без традиционно европейского, читай—военного, вмешательства в чьи-либо дела. Исторически, основы американского изоляционизма были заложены основателем американской политической философии Томасом Пейном в «Здравом Смысле», где он привёл многочисленные аргументы против заключения формального союза борющихся за независимость колоний с Францией, в то время единственного реального союзника американцев.

Изоляционизм колониального и ранне-американского периода оказался настолько созвучным мнению масс и большинства политических лидеров эпохи, а также настолько важным политическим движением, доказавшим свою практическую пользу для страны, что остался одним из самых существенных характеристик американского общества и в другие, весьма отличные от конца XVIII века времена. Начиная с международных событий, последовавших сразу после ухода Вашингтона, каждая попытка страны вырваться из уз изоляционизма подвергалась жёсткой проверке на прочность, прежде всего, проверке на соответствие Доктрине Вашингтона, озвученной в его прощальном Послании. Дискуссии о том, оставаться ли в изоляции или принять активное участие в значительных международных событиях, всегда, во-первых, становились действительно общенациональными, во-вторых, разделяли страну на две яростно несогласные друг с другом части. Например, решение об участии США в Первой и Второй мировых войнах было принято во многом вопреки воле большинства американского народа и было основано только на конституционном праве исполнительной власти принимать окончательное решение [24].

Через двести с лишним лет нам легко проследить судьбу Основополагающих Документов. Декларация независимости была и остаётся моральным компасом нации, основой как её каждодневного прагматизма, так и очевидного идеалистического взгляда на настоящее и будущее. Конституция, претерпев существенные дополнения и многочисленные разъяснения Верховного Суда, осталась основным юридическим документом, на который завязана вся политическая и экономическая жизнь государства. «Записки федералиста» (*Federalist Papers*), наряду с работами Аристотеля, Платона, св. Августина, Монтескьё, Локка, Гоббса, Ж. Ж. Руссо, Дидро, заняли своё законное и незыблемое место в ряду важнейших политических трактатов о государстве в западной цивилизации.

У Послания Вашингтона судьба оказалась другой.

## 4

После ухода Вашингтона с политической арены сравнительно быстро произошло много важных международных событий, которые сразу же подвергли проверке рациональность и реальность положений Послания. Среди них была в последнее мгновение предотвращённая «квази-война» с Францией в 1798 году и реальная война 1812 года с Британией. К сожалению, Англо-Американскую войну не удалось предотвратить в большой степени из-за того, что важные примирительные решения Конгресса и Парламента слишком долго достигали противоположной стороны Атлантики. В этой войне, которую вели на американской территории и на море вблизи американских берегов, у США, казалось, не было никаких шансов: против примерно 100 английских военных кораблей, в том числе — 11 линейных (всего в английском военном флоте того времени было до 800 кораблей, большинство было занято в Наполеоновских войнах), американцы смогли с трудом выставить в спешке построенные примерно 20, только три из них условно можно было назвать линейными. При этом совершенно удивительно, что английский флот потерял примерно 35 военных кораблей, не считая потопленных и захваченных 219 торговых. В результате, по общепринятому историками мнению, война закончилась вничью подписанием Гентского договора в конце декабря 1814 года и ратифицированного Конгрессом в феврале 1815 года.

Обе эти войны показали, что внешнеполитические отношения в гораздо большей степени, чем отношения внутренние, являются заложником факторов, на которые очень трудно сознательно влиять и которыми ещё труднее управлять. Доктрина Вашингтона хотя и дала трещину, но в основном устояла: обе войны были навязаны стране извне, велись на территории Америки или у её берегов и были исключительно оборонительными; отношения с Францией и Англией строились согласно Посланию Вашингтона и в конце концов мирные договора были подписаны с минимально возможным ущербом для США, не испортив дальнейшие отношения с этими странами, *при этом не обещая ни одной из стран каких-либо политических альянсов.*

Но кроме этих всем известных, совершенно ненужных, во многом случайных международных неприятностей, завершившихся сравнительно быстро, вроде лёгкой простуды, у молодой республики была серьёзнейшая длительная и постоянная головная боль, похожая на тяжёлую мигрень, доставшаяся ей как бы по наследству от Англии. Эта болезнь и особенно её лечение стали гораздо более серьёзной проверкой Доктрины Вашингтона и теории изоляционизма.

Речь идёт о вялотекущей, начавшейся примерно в 1785 году, сначала необъявленной войне с североафриканскими мусульманскими государствами, которая в своей горячей фазе получила название Barbary Wars, Берберские войны (иногда по-русски пишут «Берберийские войны»).

Множественно число употреблено не случайно.

## 5

Об этих войнах надо рассказать по трём причинам:

— во-первых, это было первое столкновение США с мусульманским миром, заложившее основу и ставшее прообразом всех будущих взаимоотношений Америки на Ближнем и Среднем Востоке, как позитивных, так и негативных;

— во-вторых, войны не только способствовали рождению американского флота, но, в большой степени, определили самосознание молодой нации, оказались важным фактором в создании *действенного* федерального правительства и Конституции страны; и, наконец,

— в-третьих, войны существенно изменили отношение США к теории изоляционизма, изложенной в Послании Вашингтона.

* * *

Соединённые Штаты по своему географическому и экономическому положению в конце XVIII-го века можно с полным основанием назвать небольшим островным государством. Экономические интересы и предпочтения Британии резко ограничили американские колонии в развитии основных видов промышленности. Британская политика всячески сдерживала колонии в расширении на запад и активно поддерживала прибрежное развитие городов и торговлю со странами Атлантики, прежде всего—Англии.

*Само существование колоний было возможным только благодаря морской торговле.*

Провозгласив независимость в 1776 году, юное государство, ещё не объединённое в реальную федеративную республику, внезапно оказалось без протекции Британии и её флота на морских торговых путях. Но если бы только это. Хуже, что британский флот из союзника мгновенно превратился во врага и практически перекрыл возможности торговли с северной Европой. Оставалось только два относительно открытых пути — в бассейн Карибского моря и в Средиземноморье. Насколько важной была средиземноморская составляющая, существует определённый консенсус: очень важной, составляющей не менее одной пятой [25] ещё при британской защите, и значительно большей — без неё.

Американцы продавали в средиземноморские страны лес и стройматериалы, ямайский и американский — «бостонский» ром, сахар (который покупали на Карибах), табак, покупая взамен пряности [26], изюм, сушёные экзотические фрукты и в большом количестве — опиум. Пряности и особенно опиум покупали не только для себя, но и для перепродажи в другие страны, большей частью — в Китай. К середине 1770 года не менее ста американских торговых кораблей в год проходили через Гибралтар [27].

Куда же попадали корабли, пройдя Гибралтар? Надо заметить, что понятие Ближний Восток тогда не существовало, его ввёл в оборот американский историк Альфред Мэхэн (*Mahan*) [28] только в 1902 году. Наиболее общим для европейцев и американцев до этого времени было понятие «Ориент» (в русском языке есть понятие «ориентализм», но вместо слова «Ориент» обычно употребляется «Восток»), а людей Ориента называли «ориентал», с очевидным уничижительным смыслом (люди североафриканских стран, в свою очередь, называли всех европейцев «фрэнки», с ещё более пренебрежительным оттенком). Другим популярным обозначением людей Ориента было слово «турки», очевидно, по самоназванию господствующей в регионе Османской империи. Кто входил в Ориент? В общем, в разные времена и в представлении разных стран состав Ориента менялся, но в интересующее нас время для американцев Ориент включал Марокко, Тунис, Алжир, Ливию (Триполи — по самоназванию того времени), Египет, Сирию и Турцию. Вне зависимости от названия, у матросов, купцов и владельцев американских кораблей регион не вызывал никаких добрых чувств.

Причина была широко известной — официальное, государственное пиратство в водах, примыкающих к Ориенту [29].

# 6

Когда мы произносим слово «пираты» или в понятии людей того времени — «корсары», то обычно имеем в виду сугубо «частный» бизнес, такое свободное бандитское предпринимательство, находящееся вне закона в любой из стран зоны пиратства. Так всегда было и у берегов Северной Африки… пока в этом районе не распространился ислам. К XVI веку местные императоры, беи, паши, султаны, халифы, эмиры и прочие царьки прибрежных стран, формально являвшиеся частью Османской империи (только Марокко не была частью Империи), осознали государственную и особенно личную выгоду пиратства. Пиратство превратилось в государственный и очень доходный бизнес, основной составляющей которого была продажа захваченных людей на рынке рабов (или, что было ещё выгоднее, получение выкупа за заложников). С того времени для торговых кораблей, их владельцев и в общем — для стран Европы возникла совершенно новая и кошмарная проблема «Берберского побережья» [30], Barbary Coast — по-английски.

«С XVI по XIX столетие пираты (корсары) Северной Африки захватили до 1.25 миллиона людей, обратив их в рабов… огромные прибрежные районы Испании и Италии стали необитаемыми из-за постоянных набегов корсаров… корабли христианских стран корсары грабили вплоть до начала XIX-го столетия» [31]. Пираты не ограничивали себя грабежом на море, но достаточно часто, объединив силы нескольких государств, совершали набеги на берега Италии, Испании, Португалии, Франции, Англии, Нидерландов и даже Исландии.

Разумно предположить, что европейским странам такая ситуация не нравилась. Было бы также разумно предположить, что они должны были объединить свои усилия, использовать подавляющее преимущество во флоте [32] и общей морской выучке, своё решающее превосходство в технологии и сокрушить североафриканское пиратство раз и навсегда. Но не надо забывать, что речь идёт о Европе. В Европе же если и существовала какая-либо общая, объединяющая страны черта, то это было постоянное недоверие друг к другу и желание откупиться неприятностями соседей или, в крайнем случае, деньгами от возможных собственных неприятностей. Поэтому, не считая нескольких отдельных рейдов испанских, английских и французских военных кораблей, к концу XVI века сложилась общеевропейская система выплаты дани «царькам» Берберского побережья, того, что на английском называется «tribute», а на языках североафриканских стран получило название «бакшиш».

После обретения независимости Америка оказалась в уникальной и крайне неприятной ситуации: у неё не было ни флота для защиты торговых путей, ни денег для выплаты бакшиша.

## 7

Собственно говоря, до 1783 года никакой проблемы не существовало. У Англии были свои счёты с пиратами, и метрополия, испробовав несколько раз метод «кнута», из чисто прагматических соображений к концу века перешла к «прянику». Попутно, как само собой разумеющееся, обеспечивая безопасность и кораблей колоний [33]. Во время революционной войны 1775–83 годов функцию обеспечения безопасной торговли Америки взяла на себя Франция — что только не сделаешь, чтобы насолить доброму соседу. Франция исправно платила бакшиш, но после окончания войны и подписания Парижского договора 1783 года её опека над Америкой закончилась [34]. «Прощаясь», Франция по-дружески рекомендовала с корсарами и их покровителями не ссориться и решать дела полюбовно, так как делают все.

Особого выбора у Америки не было: к концу войны её военный флот просто перестал существовать [35]. Один из самых решительных противников американской независимости, лорд Шеффилд (*Sheffield*), не без злорадства сказал по этому поводу: «Америка не сможет защитить себя [от пиратов Берберского побережья], для этого нужен флот, которого у неё нет и не будет».

Замечание лорда для времени между окончанием войны и созданием реального федерального государства (1783–1787) было совершенно объективным. Тринадцать не очень дружественных, независимых по их собственному ощущению колоний, объединённых как бы в единое, но не реально функционирующее государство, вышедших из войны с громадным долгом и категорически не желающих какого-либо дополнительного финансового бремени, не хотели даже думать о совместном строительстве очень дорогих военных кораблей [36]. Политические соображения тоже имели место: штаты видели в сильном флоте двойную угрозу. С одной стороны, имея флот у государства мог появиться соблазн быть вовлечённым в бесконечные европейские дрязги, с другой—флот, теоретически, мог повернуть свои пушки против своего правительства, самой идеи демократической республики.

До поры до времени это были чисто теоретические рассуждения.

# 8

Первые неприятности случились в первые же дни независимости: в 1783 году группа американских кораблей, возвращающаяся из Европы вместе с делегацией, подписавшей Парижский мир (на одном из кораблей был Бенджамин Франклин [37]), была атакована алжирскими пиратами. Американцы смогли отбиться без потерь, но «неприятное» ощущение осталось.

А в октябре 1784-го, в 100 милях от североафриканского побережья, неизвестными пиратами (позже оказалось, что это были марокканцы) был захвачен 300-тонный бостонский бриг «Бетси». В течение следующих трёх месяцев были захвачены ещё два корабля, на этот раз алжирскими пиратами.

«Двадцать одного американского матроса провели через орущую толпу ко двору местного бея Хассана, который по очереди плевал в каждого.—Сейчас, когда вы, христианские собаки, в моей власти, я заставлю вас жрать камни» [38]. Хассан потребовал выкуп в размере 60 тысяч долларов за человека.

В Америке эти события вызвали оживлённую дискуссию, множество горячих призывов, мольбу коммерсантов о протекции торговли… но никакого серьёзного ответа. Тем не менее, впервые перед страной был поставлен предельно ясный вопрос о будущем: кто мы, как страна? Единый крепкий кулак, способный адекватно ответить на вызовы и оскорбления врагов и защитить своих граждан, или растопыренная пятерня, где каждый палец сам за себя и «вирджинскому» наплевать на заботы «бостонского»?

Дебаты велись не только в газетах, но и среди отцов-основателей. В дебатах со всей ясностью отразилась двойственность американской политической системы, тогда, впрочем, ещё окончательно не сформулированной в Конституции. С одной стороны, существовали общие интересы 13 штатов, с другой — каждый штат обладал большой автономией и ни за какие коврижки не хотел вкладывать свои деньги в дела, выгода от которых доставалась другим. С одной стороны, общенациональные признанные лидеры призывали к решительному отпору пиратам и противились самой идее выплаты дани кому бы то ни было, с другой, деньги на любое общеамериканское мероприятие выделял континентальный Конгресс, который был гораздо более прагматичным и был не прочь отделаться откупом.

В центре дебатов оказался Томас Джефферсон.

## 9

Джефферсон в 1784 году был министром в Париже, так называли в то революционное время послов. Поскольку послов у Америки было не слишком много, Джефферсон представлял интересы страны и перед некоторыми другими королевскими дворами Европы. Охарактеризовать Джефферсона описываемого времени противоречивым человеком будет большим преуменьшением. Впрочем, таким он был всю свою жизнь, сочетая в себе, по словам историка Джозефа Эллиса, «удивительную глубину с поразительной пустотой». Как величайший противник сильного государства он был категорически против наличия общегосударственного военного флота, но как американский патриот заявлял о его необходимости — «Мы должны обладать властью на море, если хотим вести собственную торговлю». Это был один из редких случаев его согласия со своим политическим противником Гамильтоном. По поводу освобождения кораблей и заложников из марокканского и алжирского плена его мнение в то время следовало патриотическому направлению мысли. Военная операция против пиратов и их покровителей, по его словам, «заставит Европу уважать нас и обеспечит наши интересы».

Это в теории, на практике же, не имея своих кораблей, надо было искать обходные пути. Джефферсон предложил совместный проект защиты берегов североафриканского побережья с участием Испании, Португалии, Неаполя, Дании, Швеции и Франции. В чём-то весьма важном такое взаимодействие могло стать прообразом Лиги Наций и ООН, но на практике оказалось, пожалуй, первым примером ставшей в дальнейшем легендарной американской наивности. Помочь в осуществлении замысла он попросил маркиза де Лафайета, француза — героя американской войны за Независимость, ближайшего друга Вашингтона, человека близкого к важным европейским фигурам. Лафайет разработал план и представил его соответствующим государствам. Европейский ответ был… европейским: на словах выражая интерес и сочувствие, тем не менее ни одна из стран «не была готова» предоставить корабли. Только Франция на этот раз повела себя честно, категорически отказавшись даже обсуждать вопрос.

Джефферсон всё же не оставил идею решительной борьбы и отправил послание американскому Конгрессу. В нём он обосновал строительство военных кораблей «общей мощью в 150 пушек» и необходимость выделения 2 миллионов долларов на их строительство. Конгресс внимательно обсудил обращение Джефферсона и решительно его отклонил, взамен выделив 70 тысяч для «получение влияния в государствах, где фаворитизм и коррупция преобладают» [39].

Конгресс всегда отличался обтекаемостью формулировок.

## 10

За неимением кого-либо с дипломатическим опытом, знающим Ориент или хотя бы говорящим по-арабски, доставку взятки поручили первому подвернувшемуся. Джон Лэмб когда-то побывал в Ориенте, торговал там мулами — этим начинались и заканчивались его достоинства. В феврале 1785 года он прибыл в Алжир, где его мгновенно обманул местный французский консул. Француз взялся «помогать» Лэмбу, но одновременно тайно сообщал все детали будущей сделки бею Хассану, заодно настраивая бея против Америки. В результате Лэмб не только не выкупил ни одного человека, но получил от Хассана дополнительный список требований, который, в частности, включал портрет генерала Вашингтона. Хассан был большим фанатом генерала.

Такой была первая, но далеко не последняя дипломатическая неудача Соединённых Штатов.

Практически одновременно с усилиями Джефферсона-Лэмба и совершенно независимо от них случилось ещё одно дипломатическое происшествие, участником которого оказался другой американский посол и тоже будущий президент — Джон Адамс.

Американского посла в Англии пригласил на обед личный представитель паши Триполи (нынешней Ливии) при королевском дворе в Лондоне. Абд ал-Рахман аль-Хаджар был частью высшего лондонского света, свободно говорил на английском [40], французском и итальянском и в начале обеда покорил Адамса своей внешней доброжелательностью и искренним интересом в политическом устройстве нового государства, много и подробно расспрашивал о его географии, климате и социальной жизни. После чего, без всякого перехода, к величайшему изумлению Адамса, объявил США врагом Триполи и свою страну в состоянии войны с США. Когда Адамс попытался возразить и попросил для начала объяснить, на основании каких заявлений и решений каких правительств случилась эта война, ал-Рахман сказал, что это не важно. Главное, что Триполи не прочь заключить мир с Америкой и гарантировать свободное плавание у своих берегов. У мирного договора есть цена: 30 тысяч гиней и дополнительные 3 тысячи комиссионных лично ал-Рахману. Рахман, по его словам, был уполномочен предложить мир на аналогичных условиях с Тунисом и за двойную сумму — с Марокко и Алжиром.

Поскольку общая сумма составляла примерно одну десятую американского государственного бюджета (около миллиона долларов), Адамсу не оставалось ничего, кроме как в донесении Конгрессу рассказать об этой истории с юмором. «Извините, что вам придётся читать мою историю, которая больше подходит для пьески в Нью-йоркском театре».

Лондонская пьеска, тем не менее, имела второе действие.

## 11

Адамс был человеком рассудительным. Для войны надо иметь флот и — главное — решительность идти до конца: в любом случае война с «бесчувственными тиранами, которые заботятся о своих подданных не больше, чем гусеница о яблочном дереве» [41], будет делом долгим и дорогим. Поскольку ежегодные потери, связанные с пиратством, примерно равны одному миллиону долларов, то не разумнее ли будет «предложить 200 тысяч фунтов» и избавиться от риска захвата кораблей и «повышения учётных ставок при страховании кораблей и товаров»? Почему бы такой важный вопрос не обсудить со старым другом Джефферсоном?

Джефферсон переплыл Ла Манш для срочного совещания с Адамсом. Высокое совещание решило, что дипломатия и переговоры предпочтительнее войны и переговоры с Триполи надо продолжить. В марте 1785 года два будущих президента встретились с аль-Рахманом в Лондоне.

Сейчас, вооружённые двухвековым опытом дипломатического общения западных демократий с нашими мусульманскими «партнёрами по миру», мы легко можем предсказать, чем закончились переговоры. Но для Адамса и Джефферсона всё было в новинку. Рациональное предложения мира, рассуждения о нежелании проливать кровь с обеих сторон и объяснение взаимной выгоды мирного договора были выслушаны с вниманием. Когда же пришла очередь ал-Рахмана, то он со всем присущим ему восточным красноречием повторил своё прежнее предложение о почти миллионном бакшише и выступил с политическим заявлением, которое, как пишет Майкл Орен в своей книге [42], стало прообразом многочисленных подобных заявлений, услышанных западными дипломатами в последующие годы:

*«В Коране сказано, что все народы, не признающие авторитет Магомета, являются грешниками. Правом и обязанностью истинных правоверных является война со всеми неверными, каких они только могут найти, и обращать в рабов всех своих заложников… и что каждый мусульманин, погибший в такой войне, наверняка попадёт в Рай».*

Последующие годы были временем дальнейшего унижения Соединённых Штатов. Единственным светлым пятном была неожиданная сговорчивость марокканского султана Сиди Мухаммада бин Абдаллы. Плохие отношения с ним были, пожалуй, виной американцев. Дело в том, что Марокко было первой страной мира, признавшей независимость США, и первой мусульманской страной предложившей заключить официальный дружественных договор. Но континентальный Конгресс того революционного времени не был хорошо функционирующей организацией… и на предложение султана не ответил. Бин Абдалла совершенно законно обиделся; захват «Бетси» был вежливым напоминанием американцам. Вспомнив о предложении, Конгресс в 1786 году поручил Франклину, Адамсу, Джефферсону и ещё одному человеку, о котором я расскажу ниже, навести мосты, что и было блестяще осуществлено в июне 1786 года официальным подписанием «Договора о Мире, Дружбе и Взаимном Урегулировании Морского Судоходства». Естественно, для освобождения «Бетси» понадобилось уплатить новому другу 20 тысяч долларов, но это уже мелочи [43].

Договор с Марокко на сегодня самый старый из американских действующих договоров с иностранным государством [44], а американское консульство в Танжере — самое старое американское здание за рубежом, единственное зарубежное здание, удостоенное знака «исторический памятник».

<h2 style="text-align:center">12</h2>

Все дальнейшие попытки договориться с правителями Берберского побережья были неудачными. Сам тон переговоров, особенно с Алжиром, был крайне унизительным; бей [45] всё время повышал ставки, нарушал обещания, при этом не забывая называть противоположную сторону «неверными» и «христианскими собаками». Даже доступ к бею надо было покупать, пройдя не менее 4—5 низших инстанций, каждый раз покупая возможность подняться на ступеньку вверх без всякой гарантии дальнейшего продвижения.

Американское общество и пресса широко обсуждали все аспекты ситуации. В газетах публиковали письма американцев, сидевших в страшных арабских тюрьмах или обращённых в рабов. Каждое новое сообщение о захвате судов пиратами вызывало ярость в обществе и среди законодателей. Сам Вашингтон, великий политический молчальник, отозвался резкой речью и призывом создать сильный флот, чтобы раз и навсегда покончить с позором. Но флот просто некому было создавать — реального государства с центральным управлением и правом собирать налоги не существовало. К зиме 1786—87 годов стало невозможно даже собрать достаточное количество членов Конгресса для кворума.

В такой обстановке общего развала конфедерации состоялась знаменитая филадельфийская конституционная Конвенция 1787 года. Конечно, перед делегатами стояли другие, не менее важные вопросы. Но нельзя преуменьшать значение событий, происходящих за тысячи миль от Филадельфии, в тёплых водах Средиземноморья. Газеты буквально кипели от возмущения и требовали поставить пиратов и их покровителей на положенное им место, что не могли не учитывать делегаты Конвенции [46]. В результате, после яростных четырехмесячных споров Конвенция приняла Конституцию и фактически создала совершенно новое государство—Соединённые Штаты Америки [47], с относительно сильным федеральным правительством. На ратификацию Конституции [48], избрание нового Конгресса и выборы первого президента—Джорджа Вашингтона—ушло полтора года. В новом правительстве все три первых лица—президент, министр финансов (Гамильтон), и госсекретарь (Джефферсон) [49]—были против выплаты дани в обмен на право свободной торговли в Средиземноморье.

Естественным шагом в этом направлении было решение 1794 года о создании военно-морского флота. Собственно говоря, Конституция говорила об этом совершенно конкретно: «Конгресс… обязан предоставить и содержать военно-морской флот». Коммерция, однако, не могла и не хотела ждать так долго.

## 13

В Европе, для которой вопрос выкупа людей из арабского плена существовал столетия, к сложным поискам подхода к «царькам» побережья подошли по-деловому и весьма оригинально. На благотворительной основе в Европе ещё в XIII веке был создан орден католических монахов, так называемых «матуринцев» или «красных монахов», по носимой ими одежде. Орден специализировался на сборе денег и всей практической работе для выкупа захваченных в плен христиан. С XVI века орден в основном специализировался на отношениях с мусульманским миром, в том числе, «работая» с пиратами и их начальством на Берберском побережье. Под давлением коммерции Джефферсон нанял матуринцев подрядчиками американских интересов в Африке. Алжирский бей, однако, установил совсем другие—повышенные—расценки для американцев, и переговоры опять зашли в тупик. А тут ещё некстати подвернулась Великая Французская революция, которая под шумок разогнала полезный матуринский орден.

Джефферсон, к этому времени уже Госсекретарь, опять призвал к войне. Конгресс опять отверг воинственный призыв и на этот раз выделил огромную сумму в 140 тысяч долларов все для той же цели—подкупа пиратов и выкупа заложников. Но у Джефферсона был свой план, как часто с ним случалось — в обход Конгресса.

Проводником плана он выбрал Джона Джонса, человека легендарного заслугами в войне за Независимость, первого американского героя-моряка. У Джонса было ещё две интересные особенности. Во-первых, в своё время он был капитаном того самого несчастливого «Бетси», захваченного пиратами, во-вторых, за заслуги в Войне за Независимость Конгресс с подачи Джефферсона послал его американским представителем при русском флоте, с которым он прослужил несколько лет [50], воюя и побеждая турок. Понятно без слов, что Джонс не любил турок, Турцию и всех её мусульманских вассалов. В этом и состоял план Джефферсона: послать улаживать дела с мусульманскими бандитами человека, который их персонально ненавидел. Если учесть, что Джефферсон фактически выделил только 25 тысяч, придержав остальные деньги для будущего, то по плану все должно было закончиться очередным провалом, оскорблением миссии, взрывом возмущения в США и Конгрессе, объявлением, наконец, войны и созданием флота, для чего не помешали бы и сэкономленные 115 тысяч.

Этому красивому плану, однако, не дано было осуществиться — Джонс неожиданно умер в Париже, даже не дождавшись корабля с инструкциями и деньгами.

## 14

Трудно не предположить руку Провидения в дальнейших переговорах с государствами-пиратами. Вернее, в их непроведении. Следующий посланник Джефферсона умер, добравшись только до Лиссабона. Ещё один — добрался до Гибралтара, где узнал, что за время его путешествия алжирские пираты захватили ещё 11 кораблей с примерно 120 моряками, после чего его миссия потеряла всякий смысл.

Шли месяцы, шли годы. В плену в различных странах северной Африки, но в основном — в Алжире, томились (и умирали) сотни американцев. Американские купцы придумывали разные хитрости. Хитрости иногда помогали. Например, возник бизнес по подделке «разрешений» на торговлю. Такие бумаги выдавали заплатившим взятку. Но чаще за большие деньги нанимались испанские или португальские корабли для проводки американцев мимо враждебного побережья. Все подобные трюки были только временным решением. Торговля со странами средиземноморья хирела на глазах. Даже простая пробежка корабля из Бостона в Лондон с дипломатической миссией на борту грозила возможным захватом миссии: в поисках добычи пираты рыскали по всей Атлантике. Гамильтон, например, серьёзно обдумывал нанять португальцев для перевозки специального посла Джона Джея в Лондон.

К 1793 году берберский нарыв стал серьёзно угрожать не только экономическому, но в ещё большей степени психическому здоровью нации, и по замечательной американской демократической традиции «тянуть с решением серьёзных вопросов до последней минуты» наконец-то пришло время для серьёзного обсуждения берберского вопроса в обществе. Оставим в стороне «кавалерийскую» дискуссию в прессе и посмотрим, что происходило в высших эшелонах власти.

Президент Вашингтон как моральный лидер нации поклялся сделать все возможное «для улучшения участи этих несчастных заложников». Но как главу государства его в неменьшей степени волновали события на другой стороне Атлантики. А там все шло к началу очередного раунда европейского боксёрского поединка по переделу сфер влияния: революция во Франции вызвала резкое ухудшение отношений между Францией и консервативными государствами Британией и Испанией. Кто знал, куда и с какой целью могут поплыть европейские военные корабли? Атлантика становилась слишком тесным и непредсказуемым театром военных действий: для защиты интересов в Вест-Индии и Южной Америке военные корабли как минимум четырёх стран должны были проплыть в опасной близости от берегов США. Все указывало на то, что Англия и Франция готовы были в своих интересах воспользоваться лёгкой американской добычей, прежде всего в виде захваченных торговых кораблей [51]. «Для того, чтобы избежать оскорбления, мы должны быть способны ответить на него»,— сказал Вашингтон, выступая в Конгрессе в самом конце 1793 года. Его речь формально открыла дебаты по созданию флота.

О, это были совершенно замечательные дебаты! Мнения мгновенно разделились, и в дебатах отчётливо сказывались противоречивые интересы как различных штатов, так и четырёх противоборствующих политических групп. И надо сказать, у всех были серьёзные аргументы и контраргументы.

Южане, в экономике которых морская торговля не играла значительной роли, призывали к статус-кво. «Бакшиш сам по себе обезопасит нашу торговлю с алжирцами», «Мы все равно не сможем воевать с Алжиром на море на равных»,—это из выступления конгрессменов-южан. Северяне, особенно из торговой и корабельной Новой Англии, были настроены по-боевому: «Такая трусость несовместима с республиканскими управлениями всех прошлых времён»; «Наша коммерция близка к полной остановке, и если мы не вооружимся, то очень скоро увидим алжирцев у наших берегов»; «У нас нет другого выхода, кроме войны».

Следующее разделение шло между «атлантистами» и «континенталистами»: первые видели будущее страны в развитии и усилении прибрежных атлантических территорий страны и росте взаимовыгодной торговли со странами по другую сторону Атлантического океана—они видели будущее страны как части мирового содружества, во всяком случае—коммерческого; вторые ратовали за изоляционизм и развитие страны вовнутрь, в сторону освоения огромных пространств вплоть до Миссисипи, и не хотели тратить ни цента на возможные военные авантюры.

Конечно, экономическими интересами штатов и политических групп дискуссия не ограничивались. Представитель Нью-Джерси указал на два важных вопроса: во-первых, для начала, задолго до строительства самого флота, надо нанять министра военно-морского флота и «уйму» других нужных людей, а где, уважаемые господа, взять деньги? [52] И второе: «Европейские страны увидят в самом факте создания нами военного флота законную причину для начала войны… поэтому не лучше ли нанять для защиты наших интересов, например, португальский флот?» [53]

Но, как всегда, самыми серьёзными были конституционные вопросы. Военно-морской флот по определению усиливает роль федерального правительства, а нужно ли нам это и кто от этого выиграет? В результате, в очередной раз сцепились в принципиальной схватке федералисты с антифедералистами. Госсекретарь, антифедералист Джефферсон, поддерживая свой статус лидера партии, резко изменил свои недавние взгляды и выступил против создания флота [54]. Второй человек в партии федералистов, вице-президент Джон Адамс, тоже поменял свои взгляды и на этот раз выступал за его создание. Обвинения друг друга доходили до настоящих оскорблений: так федералисты даже называли республиканцев из партии Джефферсона демократами, что по тем временам считалось словом неприличным, означающим неорганизованную и агрессивную власть толпы [55].

Но, к счастью, в Соединённых Штатах обсуждение серьёзных общественных вопросов не ограничивается дискуссией лидеров государства. Большинство членов Конгресса, пресса и «народное мнение» уже не могли больше терпеть позор отношений с правителями Берберского побережья. Голосование в Конгрессе закончилось со счётом 50:39 [56] в пользу создания флота. Но, как всегда, со встроенным в решение компромиссом. С условием… что строительство флота будет немедленно прекращено после заключения мира с Алжиром.

27 марта 1794 года Вашингтон подписал закон о предоставлении 688 тысяч 888 долларов и 82 центов на строительство шести фрегатов «адекватных для протекции коммерции Соединённых Штатов против алжирских корсаров» [57].

«Скоро сказка сказывается, да долго дело делается». Флот американцы в конце XVIII-го века строили куда медленнее, чем, например, венецианцы в начале XVI-го. А купцам надо было жить и стране с их помощью — богатеть. Поэтому пока пресса и Конгресс обсуждали скандал за скандалом по поводу контрактов на строительство флота, пока сметная стоимость ещё до закладки первого фрегата уже была значительно превышена, пока, как обычно в таких случаях, шла борьба финансовых и промышленных интересов, попутно увязанных с интересами политическими… всё это долгое время продолжался «обыкновенный бизнес» раздачи взяток правителям Берберского побережья. Воодушевлённые успехом соседей-алжирцев, американские корабли стали захватывать тунисцы и трипольцы — проблем у американцев становилось всё больше.

Вашингтон чувствовал себя обязанным попытаться ещё раз вступить в переговоры с Алжиром.


## 15

Любое историческое эссе существенно выигрывает, если в нём появляются живые герои, которые, собственно говоря, и являются движущей силой истории, её естественной смазкой. Роль Вашингтона, Джефферсона, Д. Адамса в первые годы жизни молодой республики, в том числе, их участие в «берберском» кризисе достаточно хорошо известна. Но участниками истории за спинами гигантов были и другие люди, часто не менее замечательные. Познакомимся с одним из—Дэвидом Хамфрейсом (*David Humphreys*).

В XVIII веке в английских американских колониях возникла удивительная прослойка аристократов в первом поколении, которые сделали сами себя (по определению Джефферсона, они были естественной аристократией: «Я согласен с идеей, что среди людей существует естественная аристократия. Основы для неё—добродетель

Дэвид Хамфрейс

и талант»), людей, поднявшихся на самый верх общества благодаря своему уму, трудолюбию, образованию, политической активности, а не по праву рождения и протекции, как это было принято в Старом свете. Эти люди отличались ещё и тем, что для них смысл жизни не заключался в политической карьере или государственной службе. Одним из самых ярких и разносторонних в этой славной когорте людей был Дэвид Хамфрейс.

Он родился в 1752 году в городке Дерби, Коннектикут, в семье довольно известного местного пастора, человека образованного и выпускника Йеля. Дэвид с детства был помешан на книгах, уже в девятнадцать лет сам с отличием закончил Йель [58], затем работал директором крупной городской школы, после продолжил учёбу в Йеле, где получил следующую ступень—Master of the Arts. Тогда же он начал писать стихи. Его оценили и сразу же предложили профессорскую должность в Йеле, но он предпочёл продолжить работу в школе, где вместе с ним одно время работал Джон Адамс. Тут как раз случилась американская Революция и началась война за Независимость. В 1776 двадцатичетырехлетний Дэвид идёт добровольцем в армию и получает звание лейтенанта. В первый же год его службы последовали две битвы с его активным участием. Вторая из них, рейд на Сэг Харбор в штате Нью-Йорк, была одной из самых успешных в истории всей войны. Американцы потопили в гавани 12 английских кораблей, разрушили большие склады с военными и продовольственными запасами, убили 6 человек и захватили 90 пленных, не потеряв ни одного человека. С отчётом о славной победе к главнокомандующему был послан молодой лейтенант, наверно, он был выбран не случайно. После встречи с Вашингтоном Хамфрейс отличился ещё несколько раз и быстро получил чин капитана, а затем и майора. Следующие несколько лет он последовательно работает в штабах трёх самых известных генералов Революции: Сэмуэля Парсонса, Израиля Путнама и Натаниэля Грина. С июня 1780 подполковник Хамфрейс становится одним из самых важных офицеров штаба в ставке Вашингтона, занимая одновременно место военного советника и близкого друга генерала. После решающего сражения в Йорктауне (в котором, как известно, отличился полковник Гамильтон) и капитуляции англичан, Вашингтон выбрал именно Хамфрейса представителем ставки главнокомандующего, который представил Конгрессу отчёт о битве, о капитуляции английской армии, и сложил на пол в Конгрессе знамёна англичан [59]. После окончания войны и конца военной карьеры Вашингтона Дэвид Хамфрейс становится его личным секретарём и живёт в его имении в Маунт Верноне. Под впечатлением его способностей, Вашингтон рекомендует Континентальному Конгрессу Хамфрейса на должность Госсекретаря (министра иностранных дел), но Конгресс отклонил предложение в пользу Джона Джея. Но вскоре от Конгресса последовало «предложение века» — создавалась Комиссия из четырёх человек для переговоров с главными европейскими странами о заключении мира и торговых отношений, и Хамфрейсу предложили в ней участие. Почему я назвал это «предложением века»? Потому, что тремя остальными членами комиссии были Бенджамин Франклин, Томас Джефферсон и Джон Адамс, совсем неплохая компания для молодого человека. Эта «компания» славно поработала в Европе и даже за её пределами, о заключении договора с Марокко я уже писал раньше.

В апреле 1789 года по весеннему бездорожью в Маунт Вернон, усадьбу Вашингтона, прискакал гонец от Конгресса с сообщением об избрании Вашингтона первым американским Президентом. Не очень довольный сообщением [60], но чрезвычайно ответственный Вашингтон решает как можно скорее отправиться в Нью-Йорк, где в это время находился Конгресс. В поездке его сопровождает один единственный человек, его личный секретарь Дэвид Хамфрейс.

Поездка выглядела так. При въезде в очередной город или деревню Вашингтона встречала делегация граждан, приветствующая его, за неимением другой традиции, как короля. После этого следовало выступление Вашингтона перед собравшимся народом, в котором он долго и нудно объяснял, что его статус отличается от королевского, а присутствующий там же Хамфрейс пытался убедить толпу как можно быстрее отпустить Вашингтона, который просто едет на работу и не хочет опаздывать.

Добравшись до Нью-Йорка и оценив ситуацию с готовящейся инаугурацией, Вашингтон решил, что он должен выступить с инаугурационной речью, о которой в Конституции не было ни слова: традиции в то время создавались с нуля. Автором речи был Хамфрейс. Положения речи были заданы Вашингтоном. Сначала долго и подробно Вашингтон объяснял причину, по которой он не хотел принимать предложение, потом также долго говорил о состоянии своего здоровья. После этого не менее подробно сообщал гражданам, что ни в коем случае не хочет использовать почётную должность для личного обогащения и по этой причине отказывается от зарплаты… в общем у Хамфрейса получилась речь на 73 страницы. К счастью, с речью дали ознакомиться Мэдисону. Обычно мягкий и очень застенчивый Мэдисон на этот раз достаточно резко заявил о своём несогласии [61]. Речь переписали с его помощью и уложились в 15 минут. Утро 30 апреля началось с перезвона колоколов и мессы «на царствование» во всех городских церквях. После чего Вашингтон, в сопровождении своего секретаря Дэвида Хамфрейса и своего помощника Тобиаса Лира, в карете проследовал из своей резиденции на Черри стрит в только что перестроенное для размещения Конгресса здание на углу Уолл стрит и Нассау стрит. После церемонии принятия присяги [62] Вашингтон читал свою речь с балкона главного зала здания, Федерал Холл, выходящего на Брод стрит, перед примерно 2-тысячной очень шумной толпой [63]. Вашингтон волновался и говорил очень тихо. В результате, речь никто, включая секретаря Сената, так и не расслышал. Существующая сегодня в архивах первая инаугурационная речь Вашингтона во многом восстановлена по памяти несколькими присутствующими, которые откорректировали неполную запись секретаря. Взволнованный Вашингтон в конце речи наклонился и поцеловал Библию, но никто толком не знает, сказал ли он в конце знаменитые слова «Да поможет мне Бог». Только через 50 с лишним лет один из участников, которому 30 апреля 1789 года было шесть лет, «вспомнил», о существовании такого варианта окончания речи. И хотя в официальном документе, хранящемся в Конгрессе, этих слов нет, но именно через полвека возникла ещё одна американская традиция, связанная с Вашингтоном: с тех пор этими словами заканчиваются инаугурационные речи всех президентов.

Теперь быстро перенесёмся на несколько лет вперёд. В 1791 году Госдепартамент—американское министерство иностранных дел—начинает свою работу с назначения послов в основные европейские государства. Первым в истории страны послом—в дружественную Португалию, страну, которая первая в Европе признала США и очень помогала молодой стране в сложных отношениях на американском континенте, где, как ни покажется сегодня странным, доминировали Испания и Португалия—был назначен Хамфрейс.

Обстановка же в США, связанная с берберской проблемой, тем временем накалялась с каждым днём. Не то чтобы ситуация каким-то образом изменилась, но изменилось отношение к ней в прессе. Причиной изменения были письма пленённых американцев, которые в то время стали широко публиковаться в основных газетах. Сэмуэль Кадлер, бывший капитан шхуны «Джей», писал о том, как его голого, голодного и в цепях водили по улицам Алжира. «Смерть была бы огромным облегчением нашему ужасному состоянию». Другой капитан, Уильям Пенроз, писал в письме *американцам*: «Именем Бога, что вы там себе думаете?.. Наша смерть останется навсегда несмываемым пятном на вашей совести, позором американского характера» [64]. Правительство опять было вынуждено искать обходные пути. Денег, как всегда, не было. Голландцы пообещали кредит, но в последнюю минуту отказали. В 1795 году Вашингтон решил ещё раз попробовать дипломатический путь и поручил операцию по переговорам с Алжиром человеку, у которого, пожалуй, было больше шансов на успех, чем у кого-либо другого—американскому послу в Португалии Дэвиду Хамфрейсу.

Прибыв в «ставку» бея, Хамфрейс приступил к переговорам в лучших традициях западного дипломата, но Хассана такой подход явно не устроил. Восточный путь в переговорах требовал долгого разговора ни о чём, долгого обсуждения пустых формальностей, особого, присущего только бейскому двору этикета, признания послом своей ничтожности в сравнении с великим беем. Впрочем, со временем Хассан снизошёл даже до юмора, конечно, тоже восточного: «Если я заключу мир со всеми, то что я буду делать со своими корсарами? Я уверен, что они сразу же отрубят мне голову». В ответ на такое философское начало переговоров Хамфрейс предложил разделить вопросы и сначала обсудить мир с конкретной Америкой, а потом, если позволит время, уже поговорить о возможной судьбе головы паши. Хассан, после долгих проволочек и посовещавшись с самим собой, пришёл к заключению, что, пожалуй, на мир с одной Америкой он пойти может, но цена должна включать два миллиона долларов за освобождение заложников и два 36 пушечных фрегата — в подтверждение вечной дружбы между народами Алжира и США.

Хамфрейс оказался твёрдым орешком и сумел продолжить переговоры, постепенно выторговывая лучшие условия. Пятого сентября 1795 года паша Алжира подписал Мирное соглашение и Условия дружбы. Соглашение было тяжёлым: Соединённые Штаты обязались поставить один фрегат и очень длинный список товаров, общей стоимостью 650 тысяч долларов. В договоре был ещё один крайне неприятный для Америки параграф: бей обещал освобождение заложников только после полной выплаты всего бакшиша, оговорённого по Соглашению.

Существует некоторое несогласие историков по поводу того, каким финансовым бременем было заключение «мира» с Алжиром. Обычно говорят, что взятка стоила десятую часть годового бюджета, Вики пишет, что одну шестую. В любом случае, таких денег ни у Хамфрейса, ни даже у Конгресса просто не было в наличии. Хамфрейс рекомендует Конгрессу обратиться за помощью к Джоэлу Барлову, ещё одной весьма легендарной личности и, случайно, большому другу Хамфрейса: они стали друзьями ещё в Йеле, потом вместе работали в одной и той же школе и были членами одного узкого литературного кружка. Барлов, в отличие от Хамфрейса, был действительно известным американским поэтом и писателем. В описываемое нами время Барлов жил попеременно в Париже и Лондоне, занимаясь бизнесом, дипломатией, литературной деятельностью и помощью американцам, попавшим в лапы якобинского правосудия. Если коротко — это был умный человек с огромными связями.

Время в Европе было не самое спокойное для получения кредитов, даже Барлов, срочно назначенный на официальную должность консула в Алжире, не смог собрать достаточную сумму, чем вызвал ярость Хассана. Когда Барлов прибыл в Алжир и не привёз всех оговорённых денег, Хассан в присутствии своих министров разошёлся не на шутку: «Я закую тебя в цепи и немедленно объявлю войну Америке». Дальше последовал эпизод, который во всех источниках описывается одинаково и одинаково глухо. «В самую последнюю минуту Барлов нашёл в Алжире еврея-бизнесмена, который согласился одолжить недостающие деньги» [65].

Больше ничего об этом мифическом еврее в Алжире мне узнать не удалось, но сделаем зарубку в памяти — богатые евреи в тех краях водились.

Какова же была дальнейшая судьба Дэвида Хамфрейса? В 1796 году он получил повышение, став послом в Испании, которая тогда контролировала не только всю Латинскую Америку (кроме Бразилии), но и добрую половину будущих Соединённых Штатов, включая критически важный бассейн реки Миссисипи. После того как в Мадриде Хамфрейс познакомился и женился на красивой и богатой англичанке, в 1801 году он увольняется с дипломатической службы и возвращается с молодой женой в Бостон.

Казалось бы, первых 49 лет жизни было вполне достаточно, чтобы состоявшаяся достойная биография достойного человека осталась в памяти американцев. Но сегодня, если Хамфрейса вспоминают, то скорее за то, что он сделал в оставшиеся 17 лет своей жизни.

Вернувшись в Америку, Хамфрейс начинает сразу несколько бизнес-проектов. Одним из них была показательный завод по производству металлического инструмента для фермеров (плугов, кос, вил и т.п.). Показательным завод был в том смысле, что принципиально отличался от похожих заводов в Англии: рабочие — в основном молодые люди из самых бедных — за счёт работодателя получали производственное обучение, общее образование, приличную одежду и трудились в нормальных даже по нашим сегодняшним меркам условиях.

Но главным оказался его другой проект. Вернувшись в Америку, Хамфрейс купил большую ферму рядом со своим родным городком Дерби. Туда, на свою ферму, в 1802 году он завёз купленные в Испании 25 баранов и 75 овец редкой и лучшей из известных пород «Мерино». Идея была в создании смешанной, приспособленной к американской действительности породы овец, на базе «королевской» испанской крови. В результате, по мысли Хамфрейса, в Америке наконец-то должна была появиться и развиться своя собственная индустрия производства шерсти высшего качества. Надо ли говорить, что затея удалась на 100%. Одежду из «золотого руна» носили президенты Джефферсон, Мэдисон, Монро и продолжают сегодня носить миллионы других людей.

Можно долго говорить о человеческой несправедливости, но сегодня Хамфрейса, в основном, помнят как «отца шерстяной индустрии» США.

## 16

Но вернёмся от баранов к берберским делам.

В феврале 1797 года Барлов с триумфом доставляет в Филадельфию оставшихся в живых 88 американцев. На набережной их встречал весь город, пресса ликовала, и по мнению народа, прессы и Конгресса американцы показали всему миру, что они своих в беде не бросают. «Ни одна нация в христианском мире не сделала ничего подобного для своих людей в подобной ситуации». На время все даже забыли, что кроме Алжира на Берберском побережье есть и другие страны.

В Тунисе и Триполи тоже внимательно следили за событиями и сделали свои выводы. Выводы были простыми и очень практичными: для того чтобы заработать побольше денег во время переговоров, надо успеть захватить как можно больше американских кораблей. За дело взялись со всей серьёзностью и буквально за считанные недели трипольский мурад Раис (в христианском прошлом — шотландец Питер Лесли) захватил три американских корабля, а его не такой везучий тунисский коллега захватил только один, бостонскую шхуну «Элиза». После чего, в 1798 году оба правителя подписали «мирный» договор, который стоил Америке ещё 160 тысяч.

Итак, шёл 1798 год, 15-й год американской независимости, если считать с подписания мирного договора с Англией. Эти пятнадцать лет мирной жизни были омрачены постоянными унижениям со стороны берберских правителей и непрерывной выплатой как минимум 10, а по некоторым данным — до 20% национального бюджета в качестве самой обыкновенной взятки. Чем расплачивались американцы? Деньги сами по себе не очень интересовали султанов и эмиров. В погашение «долга» шли золото и драгоценные камни, но больше всего — порох, ядра, пушки, военные корабли. То есть, то, что усиливало военную мощь берберских стран и их корсаров. Ситуация складывалась просто отвратительная: даже европейцы стали жаловаться, что американцы значительно усилили берберцев и вызвали повышение бакшиша для европейских стран. Джоел Барлов в полной прострации писал Джефферсону: «Когда это кончится»? Ответом Конгресса было… сокращение программы строительства военных кораблей на том очевидном и законном основании, что между США и Алжиром-Тунисом-Триполи были формально заключены мирные договоры [66]. К счастью, сокращение не коснулось трёх уже почти достроенных фрегатов.

В середине 1798—начале 1799 года со стапелей трёх разных кораблестроительных верфей [67] сошли самые первые военные корабли нового независимого государства—*United States, Constitution, Constellation.* Генеральным конструктором всей серии был Иошуа Хамфрейс, однофамилец Дэвида Хамфрейса; дядя кораблестроителя был известным членом Континентального Конгресса—фамилия в революционные годы была весьма популярной. Фрегаты первой серии, так называемые тяжёлые фрегаты, создавались согласно оригинальной идее, утверждённой ещё Вашингтоном: один на один они должны были бить английские фрегаты, но быть достаточно быстроходными, чтобы убежать от английских линейных кораблей. Как всегда, военные, готовясь к войне со слабым берберским флотом, тем не менее, ориентировались на совсем другие, куда более серьёзные будущие войны. 132 пушки [68] трёх фрегатов, усиленные специально созданной морской пехотой (Marine Corp), успели показать себя во время «квази-войны» с Францией, одним своим видом отогнав французов из Вест-Индии, где они пытались устроить блокаду английского торгового флота.

1798 год считается годом рождения американского военного флота.


# 17

Создание морского флота США, естественно, не закончилось после строительства и оснащения первых военных кораблей. По существу, это стало только началом большой, сложной и многолетней работы как по строительству новых кораблей, так и по созданию военно-морской доктрины, разработке тактики и стратегии операций, набора и обучения офицеров и моряков, проверки всех составляющих флота в ситуациях, максимально приближённых к боевым и прочее, прочее, прочее. Но с тремя реальными фрегатами на проблему Берберского побережья можно было смотреть уже по-другому, слегка веселее. Поэтому пока три корабля проходили обкатку и нарабатывали профессиональные навыки, а в Алжир надо было по-прежнему возить бакшиш, следующую порцию бакшиша решили послать с намёком — военным кораблём. Сигнал, по мнению американцев, был арифметически ясным: посылаем один корабль, три держим в уме. Как показали дальнейшие события, с арифметикой в Алжире были проблемы и намёк не был понят.

В сентябре 1800 года небольшой торговый корабль, срочно переделанный в 24-х пушечный лёгкий фрегат с грозным именем *George Washington*, отправился в разведывательный поход в Средиземноморье. Официально ему поручалось доставить в Алжир бакшиш на сумму 500 тысяч долларов. Командовал кораблём Уильям Бейнбридж, способный, но не самый счастливый капитан молодого американского военного флота. Военный корабль под американским флагом вызвал ярость бея Хассана. Не замедлило последовать и прямое оскорбление капитану корабля: «Ты привёз мне бакшиш, значит ты мой раб». Как своему рабу, Хассан приказал Бейнбриджу отвезти в Турцию причитающуюся суверену, султану Селиму III, ежегодную алжирскую дань.

Уильям Бейнбридж

*George Washington* стоял в алжирской гавани под надзором дальнобойных пушек крепости и 32-х пушечного фрегата, который президент Джон Адамс в своё время передал бею в качестве бакшиша. В этой унизительной ситуации капитану ничего не оставалось как принять на борт 150 овец, 25 коров, пять лошадей, по четыре антилопы, тигра, льва, множество всякой мелкой живности, а также нового алжирского посла в Турцию с семьёй и сто африканских рабов. В опечатанных сундуках в трюмы погрузили золото и драгоценности на сумму одного миллиона долларов. Чтобы служба тридцатилетнему капитану совсем не показалась мёдом, с мачты сорвали американский флаг и заменили его на алжирский. Можно только посочувствовать американскому военному моряку Уильяму Бейнбриджу: вонючий вояж в Стамбул под алжирским флагом занял около трёх недель.

Прием в Турции удивил американцев. Юный султан был горячим сторонником реформ и искренне восхищался успехом Америки, сумевшей отстоять независимость от самой сильной европейской державы. Самому ему доставалось со всех сторон, Британия, Франция, Россия и Австрия только и думали, как бы оттяпать кусок Османской империи — Америка в этих условиях вызывала уважение. В конце концов, факт, что военный корабль обманул по пути гарнизон в Дарданеллах **[69]** и добрался до Стамбула — что-то значил сам по себе. После тёплого приёма, личных бесед с султаном и его могущественным сватом — командующим турецким флотом, после получения многочисленных подарков, капитан под прощальный салют вывел *George Washington* в море и в должное время добрался до Соединённых Штатов, был встречен как герой и получил медаль. Но за исключением приёма в Турции, всё остальное было плохо. Очень плохо.

«Станут ли Соединённые Штаты родоначальником Системы по искоренению пиратства?» — спрашивал Дэвид Хамфрейс в конце 1790-х **[70]**.

Ответ в большой степени зависел от человека, которого в ноябре 1800 года избрали Президентом Соединённых Штатов.

**18**

У нового Президента, Томаса Джефферсона, международных забот было по горло и выше. Пожалуй, главной была проблема Нового Орлеана.

Представьте себе страну, большая часть передвижения товаров которой происходит по системе рек, впадающих в Миссисипи, потом по самой реке, которая в свою очередь впадает в Мексиканский залив Атлантического океана, откуда «открыт весь мир». Теперь представьте себе, что формально землёй, по которой протекает река, владеет иностранное государство. Оно же владеет единственным городом-портом в устье реки. Теперь добавьте сюда очень сложные отношения с этим государством, которое, вообще-то говоря, владеет на порядок большей территорией в Америках, чем Соединённые Штаты и достаточно произвольно меняет условия навигации по Миссисипи и — особенно — пользование портом Нового Орлеана. Например, в 1798 году вообще решает закрыть порт для американцев. Кажется, усложнить задачу для США уже невозможно? Но это не так. Добавьте к этому слухи, что на самом деле эта страна — Испания — тайно уступила Новый Орлеан французам: с кем вообще вести переговоры?

При чём здесь французы, спросит читатель? Этот вопрос надо переадресовать Первому консулу Франции генералу Наполеону Бонапарту. Как раз к концу XVIII века всемирные амбиции Наполеона были существенно урезаны победами английского флота, австрийцами (с помощью Суворова) в Альпах и Каирским восстанием в Египте, с последующим бегством французской армии из Средиземноморья. У Наполеона оказалось свободное время слегка задуматься о своём будущем и будущем Франции. У героя Франции были большие планы, но стало ясно, что их надо *приоритизировать*. Сидеть и скучать в Париже Наполеон не собирался, но в каком направлении двигаться было неясно. В какое бы европейское направление ни пойди, везде надо было ожидать серьёзную войну — европейские империи не собирались уступать без боя. С другой стороны, существовали, как казалось, огромные возможности в Вест-Индии [71] и… в этих, как их… Соединённых Штатах. Французская империя в Новом Свете — пожалуй, это звучало неплохо. И главное, ни там, ни там не ожидалось серьёзное сопротивление в связи с полным отсутствием армий. В этом — американском — направлении немедленно были осуществлены две важные акции. Во-первых, втихую, с соблюдением секретности в 1800 году была куплена испанская территория в Северной Америке, когда-то, до Семилетней войны (до 1762 года) уже принадлежавшая Франции. Во-вторых, был снаряжён огромный, более чем двадцатитысячный экспедиционный корпус для наведения порядка в островной французской колонии Санто-Доминго, где восставшие рабы вынудили французов практически покинуть остров. В 1801 году американская разведка положила на стол Президента доказательства сговора Франции и Испании и информацию о том, что оборона Нового Орлеана уже передана специальному контингенту французской армии. Джефферсон оказался между нескольких огней сразу. Южные штаты требовали решительного вмешательства из-за вполне оправданной боязни, что Наполеон отменит рабство на вновь приобретённых территориях, и это станет плохим примером для рабов американских. В свою очередь, федералисты, находящиеся в оппозиции, обвинили его в трусости и нежелании в такое шаткое и неопределённое время проявить решительность и наконец установить американский суверенитет над Миссисипи и Новым Орлеаном. Воевать в одиночку Джефферсон не хотел, да и в отсутствие регулярной армии, не мог. Попытка Джефферсона заручиться поддержкой Британии в возможной конфронтации с Францией закончилась неудачей: Англия не хотела связывать свои руки и флот в вест-индийском или американском конфликте при наличии огромных проблем в Европе и весьма подпорченных отношений с Америкой. Неясно, чем бы закончилось для США французская интервенция на континент, но фортуна неожиданно оказалась на американской стороне.

Карательная операция французов против восставших рабов началась в январе 1802 года. (Остров Санто-Доминго—это когда-то названный Колумбом остров Эспаньола, первая постоянная база Испании на континенте). США, совершенно в духе Послания Вашингтона, официально объявили нейтралитет, прекратили финансовые и торговые операции с Францией, но тайно всячески снабжали повстанцев—французов надо было ослабить как можно сильнее. Судьба и удача, впрочем, были не на французской стороне. Потеряв практически всех людей в боях, но в основном от жёлтой лихорадки, включая руководителя экспедиции Шарля Леклера, мужа сестры Наполеона, французы в ноябре 1803 года убрались восвояси. Часть острова Санто-Доминго стала республикой Гаити [72], второй республикой на Американском континенте и первой в мире негритянской республикой, а также первым независимым государством, созданным бывшими рабами.

На этом закончились все претензии Франции не только к Санто-Доминго и Вест-Индии, но и к Соединённым Штатам. Французской империи в Америке было не суждено состояться. Рассказ об истории покупки Луизианы, вернее, срочной распродажи своих территорий Францией, не входит в наши планы [73]. Это была интересная и очень сложная дипломатическая и финансовая операция, во все детали которой был вовлечён Президент [74]. Важно отметить, что Джефферсон в первые годы своего президентства был действительно занят более серьёзными делами, чем выяснением отношений с пиратами Берберского побережья.

На Берберском фронте, впрочем, тоже было не всё спокойно, там тоже происходили интересные события как с участием, так и без участия Джефферсона.

## 19

Надо сказать, что с приходом к власти республиканцев Джефферсона, противников сильного государства и сторонников сокращения госбюджета, самые первые действия правительства были в полном соответствии с предвыборными обещаниями: госбюджет немедленно был сокращён… вдвое. До примерно 5 миллионов долларов. Автоматически были урезаны все программы военно-морского министерства, заморожено строительство кораблей и уволено до половины офицеров. Однако в области риторики ничего не изменилось. Новый Госсекретарь, Джеймс Мэдисон, заявил, что действия стран Берберского побережья «глубоко уязвили чувства» американского народа, а сам Президент, заметив, что «правители Северной Африки бесконечно повышают свои требования», добавил — «при этом постоянно нарушают свои обещания». Джефферсон, скорее всего, был действительно наивным политическим деятелем. Только этим можно объяснить его вторую попытку обратиться — в разгар глобальных геополитических конфликтов в Европе! — к европейским лидерам с предложением ввести полицейское патрулирование североафриканского побережья объединёнными силами европейских морских держав. Естественной реакцией на это нелепое предложение, наглядно показывающее американское бессилие, стало резкое увеличение пиратской активности: трипольские пираты захватили два больших корабля — *Catherine* и *Franklin* и потребовали дополнительные 100 тысяч долларов бакшиша. Немедленно разыгрался аппетит у Туниса, который потребовал сверх договора 40 пушек, 10000 мушкетов и 36-пушечный фрегат.

Трудно ожидать от любого лидера государства бесконечного терпения подобной наглости. Даже Джефферсон, принципиальный сторонник нейтралитета в духе Послания Вашингтона [75], не мог больше выдержать — и решил воевать. Однако, и тут всё было очень не просто. По Конституции объявить войну может только Конгресс, объявление войны требует выделелить деньги на её ведение, а деньги никогда не валяются под ногами, тем более, в условиях сокращения госбюджета вдвое. Джефферсон это прекрасно понимал, поэтому даже не обратился к Конгрессу за разрешением. Очень многие президентские решения в первые десятилетия американской государственности были элегантными решениями в обход Конституции. Таким образом, кстати, создавались прецеденты, позволяющие последующим президентам просто следовать «правилам». Джефферсон не мог объявить и не объявил войну какому-либо государству Берберского побережья, но приказал части своего флота **[76]** совершить патрулирование побережья «с целью заставить государства Северной Африки соблюдать заключённые договоры». Если же во время операции они столкнуться с любыми агрессивными действиями со стороны любой из стран, то «преследовать, топить и уничтожать их корабли».

Джефферсон, как оказалось, чуть-чуть поторопился. 14 мая 1801 года нетерпеливый паша Триполи, не дождавшись доставки очередного бакшиша, назвал это грубым нарушением договора и сам объявил войну США. Его солдаты, согласно восточной традиции, вошли на территорию американского консульства и срезали флагшток, на котором развевался американский флаг. Триполи, нынешняя Ливия, таким образом завоевала почётное право быть первой в истории страной, объявившей войну Соединённым Штатам.

Первая фаза войны, так называемой Первой Берберской, для американцев началась с большого успеха, но продолжилась большой неудачей.

Фрегаты *Essex, President, Philadelphia* и 12-пушечный шлюп *Enterprise* вошли в бухту Триполи и начали показательный обстрел города-порта. Слегка отставший *Enterprise* уже почти у бухты наткнулся на 14-пушечный трипольский корабль с неоригинальным названием «Триполи» и после молниеносной атаки взял его на абордаж. «Спецназ» под руководством лейтенанта Портера при захвате корабля расправился с командой пиратов: из 80 человек 30 было убито, 30 ранено, капитана Реиза Мухаммеда Соуза высекли розгами по голой заднице, все пушки выбросили за борт, срезали мачты и в таком виде разрешили вернуться домой. Американцы не потеряли ни одного человека.

Очень скоро, однако, стало ясно, что ни о какой блокаде огромной бухты силами четырёх кораблей не может быть и речи. Под

Карта Магриба

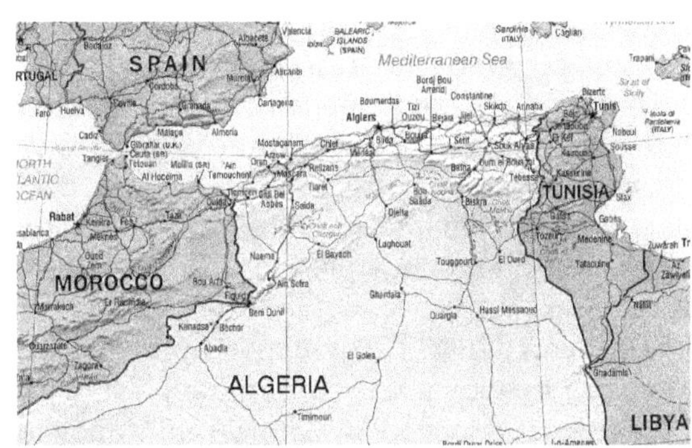


покровом ночи мелкие корабли трипольцев, алжирцев и тунисцев сновали в гавань и из гавани, совершенно не обращая внимания на американцев. Обстрел с дальней дистанции тоже не испугал трипольского пашу, под защитой тяжёлых пушек крепости он чувствовал себя в полной безопасности. Командующий соединением Джон Дейл в донесении писал Джефферсону, что для «защиты американской торговли необходимо постоянное присутствие в регионе как минимум четырёх фрегатов». Американцы вскоре вернулись домой. Опять состоялись дебаты в Конгрессе. Как ни странно, но на этот раз Конгресс был гораздо агрессивнее. Было очевидно, что пираты достали всех. Даже южане требовали восстановления справедливости. Один из конгрессменов-южан, например, заявил: «Я абсолютно убеждён, что наши граждане, вовлечённые в морскую торговлю, имеют те же самые права на защиту, как и земледельцы, которые работают на своих фермах». В феврале 1802 года Конгресс принял закон «О защите коммерции и моряков Соединённых Штатов против пиратов Триполи», что было фактическим объявлением войны.

На этот раз пять фрегатов и несколько вспомогательных кораблей отправились наводить порядок с абсолютно чёткими инструкциями «установить полную блокаду порта… захватывать или уничтожать любой корабль при попытке бегства».

Экспедиция номер два закончилась так же, как и первая. С той разницей, что во время одной погони за группой небольших торговых кораблей американцы попали в западню и потеряли убитыми 15 человек. Руководитель рейда, лейтенант Портер, герой предыдущей операции, был дважды ранен, при этом судёнышки благополучно удрали под защиту крепости. Позора американцам добавило поведение командующего эскадры, коммодора Ричарда Морриса, который почти всё время пьянствовал с английскими офицерами в Гибралтаре. Когда же он решил вступить в переговоры с трипольским пашой, то сделал это совершенно оригинально: он сошёл на берег с белым флагом и 5 тысячами долларов в качестве платы за аудиенцию. Не удивительно, что после возвращения эскадры домой, он был судим военным трибуналом и разжалован. Трипольский паша, поняв с кем имеет дело, потребовал дополнительные 200 тысяч одноразово и 20 тысяч — ежегодно.

Наступил 1803 год, и с ним пришли уже привычные дополнительные требования из Триполи, Туниса и Алжира. Совершенно неожиданно проснулся султан Марокко и тоже объявил войну Америке. Напомню, что в это же самое время Соединённые Штаты остались совершенно без денег, только что заплатив 15 миллионов за Новый Орлеан. В дополнение ко всему новая волна войн в Европе заставила американцев держать значительную часть своего флота поближе к своим берегам.

Казалось, что Средиземноморье для американцев безнадёжно потеряно.

## 20

У читателя может возникнуть вполне резонный вопрос: зачем ему знать всю эту историю и, тем более, мелкие подробности давно минувших дней?

Во-первых, мне кажется, что история интересна, кроме всего, как раз мелкими подробностями и историей людей, живших внутри своего времени, их взглядом на своё время. Во-вторых, я хочу показать с каким трудом, среди каких противоречий рождалась великая страна, само величие которой сегодня воспринимается за данность. Показать, что Соединённым Штатам, как и любому другому государству, необходимо было постоянно отвечать на нелёгкие вызовы времени, решать проблемы, исходя из своего собственного понимания ситуации и из своих собственных всегда ограниченных ресурсов, выбирать между различными возможными решениями и платить за последствия своих не самых разумных решений. И, наконец, в-третьих, хочу показать, что во взаимоотношении Америки и мусульманского мира было вполне определённое, весьма недружественное начало, которое привело к весьма странному, хотя и в русле национальной традиции, продолжению — миссионерству. Это движение, в свою очередь, со временем в корне не только изменит в глазах американцев имидж мусульман Ближнего Востока, но и сделает всё возможное, чтобы история борьбы США с пиратами и царьками северо-африканских стран в 1785–1815 годах в ходе Берберских войн, предстала малозначимым, пустячным эпизодом американской истории.

До истории миссионерства на Ближнем Востоке мы дойдём в своё время, а пока вернёмся в 1803 год.

Пожалуй, с этого времени в обществе уже не было разногласий. Общее мнение хорошо выразил Руфус Кинг,

Эдвард Пребл

американский посол в Лондоне: «Наша безопасность в берберских водах должна быть основана на нашей силе, а не на договорах, на наших военных кораблях, а не подарках и взятках». Джефферсон, не имевший достаточно кораблей, тем не менее имел на морской службе достаточно способных людей. Одного из них, Эдварда Пребла (*Edward Preble,* иногда его фамилия по-русски пишется Прибл), он назначил новым командующим «берберской» эскадры.

Это был отличный выбор. Больной и хромой после изнурительной британской тюрьмы, в которую он попал после захвата его корабля во время Войны за Независимость, рыжеволосый Пребл обладал просто чудовищным темпераментом [77]. Сочетаемым, впрочем, с отличной морской выучкой, твёрдой решительностью и требовательностью к подчинённым. В эскадре Пребла был и Уильям Бейнбридж, который, получив повышение, на этот раз командовал фрегатом *Philadelphia.* В августе 1803 Бейнбридж остановил для инспекции марокканский военный корабль и в трюмах обнаружил закованных в цепи американских моряков с захваченного брига «Селиа». Пребл, находящийся на флагманском *Constitution,* узнав об этом, стал в центре гавани Танжера и потребовал аудиенции у султана. На встречу с султаном Сулейманом Пребл явился со шпагой и при встрече не поклонился, что было очень грубым нарушением этикета. «Не боишься ли ты, что я тебя арестую?»,—спросил султан. «Нет. Если ты это сделаешь, то моя эскадра сравняет с землёй твой порт, твой город и твою крепость» [78].

Султан немедленно согласился на подтверждение и соблюдение мирного Договора от 1786 года.

После этого последовали сплошные неудачи, перемежающиеся героическими подвигами.

Бейнбриджу опять не повезло, на этот раз гораздо сильнее, чем двумя годами раньше. Преследуя трипольский корабль вблизи берега, *Philadelphia* села на мель, да так, что её пушки были направлены под бесполезным для стрельбы углом. Девять трипольских кораблей немедленно окружили беспомощный корабль и Бейнбридж, вместе с 307 членами экипажа был вынужден сдаться [79]. Трипольцам удалось стащить корабль с мели и отбуксировать в гавань. Паша немедленно объявил, что фрегат с новым именем «Подарок Аллаха» станет новым флагманом трипольского флота.

Это была катастрофа. Из тюрьмы Бейнбриджу удалось передать Преблу тайное письмо, написанное невидимым лимонным соком. В письме пленник умолял командора сделать всё возможное, чтобы *Philadelphia* не досталась врагу. Пребла не надо было долго упрашивать. Здесь на сцене появляется ещё один американский герой—сын героя-моряка предыдущего поколения, любимец флота, прекрасный стрелок и отчаянный дуэлянт, атлет и ловелас—двадцатипятилетний 1-й лейтенант [80] Стивен Декатур [81].

Операция по спасению престижа планировалась следующим образом. Ночью команда добровольцев во главе с Декатуром должна была на захваченном ранее трипольском торговом корабле тайно приблизиться к *Philadelphia*, захватить его совершенно бесшумно, перебить трипольскую охрану и, если не удастся вывести корабль из гавани, сжечь его.

Взрыв Филадельфии

Добровольцами вызвались быть все моряки фрегата *Essex*, на котором служил Декатур. 16 февраля 1804 года отобранные им 67 человек, переодетые в форму моряков-мальтийцев, несколько сицилийцев на службе у американцев и араб-перебежчик, который и общался с береговыми службами, смогли обмануть бдительность береговых служб при входе в гавань, охраны корабля-пленника и артиллеристов 150 тяжёлых крепостных батарей, под присмотром которых находилась *Philadelphia*. Декатур и его люди за несколько минут перебили всех

Стивен Декатур

20 трипольцев, охранявших корабль, и, увидев что капитан Бейнбридж при сдаче успел спилить центральную мачту, подожгли корабль. Это было очень эффектное зрелище, корабль пылал, как факел, и через двадцать минут взорвался.

Эффект превзошёл все ожидания. Европа была под сильным впечатлением. Адмирал Нельсон назвал этот «успех» «самой поразительной операцией нашего времени» [82]. Папа римский Пий VII заявил, что «американский флот сделал больше для христианского мира, чем все другие державы Европы за столетия». Декатур не потерял ни одного человека и после этой операции стал первым национальным героем-моряком юной державы. Со временем он станет самым молодым в истории флота капитаном, потом последовательно будет командовать самыми большими и знаменитыми кораблями, будет одно время руководить строительством флота, примет участие во многих войнах, всегда и везде оказываясь в центре событий—особо отличится в англо-американской войне 1812 года, и никогда не запятнает ни свою профессиональную честь моряка, ни свою личную честь.

Если вернуться к берегам Триполи, то простая сермяжная правда заключалась в том, что Бейнбридж и его команда по-прежнему сидели в тюрьме, и в ответ на предложение Пребла 100 тысяч долларов за выкуп пленников, паша потребовал полтора миллиона.

## 21

Судьба Первой Берберской войны была решена не усилиями флота, и не политическими или дипломатическими решениями правительства Соединённых Штатов, а усилиями ещё одного американца, мало заслуживающего, особенно в наше политкорректное время, звания героя. И одержана эта победа была на суше и довольно далеко от трипольской гавани.

Но до этой победной истории на суше произошла серьёзная трагедия на море.

Пребл совершенно ничего не мог поделать с крепостными стенами Триполи, тем более с расстояния, на которое не решались приблизиться его фрегаты. Эта так называемая осада продолжалась шесть месяцев без какого-либо толка. Мелкие победы, конечно, были. Так заскучавший Декатур однажды со своими людьми захватил довольно большой пиратский корабль; схватка была тяжёлой—Декатур был ранен в руку, его родной брат погиб, но было убито 47 пиратов и 56 взято в плен. В конце концов, из Вашингтона, недовольного ходом войны, пришёл приказ об отзыве Пребла.

То ли от безысходности ситуации, то ли обиженный приказом, но под занавес Пребл решил провести ещё одну рискованную операцию, которая в случае успеха могла переломить ход войны. Шхуна, команда которой так блестяще уничтожила *Philadelphia*, была переименована в *Intrepid* и нагружена семью тоннами пороха, пороховыми зарядами для пушек и картечью. Команда добровольцев во главе с капитаном Ричардом Сомерсом, другом детства Декатура, лейтенантами Уодвортом и Израэлем и десятью матросами должна была опять-таки глухой ночью пробраться на *Intrepid* в гавань, достичь расположения флота паши, поджечь зарядный шнур, ведущий в пороховой погреб, и на гребной лодке попытаться удрать от места взрыва, который по плану должен был уничтожить корабли паши и береговые укрепления.

3 сентября 1804 года *Intrepid* исчез в густом тумане, а через два часа эскадра Пребла услышала страшный взрыв. Зарево пожара охватило небо в районе гавани… никто не знает, что произошло, но корабль взорвался очень далеко от цели. Все 13 человек погибли. Назавтра изувеченные тела американских моряков

собрали на набережной и показали Бейнбриджу. На мольбу последнего похоронить их по христианскому обычаю, паша приказал оставить трупы для съедения собакам [83]. Сам Бейнбридж и его команда были переведены на дневной рацион в 250 грамм хлеба и немного прокислого оливкового масла. Кроме всего, их стали водить на ежедневные тяжёлые работы.

Вернувшийся в январе 1805 года флот, Пребла и Декатура встретили со всеми почестями, но новое правительство только что победившего второй раз Джефферсона сидело без денег и экономить решили опять на флоте. Главным противником продолжения войны был министр финансов, и как со временем станет понятно — выдающийся министр финансов, Альберт Галлатин, швейцарец по рождению. Девятьюстами (по другим сведениям — шестьюстами) тысячами в год на обслуживание берберской эскадры, по его мнению, можно было заделать много дыр. Джефферсон на словах всё ещё был сторонником войны, но вынужден был согласиться со своим министром. В обществе опять началась дискуссия…

На все эти высокие материи было наплевать Уильяму Итону (*William Eaton*), американскому консулу в Тунисе. Он был уверен, что любые переговоры только разжигают аппетит североафриканских бандитов, даже если эти бандиты формально числятся главами государств, был твёрдо уверен, что они понимают и уважают только силу, и решил взять дело в свои руки.

22

Итон по рождению принадлежал к среднему фермерскому классу, но был одним из 13 детей, посему уже в 16 лет решил заботиться о себе сам. Он вступил в революционную армию и быстро продвинулся до невысоких званий. Там же в армии обнаружились его две особенности: одна хорошая — он обладал невероятной храбростью и многочисленными чисто солдатскими умениями, например, выделялся в стрельбе и лучше всех метал нож на расстояние 10 метров, другая плохая — он был авантюристом и не любил подчиняться каким-либо приказам. Вторая особенность, естественно, положила конец его военной карьере. Он пошёл учиться в Дартмутский колледж, учился за свои деньги, подрабатывая учителем, и вышел из колледжа образованным в мёртвых языках

Уильям Итон

и почитателем военных побед Цезаря и Александра. После этого, уже в звании капитана, опять служил в армии, воюя с индейцами. Но опять не сделал карьеру из-за своей вышеупомянутой второй особенности. Отчисленный из армии, был назначен первым консулом в Тунис благодаря семейным связям с Томасом Пикерингом, Госсекретарём у Президента Дж. Адамса. Пикеринг решил, что некоторый авантюризм, в дополнение к классическому образованию, на этой должности не помешает.

Итон, как и многие американцы до него и после него, был знаком с Ориентом только по литературе. Литература о Востоке была в основном на французском и очень немного на английском или в переводе на английский. Вся она, оригинальная и переведённая, аккуратно раскладывалась на две категории. Первая категория, в основном документальные описания путешественников или дипломатов [84], утверждала, что Восток, включая его религию — полное, или в лучшем случае — относительное дерьмо; вторая, высокохудожественная — твёрдо стояла на романтическом восприятии традиций, культуры, женщин и, конечно, религий Востока.

К первой категории относились, например, популярная «Полное описание истинной природы самозванства», написанная в 1697 году англичанином Хамфри Придо (Humphrey Prideaux), и «Путешествие для открытия источников Нила» англичанина Джеймса Брюса (James Bruce). Ко второй — «Тысяча и одна ночь». Нетрудно догадаться, что массовый читатель в основном интересовался книгами второй категории, тем более что в этом случае выбор был существенно легче: книг второй категории было не более десятка. Итон не был исключением, он был по своей натуре романтиком, обожал «Тысячу и одну ночь», но у него была ещё и своя идея — он верил в «универсального Бога» и был готов убедить мусульман в истинности лозунга «Христиане и мусульмане — братья навек».

За первые два года службы Итон объехал весь Тунис, выучил арабский и местные четыре диалекта, на деле узнал местные обычаи и… потерял невинность.

*«…Зловонный пар из протухших озёр, вонь от гниющей, обглоданной собаками падали… сумасшедшее солнце, более горячее, чем табак и ром… грубые турки, евреи-мошенники, вероломные итальянцы… ленивые верблюды, тупые мулы и злобные арабы…люди без чести и совести».* И такой стране, таким людям его Америка платит дань! У Итона это не укладывалось в голове. Узнав об унижении Бейнбриджа алжирским пашой, он пишет: *«Гений моей страны, как низко ты пал!»*

Его предложение, достаточно серьёзно проработанное, ушло с дипломатической почтой к Госсекретарю. Суть предложения была в том, чтобы тысяча морских пехотинцев высадилась в Тунисе и сбросила бея. После чего, напуганных остальных царьков побережья можно будет брать голыми руками. С ответной почтой пришло указание Мэдисона забыть о подобных глупостях и вместо этого выплатить бею дополнительные 20 тысяч долларов. После такой и подобных депеш в голове Итона созрело не только отчаяние, но и злость на берберийцев, на Америку, на самого себя. Но он был не из легко сдающихся. В сентябре 1801 года у него возникает ещё одна интересная мысль. Оказывается, у трипольского бея Юсуфа Караманли существует старший брат Хамид, законный претендент на престол. Юсуф в дворцовом перевороте захватил власть и выслал брата из страны. Итон знакомится с Хамидом и оказывается очень впечатлен его умом и аристократизмом. В очередном послании Мэдисону Итон предлагает помочь Хамиду сбросить Юсуфа и гарантирует проамериканскую политику Триполи при новой власти. Мэдисон, полностью в духе американской политической доктрины, отвечает, что Америка никогда не ввязывалась во внутренние дела других государств и не будет это делать в Триполи, но «вы лично свободны в своём рвении и расчётах на стороне Хамида».

Когда я заметил, что Итона трудно назвать героем, я имел в виду не только его характер. И не только его неполиткорректные по нынешним временам высказывания вроде «трусливый еврей» — по отношению к министру финансов Галлатину [85] или «плачущий спаниель, поджимающий хвост перед очередным ударом берберийцев» — о Президенте Джефферсоне. Хуже, что Итон не всегда понимал разницу между своим и государственным карманами, да и не прочь был участвовать в финансовых махинациях в Тунисе. За последнее прегрешение бей потребовал его отзыва. Это случилось в апреле 1803 года.

Возможно, Итон не был первым лоббистом американского Конгресса, но, безусловно, стал одним из самых известных в начале XIX века. Вернувшись в Америку, он использует свои широкие связи, чтобы убедить конгрессменов в том, что «свободолюбивый народ Триполи» ждёт не дождётся того дня, когда любимец народа и, заодно, американский патриот Хамид сбросит с трона ненавистного, и кстати, главного врага Америки, пашу Триполи Юсуфа Караманли.

Конгресс не надо было уговаривать слишком долго.

## 23

В мае 1804 года Конгресс назначает Итона на странную должность «агента в Берберские государства» [86], должность какого-то непонятного подчинения — в большей степени министерству Флота и только частично Госдепартаменту. Во всяком случае, он получает в подчинение лейтенанта морских пехотинцев О'Баннона и его небольшой отряд из девяти человек. В инструкции Конгресса и *с ведома Джефферсона* Итону поручалось довести до сведения Хамида Караманли о поддержке его права на престол американским правительством и по возможности помочь ему в достижении цели. Вся «группировка» немедленно отплыла в Египет, где, как Итону стало известно, прячется Хамид. Отыскать Хамида оказалось непростым делом: по разным слухам он находился где-то в верховьях Нила.

Сегодня для нас слова «верховья Нила» звучат совершенно нейтрально. В начале же XIX века это географическое место в огромной степени была *терра инкогнито* для европейцев. Тем не менее, пройдя 225 километров [87] по безжизненным пескам под непрерывными атаками бедуинов, отряд Итона находит Хамида в городке Арабская Башня (Arab Tower). Состояние Хамида было совсем не такое боевое как при их первой встрече. Это был уставший и потерявший всякую энергию человек, смирившийся со своей судьбой. Это тоже не остановило Итона.

Армия, сформированная Итоном в Арабской Башне, возможно, была самой удивительной армией в мире. Для начала Итон назначает себя генералом (и со временем получает подтверждение от своего начальства!), был ли повышен в звании лейтенант

О'Баннон мне неизвестно. Девять морских пехотинцев наверняка остались без повышения в звании, но к ним добавились 90 трипольцев, 63 наемника-европейца [88] и 250 бедуинов. К сожалению, у армии практически не было оружия: «Я должен был создавать энтузиазм у новобранцев, напирая на их арабские обиды… вместо того, чтобы снабжать их пушками, мушкетами и патронами». Конечно, энтузиазм энтузиазмом, но очень помогало золото в виде зарплаты и — главное — обещание большого вознаграждения после прихода Хамида к власти. «Деньги — единственный бог арабов», — писал Итон.

Из Арабской Башни, Итон, облачённый в сшитый по его эскизу белый военный костюм, вместе со своим отрядом «совершил то, что не удавалось ни одной армии со времён античности» [89] — под безжалостным солнцем он прошёл около 800 километров по мёртвым пескам и горным кряжам Западной пустыни до залива Бомба в Средиземном море. Во время похода было все: постоянная угроза бунта — несколько раз осуществлённая и подавленная; непрерывные стычки между мусульманами и христианами; угроза бедуинов покинуть армию, если не будет резко поднята зарплата; урезанный уже через две недели до минимума рацион питания и воды; жалобы Хамида на всё и всех и даже нападение бедуинов отряда на свой же обоз с продовольствием. Это нападение, в котором участвовал и сам Хамид, удалось отбить круговой обороной морских пехотинцев вместе с Итоном.

Залив Бомба находится в 50 километрах к западу от Тобрука, где стояла американская эскадра. По договорённости с командованием эскадры в залив Бомба должен был прийти корабль с продовольствием, водой и оружием. Но его не было. Шли дни, и угроза голодной смерти становилась всё реальнее. Как в такой ситуации Итону удалось удержать свою армию от бунта, представить очень трудно, ещё труднее понять, как ему удалось сохранить её боевой дух. То, что с боевым духом было всё в порядке, стало известно очень скоро. Корабль снабжения в конце концов появился, и, подкрепившись и наконец вооружившись, армия двинулась дальше на запад к городу-крепости Дарна [90], второму по величине городу Ливии и идеальному месту для броска к Триполи. 25 апреля Итон потребовал капитуляции крепости, но получил категорический отказ. На следующий день три американских корабля начали бомбардировку крепости, а Итон с саблей наперевес повёл свою армию в лобовую атаку. Несколько атакующих было убито, среди них—два морских пехотинца, сам Итон получил пулевую сквозную рану в руку, но уже через четыре часа над крепостью развевался американский флаг.

Конечно, обеспокоенный новостями паша Триполи не сидел в тоскливом ожидании появления армии Итона и любимого брата у ворот своего дворца. Ещё до штурма Дарны 3 тысячи его солдат поспешили на помощь защитникам крепости. Своей молниеносной атакой Итон их опередил, но не надолго. Буквально сразу подоспевшая армия Юсуфа начала атаку крепости. Этот двухдневный бой был тоже был выигран Итоном, но с более серьёзными потерями—60 человек. После короткой передышки всё было готово к решающему броску к Триполи.

И тут случилось предательство.


# 24

Предательство государством своих граждан, выполняющих «особые» поручения государства, не является таким уж редким событием. Это обычное дело в разведке и дипломатии. При провалах разведчиков обычной реакцией государства являются воздетые в полном изумлении глаза и заявления типа «мы к этому делу абсолютно не причастны». В дипломатии ситуация только слегка отличается. Обычно стараясь достичь какой-то цели, руководители дипломатических служб или, что случается ещё чаще, руководители государства в обход этих служб, поручают дело нескольким независимым и обычно не подозревающим друг о друге лицам или группам. Конкуренция в высших эшелонах власти и всегда существующая борьба за внимание главы государства часто становится причиной «подножки» конкурирующей группы для усиления впечатления о своём успехе. Самое неприятное, когда в подобных играх участвует глава государства.

Перед самим выходом армии Итона на Триполи в гавань вошёл американский фрегат *Constellation*, который привёз Итону срочный приказ, переданный через командующего эскадрой. В приказе сообщалось, что в связи с достигнутой договорённостью с пашой Юсуфом Караманли американское правительство прекращает поддержку Хамида и требует роспуска армии Итона. Приказ Итону пришёл от личного посланника Президента Джефферсона.

Джефферсону, как мне кажется, очень не понравилось вмешательство Конгресса в международные дела. Назначение Итона и данное ему поручение было, по мнению Джефферсона, прямым нарушением Конституции, и, скорее всего, он был прав. Поэтому параллельно, и не ставя никого в известность, он поручил Тобиасу Лиру, известному дипломату и бывшему помощнику Вашингтона, договориться с пашой Триполи «мирным» путём. Естественно, Джефферсон знал о давнем плохом отношении Лира к Итону, о принципиально разных характерах двух дипломатов. Лир не признавал романтизм и авантюризм Итона, но ещё больше не верил в то, что восстановленный на троне Хамид сможет проводить независимую, тем более—проамериканскую политику [91].

Лир начал переговоры с Юсуфом в чрезвычайно выгодное время—паша с большой тревогой следил за продвижением Итона и по мере его успехов становился всё сговорчивее. Успех Итона в Дарне решил переговоры в пользу американцев. По договору пленные трипольцы обменивались на пленных американцев (в основном с фрегата *Philadelphia*) с выплатой паше «баланса» в 60 тысяч долларов.

4 июня 1805 года фрегат *Constitution* под приветственный салют береговых пушек Триполи вошёл в гавань, прошёл мимо обгоревшего остова *Philadelphia* и забрал с набережной 296 моряков и капитана Бейнбриджа, пробывших в плену 19 месяцев. Нехватка 11 человек объясняется смертью шести и переходом в ислам пяти, не пожелавших вернуться на родину.

Как только в других Берберских странах стало известно о событиях в Дарне и Триполи, Алжир и Тунис отказались от всех своих дополнительных требований и немедленно подписали (или подтвердили) мирный договор с Соединёнными Штатами. Плотники с военных кораблей поставили новый флагшток на территории американского консульства в Триполи и, по словам Тобиаса Лира, наступил «настолько необычно почётный мир… что все европейские державы будут в изумлении».

Один американец тоже был в изумлении. Уильям Итон был изумлён и возмущён близорукостью Джефферсона, его методом умиротворения трипольского паши, очередным унижением Америки. По его мнению, куда лучше было бы видеть Constitution «залитый кровью убитых, чем видеть триумф турок и их насмешки над слабыми американцами». Но главное, Итон понимал временность и условность заключённого мира. Командиру эскадры он писал: «Решение Джефферсона непоправимо ослабило сдерживающую силу Америки, пираты наверняка ударят опять и, на этот раз, гораздо сильнее». Но приказ — есть приказ, *Constellation* должен был немедленно покинуть Дарну, и Итон вместе с оставшимися христианами из его армии были вынуждены ночью тайком бросить лагерь, свою армию, поверившего в американцев Хамида… и эвакуироваться на корабль.

Уильям Итон, который своим 90-дневным героическим переходом **[92]** чуть ли ни в одиночку поставил на колени царьков Берберского побережья, никогда не простил Тобиасу Лиру, президенту Джефферсону и своему государству такой способ подписания мирного договора и своё собственное унижение. В Америке часть конгрессменов встретила Итона как героя, другая, бóльшая часть, предпочла забыть его имя как можно скорее — сама идея возможности насильственного свержения монарха иностранного государства была очень неприятной для политических деятелей, наизусть помнящих Послание Вашингтона. Итон потребовал от Конгресса возмещения расходов и выплаты компенсации Хамиду Караманли или, по крайней мере, помощи в выкупе семьи Хамида из трипольской тюрьмы. Конгресс обратился за разъяснениями к Джефферсону. Джефферсон, не моргнув глазом, заявил, что он понятия не имеет ни о каких договорённостях с Итоном, тем более о каких-либо поручениях ему на Ближнем Востоке **[93]**. Тогда Конгресс решил проявить самостоятельность и в знак признания достижений Итона **[94]** подарить ему именную саблю, но федералисты, находящиеся в оппозиции, решили, что этого недостаточно, и Итон заслуживает золотой медали. Началась дискуссия по этому поводу, в результате которой Итон не получил ничего **[95]**.

Обиженный на весь мир Итон предпринял ещё одну, последнюю авантюру в своей жизни. В 1806 году он чуть было не присоединился к государственному заговору Эрона Бёра (*Aaron Burr*), но быстро вышел из игры и на процессе против Бёра был государственным свидетелем **[96]**. Под впечатлением его героических достижений и не менее удивительных личных поражений Массачусетский конгресс подарил Итону 10 тысяч акров земли. Там, на далёкой ферме в нынешнем штате Мэйн, одинокий и забытый всеми, глубоко погруженный в алкоголь и воспоминания, Уильям Итон умер в июне 1811 года.

В сентябре 1942 года новый эсминец, спущенный на воду в городе Бас, штат Мэйн — совсем рядом с фермой Итона, был назван в честь «генерала Уильяма Итона». Корабль героически отвоевал всю войну, 11 раз участвовал в боях с японцами и закончил свою морскую службу в 1969 году.

## 25

На описанных выше событиях 1805 года закончилась *Первая Берберская война*. Посчитав, что худой мир лучше хорошей войны, Конгресс ратифицировал мирные договора, по которым за сравнительно небольшие ежегодные выплаты берберским государствам Америка получила возможность свободной торговли в средиземноморском регионе.

Война была длительным и серьёзным испытанием молодого государства, и выводы из войны были сделаны серьёзные. Всем стало отчётливо ясно, что у страны существуют реальные интересы далеко за её пределами и что только сила, прежде всего, морская сила может быть гарантом государственных интересов в недружелюбных регионах. В очередной раз совершив поворот на 180 градусов, Джефферсон изменил свой взгляд на военно-морской флот. Обращаясь с посланием к нации в декабре 1805 года, Джефферсон предложил беспрецедентное увеличение флота и укрепление морских портов. Но не только. Впервые была озвучена новая доктрина ВМФ: отныне флоту поручалось непрерывное патрулирование морей и океанов, где ожидались враждебные действия по отношению к американским торговым интересам. Изменилось отношение не только к размеру флота, но и к размерам кораблей. Впервые в истории страны была разработана программа строительства огромных, 74-пушечных линейных кораблей.

Речь Джефферсона была примечательна ещё одним интересным абзацем. Где-то в середине своего послания он сказал:

*«…операция небольшого отряда наших граждан, храбро осуществлённая нашим бывшим консулом Итоном… создала „впечатление“, необходимое для достижения договорённости с Триполи. В результате наши пленные моряки были освобождены, и наши торговые корабли отныне в безопасности».*

Интересно, что это сказал человек, который всего несколькими месяцами назад не мог вспомнить «о каких-либо поручениях», данных «нашему бывшему консулу».

Теория изоляционизма, освящённая именем Вашингтона, к 1806 году дала первую серьёзную трещину. В следующее десятилетие, во время Англо-американской и Второй берберской войн она значительно расширится.

## 26

Отношения с Англией стали резко ухудшаться в 1807 году после морского инцидента, известного под именем «Столкновение „Чезапика“ с „Леопардом“» (*Chesapeake–Leopard affair*) [97]. Столкнувшись со все большей враждебностью английского флота, американцы были вынуждены резко сократить количество кораблей, патрулирующих средиземноморье. Уменьшение силы Джефферсон опять, в который раз, решил компенсировать деньгами и предложил увеличить выплаты Алжиру, чтобы «обезопасить мир при возросшей неопределённости в других местах». Это был проверенный сигнал берберским правителям, вроде команды «фас!», который дают собакам. В феврале 1809 года алжирские пираты захватили филадельфийский бриг *Sally* и проделали с его командой в 15 человек то же, что двадцатью пятью годами раньше с командой *Betsey*. «Нас безжалостно избивали, потом закрыли в грязном трюме без всякой еды на 48 часов». Потом, как принято, провели под издевательство толпы по улицам Алжира и, наконец, продали на аукционе.

Торговля со Средиземноморьем в очередной раз оказалась под угрозой: как раз в это время Америка вынуждена была подтянуть *все* корабли к своим берегам — серьёзная война с Англией становилась всё более вероятной. Война вспыхнула в июне 1812 года. Американский флот к этому времени был огромным, если сравнить его со временем «квази-войны» с Францией в 1798 году — около 50 кораблей, из них около 20 фрегатов, в том числе 3 — тяжёлые фрегаты. Но если сравнить его с тем, что смогла выставить Англия, то сравнение окажется просто смешным — около 100 кораблей, из которых 11 было линейными.

Пока на территории и у берегов Америки шла большая война, берберские государства-пираты, освободившись от страха получить по рукам, вернулись к своему привычному бизнесу. Алжир захватил ещё один американский корабль и продал в рабство его команду; Триполи и Тунис стали просто грабить все попадающиеся им корабли. Все страны Побережья мгновенно объявили о своей лояльности Англии и в свою очередь получили от Англии *карт-бланш* на грабёж американских кораблей. Америка, точно по предсказанию Итона, пожинала плоды своего миротворчества и в который раз убеждалась в цене бумажек мирных договоров на Востоке. «Если бы не война с Англией, то мы бы превратили всё побережье Алжира в пыль», — возмущался известный нам Тобиас Лир, в то время как новый Президент Джеймс Мэдисон за неимением альтернативы опять увеличил размер бакшиша странам региона.

Возникла, однако, непредвиденная проблема: не было охотников везти бакшиш в Ориент.

Здесь на страницах истории взаимоотношений США и Берберских государств появляется ещё один интересный человек — Мордехай Мануэль Ноа (*Noah*), потомок португальских евреев. Несмотря на свою молодость — ему было 27 лет, Ноа был известным интеллектуалом, журналистом, вращавшимся в высшем свете. Среди его друзей были Стивен Декатур и Джоел Барлов. Интересно и то, что Ноа не скрывал своего еврейства, он много писал на еврейские темы и активно защищал права американских евреев.

Евреи, начиная со средних веков, считались оптимальными посредниками между христианами Запада и мусульманами Востока. Даже в Америке уже случались прецеденты, например, Вашингтон поручил подполковнику Дэвиду Франксу [98] стать своим личным представителем на переговорах с Марокко. Очевидно, вспомнив об этом, Мэдисон назначил Ноа консулом в Тунис и поручил ему

щепетильное дело передачи бакшиша и — главное — освобождения заложников. Между Президентом и Ноа было достигнута устная и тайная договорённость о том, что Ноа может тратить до 3 тысяч за выкуп одного заложника, представив эти деньги для всех интересующихся в Америке и для арабов как собранные семьями заложников. С устными финансовыми договорённостями часто случа-

Мордехай Мануэль Ноа

ются неприятности для одной из сторон, что и произошло в данном случае. В мае 1813 года Ноа начал переговоры с алжирским пашой. Через короткое время высокие договаривающиеся стороны сговорились об освобождении первых шести человек… но заплатить за них пришлось 25 тысяч 910 долларов, почти на 8 тысяч больше. Мэдисон был, если сказать мягко, очень осторожным человеком. Испугавшись, что такие «огромные» расходы станут известны американскому народу, он немедленно отозвал Ноа назад в США. Потерю лица надо было как-то объяснить, и объяснение Мэдисона незамедлительно последовало: «Неудача [Ноа] может быть объяснена предубеждением турок относительно его религии и тем, что публике стало известно, что он еврей».

О том, что в Тунисе и Алжире никто никогда не заикнулся о еврействе Ноа, для версии Мэдисона не имело никакого значения.

## 27

Война 1812 года известна не только тем, что англичане сожгли город Вашингтон, столицу США, но и тем, что разногласия штатов по поводу войны едва не привели к развалу Союза. Агрессивно настроенные штаты Новой Англии хотели воспользоваться ситуацией [99] и вытеснить англичан из Канады, южным штатам это было совершенно незачем. В свою очередь, южане думали под шумок выгнать испанцев — союзников англичан — из Флориды, что было совершенно безразлично северным штатам. Военные действия на суше, особенно в начале войны, как правило, выигрывали англичане, на море, как ни странно, американский флот не уступал превосходящим силам англичан, сказался опыт Первой берберской войны. Когда после окончания Наполеоновских войн англичане смогли значительно усилить морскую блокаду Америки и, казалось, судьба войны и американской независимости уже решена, неожиданно последовали сухопутные победы американцев, в том числе решающий разгром англичан под Новым Орлеаном, где отличился будущий президент Эндрю Джексон.

Мирный договор от 24 декабря 1814 года освободил американский флот от необходимости держаться вблизи своих берегов, но кипящее общественное мнение, требующее реванша в Северной Африке, долго кипело впустую. Мэдисон не хотел начинать новую войну, только что закончив старую. По понятиям того времени Мэдисон был очень стар, ему было 64 года. Он всегда отличался нерешительностью, был излишне стеснительным для политического деятеля, и обычно не имел поддержки даже в своём правительстве. Всё же в марте 1815 года он обратился в Конгресс и, к своему удивлению, немедленно получил официальное объявление войны. Коммодором [**100**] эскадры для ведения *Второй берберской войны* был назначен Стивен Декатур. Инструкции от Президента включали «угрозой серьёзного разгрома» добиться от правителей Берберского побережья «справедливого и длительного мира». 15 мая эскадра из 10 больших кораблей вышла из Нью-Йорка и через месяц, войдя в Гибралтар, американский 44-пушечный фрегат *Guerriere* в морском бою уничтожил алжирский 46-пушечный флагман [**101**]. В бою погиб алжирский капитан и 30 человек команды. Через несколько дней эскадра потопила ещё один крупный алжирский корабль, захватив в этих двух боях около 500 пленных.

28 июня вся эскадра вошла в алжирскую гавань. В панике новый алжирский паша обратился к англичанам за помощью, напомним им их обещание, что «через шесть месяцев море будет очищено от американцев». Однако, англичане уже были биты и стали гораздо благоразумнее, и от вмешательства уклонились. Декатур и новый консул Уильям Шаллер вели переговоры с пашой с позиции силы. Шаллер был человеком крутым и полностью разделял взгляд Итона: «Ислам, требующий немногочисленных инструкций, полностью соответствует обычаям варваров». Декатур и Шаллер диктовали условия мира, «опираясь на жерла пушек». «Если паша пожелает получить порох в качестве бакшиша, то он его получит как бесплатное дополнение к нашим ядрам». Паша долго не сдавался. Он даже написал личное послание к Мэдисону, содержание которого очень напоминало любовное послание скучающего в отдалении жениха к своей невесте, на что Мэдисон ответил, что «… принятая политика США заключается в том, что мир лучше, чем война, но война лучше, чем выплата взятки… Соединённые Штаты, не желая войны ни с кем, не будут покупать мир ни у кого». В подтверждение серьёзности слов президента, в алжирскую гавань вошёл огромный линейный корабль *Independence* под командованием Бейнбриджа; корабль надолго останется в Средиземном море, как органичная часть постоянной средиземноморской эскадры, будущего Шестого Флота военно-морских сил США.

Декатур с эскадрой проследовал в Тунис и Триполи, где он потребовал не только немедленного освобождения пленных, но и денежной компенсации за захваченные корабли [102]. Ко времени возвращения в Америку эскадра Декатура уничтожила 29 кораблей, потеряв только четырёх человек во время случайного взрыва пушки. Тридцатилетняя война, которая стоила американцам 35 захваченных торговых кораблей, около 700 человек, взятых в плен, бесчисленных миллионов и никем не подсчитанного национального унижения, наконец закончилась полной и безоговорочной победой.

Или — почти безоговорочной. Дело в том, что алжирский паша оказался человеком с характером. Впрочем, в рамках понятия этого слова, принятого на Востоке. После того, как эскадра вернулась домой, а *Independence* покинул гавань для планового ремонта, паша Умар бен Мухаммед прилюдно разорвал договор — в самом прямом смысле — и отказался от всех обязательств. Паша, совершенно очевидно, не был дальновидным политиком или просто умным человеком. Он не учёл, что ситуация в Европе коренным образом изменилась. Он не учёл, что после окончания Наполеоновских войн огромные флоты европейских стран оказались без дела. Он не учёл, что европейские страны просто не могли унижать себя выплатой бакшиша после того, что совершили американцы. Наказание Алжира последовало незамедлительно. В начале 1816 года к Берберскому побережью подошла большая совместная эскадра англичан и голландцев под командованием английского адмирала Эдуарда Пеллью. После того как паша отказался вступить в переговоры, началась знаменитая девятичасовая бомбардировка города Алжира — англичане не признавали американского стиля ведения переговоров. Алжирский флот был полностью уничтожен, значительно пострадал город и дворец паши. Договор, по которому Умар бен Мухаммед признал все требования европейцев и обязался никогда не захватывать и продавать в рабство христиан, был немедленно подписан.

На этот раз — действительно навсегда [103].

## 28

Какие выводы были сделаны американцами из Берберских войн и какие изменения произошли в странах Североафриканского побережья в результате этих войн?

Проще ответить на второй вопрос. С потерей основного источника доходов Марокко, Алжир, Тунис и Ливия (Триполи) достаточно быстро потеряли всякое значение в Средиземноморье и какое-либо влияние на европейскую политику. Обанкротившиеся государства быстро прибрали к рукам основные европейские силы. Алжир стал французской колонией в 1830 году, Тунис — в 1881. Ливия (Триполи) сначала попала под прямой контроль Константинополя, а затем — Италии. Марокко разделили между собой Испания и Франция.

Результаты войны для Америки оказались менее однозначными. В финансовом отношении войны оказались слишком тяжёлым бременем. Например, только с 1802 по 1805 год война с Триполи стоила казначейству 3 миллиона долларов, что было намного больше совместного бакшиша всем четырём странам региона за тот же период [104][105]. Война также показала опасность «хранения слишком большого количества яиц в одной корзине»: зависимость от торговли с одним, сравнительно небольшим регионом, была слишком высокой. Впрочем, последнее уже относится к выводам, сделанным после войны.

Главный вывод был прост и очевиден — для существования страны, сама жизнь которой зависит от морской торговли, необходимо иметь возможность защищать эту торговлю в любом месте земного шара. В этом плане была принципиально пересмотрена «доктрина Вашингтона», требующая сохранения нейтралитета и невмешательства в политические распри европейских стран. Окончательно стало понятно, что свобода торговли *требует* такого вмешательства. Всего через 8 лет после окончания войны придёт понимание, что свобода торговли требует *активного* вмешательства и расширения своего, если так можно сказать, политического суверенитета на весь американский регион. Своей «доктриной Монро» Соединённые Штаты в 1823 году объявили всему миру, что страна расстаётся с идеализмом послания Вашингтона в той части, которая требовала невмешательства в дела других стран.

Европейские страны вынуждены были «проглотить» достаточно унизительную для них доктрину Монро по многим причинам, не последней из которых было полученное с опытом представление о решительности молодой страны идти до конца, из опыта, приобретённого во время Берберских войн. В этом был один из главных итогов 30-летней войны — в Европе стали уважать Соединённые Штаты... и побаиваться их. Американский флот на деле доказал, что он сможет защитить национальные интересы. «Имя „американец" сейчас самое гордое в мире. Мы сделаем большую ошибку, если не признаем, что война с Алжиром произвела сильное впечатление на европейское сообщество», — писала английская газета.

Не менее важным было сугубо американское восприятие итогов войны. Национальное единство, представление о себе, как об одном народе, во многом *начало* проникать в национальное сознание именно после победы в Берберских войнах. После войны впервые массово стали употребляться национальные символы: американский флаг, белоголовый орёл и портреты «дяди Сэма».

С войной было связано не только само рождение флота, но и быстрое понимание направления его развития, осознание стратегической важности «активной» доктрины ведения войны на море и важности активного взаимодействия флота и морской пехоты. Война навсегда осталась в первых строчках гимна морской пехоты США:

*From the Halls of Montezuma '*
*To the Shores of Tripoli;*
*We fight our country's battles...*

Важным, но плохо понятым, оказалось тесное знакомство с мусульманскими странами Ориента. С одной стороны, Америка на опыте получила представление о людях, традициях и культуре региона. В стране впервые появилась большая группа людей — дипломатов, военных, историков, писателей, которых можно назвать профессионалами, знатоками региона. На горьком опыте Америка также получила представление о политической культуре арабских стран. Как сейчас очевидно, кроме всего прочего, Берберские войны стали первым столкновением Америки с государственным терроризмом.

С другой стороны, уроки, полученные из тяжело заработанного опыта реального знакомства с Ориентом, оказались быстро забытыми. Во многом — именно из-за усилий людей, которые были профессиональными знатоками региона.

## ПРИМЕЧАНИЯ

[1]  Определение слова «геополитика»

1. Дисциплина, изучающая влияние таких факторов как география, экономика и демография на политику и особенно на внешнюю политику государства.
2. Государственный курс, определяемый геополитикой
3. Сочетание политических и географических факторов в отношении чего-либо (обычно как государственные или некие конкретные, обычно — материальные и человеческие ресурсы).

Вики в статье «Геополитика» добавляет: «Академически, геополитический анализ включает географию, историю и общественные науки, имеющие отношение к региональной политике и существующим (в различных масштабах) традициям в международных отношениях». Мой рассказ будет в основном прослеживать именно исторический аспект геополитики Соединённых Штатов в отношении государств Ближнего и Среднего Востока.

[2]  Даже в начале XIX века пшеницу из долины Огайо было дешевле перевезти в Бостон речным и морским путём — по рекам Огайо и Миссисипи через Новый Орлеан и дальше морем вдоль почти всей Северной Америки — чем по суше. Совершенно уникальная доступность водного пути и связанная с ней дешевизна транспортировки товаров позволила молодой стране накопить первоначальный капитал для развития страны.

[3]  Например, Польша, не защищённая никакими естественными преградами, всегда была и всегда будет зависеть от «настроения» более населённых и экономически более могущественных соседей — Германии и России, и не может не учитывать этот геополитический факт в своей внешней политике. Или, как другой пример — Израиль: минимальная территория и окружение со всех сторон превосходящими по численности государствами с враждебным населением и антагонистической культурой были и останутся факторами, влияющими на его политическую историю.

[4]  Люди, населяющие 13 штатов-колоний, не считали себя каким-либо отдельным народом или отдельной нацией: государством для них был их штат. Подробнее об этом феномене можно прочесть в моей работе **http://berkovich-zametki.com/2011/ Zametki/Nomer8/Judovich1.php**

Понятие «федеральное государство» в 1787 году (год принятия Конституции) для отцов-основателей и населения 13 штатов имело во многом другой смысл, в большой степени оно создавалось не для национального объединения, а для предотвращения весьма возможной конфронтации между независимыми штатами-государствами и, соответственно, народами. Широко известно, что в Конституции не встречаются слова «раб» и «рабство», менее известно, что в ней отсутствуют слова «народ», «нация», «национальное государство». Вместо этих слов везде и всюду используется нейтральный, крайне осторожный термин «Соединённые Штаты».

[5] Известный историк и дипломат Филипп Зеликов в своей книге «Размышления о политической истории» говорит об «объединяющих нацию событиях трансцендентной важности, которые сохраняют своё влияние на нацию после того, как поколение-свидетель такого события уходит со сцены». Главными среди событий трансцендентной важности для США он называет историю создания государства и Конституцию.

[6] В данном случае—без негативного смысла этого слова. Некоторые «украшения» истории и биографий отцов-основателей, безусловно имели место, но были давным-давно «разоблачены» историками-ревизионистами. Что практически ничего не изменило в отношении нации к событиям и людям революционных лет. История правдивая и история мифологичная через 200 лет стали неразличимы.

[7] Оказалось ли это достаточным? На мой взгляд, нет. Отсутствие реальной исторической традиции сказывается в некой подростковой неуверенности и одновременно в определённом нуворишном высокомерии американской внешней политики.

[8] Даже это оказалось не лёгким делом: например, во время второго президентского срока пресса уже не видела в Вашингтоне неприкасаемого идола и не только критиковала его по любому поводу, но осыпала всевозможными оскорблениями. После, на фоне ещё более грубого и жёсткого отношения прессы к последующим президентам, Вашингтон стал выглядеть для народа и прессы почти ангелом. Это стандартное отношение прессы к американским президентам стало меняться только с приходом Кеннеди. Нелишне будет напомнить, что Джефферсон резко критиковал Вашингтона после «предательского», по его мнению, перехода последнего в лагерь федералистов; во время

своего президентства он всячески препятствовал созданию статуса национального героя для Вашингтона.

[9]  К сожалению, неоконченная.

[10]  Я пользуюсь одним из русских вариантов названия штата: Вирджиния.

[11]  «Дайте мне свободу — или дайте мне смерть». Второй лозунг — «Taxation without representations является тиранией» принадлежит Джеймсу Отису.

[12]  В большой части — не опирающуюся на факты.

[13]  Второй штат по численности и влиянию в колониальной Америке. Массачусетс — один из северо-восточных штатов, которые объединяют общим названием Новая Англия. Между индустриальным, торговым и обращённым в сторону Атлантики Массачусетсом (Новой Англией) и сельскохозяйственной, плантаторской, приземлённой Вирджинией, больше думающей о развитии вовнутрь континента, всегда была ревность и конкуренция. Главный город Массачусетса — Бостон, он же и главный город революционного времени. В Бостоне началась Революция, из Бостона был Джон Адамс, второй Президент США. Все остальные президенты конца XVIII-го — начала XIX-го веков — Вашингтон, Джефферсон, Мэдисон, Монро — были из Вирджинии.

[14]  «The Americans. The national experience» by Daniel J. Boorstin

[15]  Конечно, трехтомное описание Революции, опубликованное в 1805 году Мерси Отис Уоррен, было широко известно, но её книга никогда не претендовала на документальность. Мерси Отис была сестрой Джеймса Отиса и подругой Абигейл Адамс, жены и соратницы Джона Адамса. Эти двое были, наверно, самыми известными женщинами революционной эпохи.

[16]  Название ещё одной лекции Эмерсона. Эмерсон за свою жизнь прочёл более 1500 лекций в примерно 300 городах, со временем опубликовав многие из них в качестве статей. Лекции, а не книги самого известного писателя и философа США девятнадцатого века, были основным источником его существования.

[17]  Книга опиралась в основном на данные из Annual Register.

[18]  Книга регулярно переиздаётся и сегодня. (Charles — странное имя для итальянца).

[19]  «The Americans. The national experience» by Daniel J. Boorstin, стр. 368

[20] Упоминавшийся ранее историк Филипп Зеликов, в своих лекциях, говоря о создании федерального государства в 1787 году, употребляет термин «Республика республик»

[21] Прощальное послание вначале было написано в конце первого срока президентства Вашингтона, по свидетельству историков — с помощью Мэдисона. Обстоятельства заставили Вашингтона пересмотреть свои планы и с большой неохотой согласиться на второй срок. В конце второго срока, в сентябре 1796 года Послание было значительно переработано с помощью и под редакцией Александра Гамильтона и в своей внешнеполитической части было дальнейшей эволюцией мыслей Гамильтона, впервые высказанных в Федералист 11. Послание было опубликовано на задворках одной из второстепенных газет. Через несколько дней, однако, его опубликовали на первых страницах все газеты Америки.

[22] Чтение в Конгрессе прекратилось… из-за низкого посещения конгрессменами этого мероприятия. В последние годы на чтение приходило около 10 из 435 конгрессменов. Вместо традиции чтения Послания в день рождения Вашингтона была предложена традиция возложения венка к его мемориалу в центре города. Но в 2003 году и эта традиция тихо умерла по той же причине отсутствия интереса среди конгрессменов. Американские конгрессмены, слишком занятые и уважающие себя люди, чтобы помнить о дне рождения основателя государства или интересоваться его завещанием.

[23] Сегодня в Западном мире, пожалуй, единственной известной страной, придерживающейся изоляционизма, является Швейцария.

[24] Американский историк Артур Шлезингер-мл. в одном из телевизионных интервью во время крайне непопулярной Вьетнамской войны говорил: «Все эти демонстрации, митинги, споры и дискуссии по поводу Вьетнамской войны выглядят детским лепетом, если вспомнить, что творилось в стране в 1940-м».

[25] «Power, Faith, and Fantasy» by Michael Oren, стр.18, (в дальнейшем — PFF.) Эта книга — мой основной источник датировки исторических фактов при написании этой главы.

[26] Пряности были не роскошью, а важнейшим массовым «технологическим» продуктом. Люди того времени, особенно живущие в тёплом климате, использовали гораздо больше пряностей чем сегодня: при полном отсутствии холодильников пря-

ностями отбивали запах у залежалого мяса и массово употребляли для консервации.

[27]  Большинство торговых кораблей того времени (до примерно 1780-х) были очень небольшими, обычно грузоподъёмностью 50–70 тонн; пряности и опиум были ещё и очень удобным товаром, сочетая малый вес и высокую стоимость.

[28]  PFF, стр. 307. Кроме всего прочего. Альфред Мейхен был одним из теоретиков доктрины «морского доминирования» или, другими словами, сверхценности «морской силы». Мейхен был одним из первых в США, кто предложил считать наличие (или отсутствие) «морской силы» важнейшим геополитическим фактором государства.

[29]  Из стран Ориента пиратством занимались Алжир, Тунис, Триполи (сегодня—Ливия) и Марокко. Эти страны в арабском мире были известны под собирательным именем Магриб (Maghrib)—«страны заката солнца».

[30]  В русскоязычной литературе часто употребляется—«Варварское побережье», от французского *Côte des Barbaresques*.

[31]  Вики, Barbary pirates.

[32]  Самые мелкие английские военные корабли во второй половине XVIII века по количеству пушек превосходили самые крупные корабли корсаров. В самом крупном национальном флоте Магриба—алжирском—было только 9 боевых кораблей, крупнейший имел всего 36 пушек.

[33]  Англия торговала со всем миром, её доля в торговле в зоне пиратов была сравнительно незначительной. В своё время было принято решение о том, что откуп обойдётся стране дешевле, чем каждый раз посылать свой флот в эту зону.

[34]  И возникли вопросы конкуренции.

[35]  Во время Войны за Независимость американцы построили 13 больших кораблей (фрегатов): два из них были потоплены самими американцами в связи с возможным захватом противником, один был после войны продан в частные руки и переделан в торговый—республике были нужны деньги. Остальные погибли в боях с англичанами. Единственный линейный корабль, 74 пушечный *America* был достроен уже после войны и сразу подарен Франции в знак признания за помощь в войне.

[36]  Возможно, они не могли это сделать легально: параграф статьи VI Статей Конфедерации по этому поводу говорил следующее: «Военные корабли не должны существовать в мирное время

ни в одном из штатов, исключая их определённое количество, признанное необходимым соединёнными Штатами в специально собранном конгрессе для целей защиты определённого Штата» (орфография источника).

[37] Франклин был уверен, что Англия платит корсарам за каждую атаку на американские корабли. Франклин только слегка преувеличивал: английские консулы не платили, но усердно подсказывали такую возможность властям стран своего пребывания.

[38] Вики.

[39] Это была смешная цифра. Франция платила только Алжиру 200 тысяч в год. Англия платила Алжиру ещё больше—280 тысяч (данные из книги «John Adams», D. McCullough, стр. 352)

[40] Но скрывал это от Адамса; беседа шла на французском, на котором Адамс говорил плохо, хотя понимал хорошо.

[41] Из письма Дж. Адамса Джону Джею.

[42] См. прим. 25.

[43] Уже в следующем вояже «Бетси» был снова захвачен тунисскими пиратами; люди с корабля пробыли в плену около 15 лет.

[44] Из европейских нейтральных государств первой была Португалия.

[45] В разных источниках лидера Алжира называют то беем, то пашой, хотя в подписи под американо-алжирским договором чётко написано—визир.

[46] Один из историков написал, что среди отцов-основателей был ещё один важный человек, о котором забыли—алжирский паша.

[47] На этот раз каждое слово писалось с заглавной буквы.

[48] В «Записках федералиста», документе, сыгравшем решающую роль в ратификации Конституции, проблема Берберского побережья и необходимость объединённого флота для решения этой проблемы обсуждается, по крайней мере, три раза: в №№ 11, 24, 42.

[49] Он вскоре изменил своё мнение на противоположное, об этом ниже.

[50] В звании вице-адмирала.

[51] The USS Essex and the Birth of the American Navy, chapter 1, by F. D. Robotti, J. Vescovi.

[52] Проблему со временем решили очень просто: создание флота поручили военному министерству и лично военному министру генералу Ноксу, ещё одному герою войны за Независимость; министерство ВМФ было учреждено только в 1798 году.

[53]  Дружественная Португалия несколько лет во время своей собственной войны с Алжиром уже обеспечивала протекцию американской торговли, но после заключения мирного договора сохраняла нейтралитет.

[54]  Джеймс Мэдисон, правая рука Джефферсона по партии, даже высказал сомнения в наличии в стране нужного количества корабельного леса. В дальнейшем в своей роли Госсекретаря, а потом и Президента, осторожный Мэдисон будет главным противником роста флота и морских военных операций.

[55]  Обоюдная напряжённость и взаимные «обзывания» в большой степени были вызваны отношением к кровавым событиям во Франции: республиканцы Джефферсона (сегодняшняя Демократическая партия) были на стороне Французской революции, федералисты — резко против. Джефферсон всегда был франкофилом, Гамильтон и Адамс — англофилами. Существует знаменитая история о том, что при представлении послом Адамсом королю Эдварду находящегося с визитом в Лондоне посла Джефферсона король не ответил на приветствие Джефферсона и повернулся к нему спиной. Эта история была почти наверняка выдумана Джефферсоном, но сам факт этой выдумки говорит много о Джефферсоне и его отношении к Англии.

[56]  По другим данным — 43:41

[57]  PFF, стр. 35. Максимальное разрешённое количество пушек на фрегатах — 44 примерно в два раза уступало линейным кораблям Англии. Три фрегата должны были иметь по 44 пушки, три — по 36.

[58]  В то время в университеты поступали в 14–15 лет.

[59]  За это Конгресс пожаловал Хамфрейсу именную саблю. Эта сабля, как и знаменитая картина «Предоставление английских штандартов Континентальному Конгрессу в Филадельфии» сейчас находятся в историческом музее города Нью-Хейвен, где находится Йельский университет. На ещё более знаменитой картине «Вашингтон слагает свои полномочия перед Конгрессом», Хамфрейс стоит рядом с Вашингтоном в точно такой же одежде, как и генерал. Эта картина украшает Ротонду Капитолия в городе Вашингтон.

[60]  Марта Вашингтон, жена Президента, была категорически против. Кроме всего, она считала, что в 56 лет заниматься политикой неприлично поздно.

[61] В частности, Мэдисон нашёл в речи слишком много «программных» заявлений и обещаний, которые по мнению Мэдисона были прерогативой Конгресса.

[62] Идея принятия присяги на Библии возникла в Сенате буквально за несколько часов до этого исторического момента — все традиции создавались на глазах. Библию никак не могли найти, наконец раздобыли толстую и потрёпанную Библию масонской ложи; книгу все же в последнюю минуту успели обернуть в новую красную ткань.

[63] Хамфрейс все это время стоял рядом с Президентом.

[64] PFF, стр.36.

[65] PFF, стр.37.

[66] Которые, кроме всего прочего, устанавливали ежегодную сумму бакшиша.

[67] В Бостоне, Балтиморе, Филадельфии. Министр обороны Нокс и Президент Вашингтон настояли, чтобы шесть фрегатов строились в шести городах: это было дороже, но таким образом обеспечивался «институционный» задел на будущее. Как показал XIX век, это было мудрым решением.

[68] Пушки были тяжелее (с 24-фунтовые ядрами вместо стандартных 18-ти) и дальнобойнее пушек на английском флоте. Кроме того, официально 44-пушечный фрегат *Constitution* нёс 50 пушек, а все три 36-пушечные фрегата, в том числе, спущенный в числе первых трёх Constellation, имели 38 пушек.

[69] Корабль Бейнбриджа не имел разрешения на проход пролива. Бейнбридж поменял флаг на английский — в то время это разрешалось, и при входе в пролив дал дружественный салют; в суматохе он ушёл от пушек крепости. За такой промах султан приговорил командира крепости к смертной казни, но по просьбе Бейнбриджа — помиловал.

[70] PFF, стр. 40.

[71] Вест-Индия, в расчёте на одного человека, в конце XVIII века была самым производительным регионом мира.

[72] Франкоязычная Гаити делит остров Санта-Доминго (Эспаньола) с испаноязычной Доминиканской республикой.

[73] Испания затянула передачу территорий Франции до того времени, когда стало очевидно грядущее военное столкновение Франции и Британии. В этих условиях Наполеону нужны были деньги, а не совершенно бесполезные американские территории.

[74] Без всяких сомнений, это было историческое событие геополитического масштаба: отныне развитию страны и самому будущему США ничего не угрожало.

[75] В своей первой инаугурационной речи третий Президент подчеркнул: «Мир, торговля и честные отношения — со всеми нациями; связывающие нас альянсы — ни с кем».

[76] Который с горем пополам к тому времени вырос до 6 фрегатов и нескольких вспомогательных кораблей.

[77] Однажды он, уже командуя 50-пушечным фрегатом *Constitution*, глубокой ночью в открытом океане наткнулся на незнакомый корабль. С корабля сообщили, что это английский 74-пушечный линейный корабль, но сообщили, по мнению Пребл недостаточно вежливо. На требование извиниться англичане не ответили и Пребл приказал ответить грубияну бортовым залпом: только в последнюю секунду англичане пошли на попятную и самоубийство фрегата не состоялось.

[78] PFF, стр. 58.

[79] По мнению современников, это была некрасивая история. Мало того, что тяжёлому кораблю абсолютно нечего было делать вблизи незнакомого берега, мало того, что команда даже не попыталась оказать сопротивление — а на корабле служило 307 матросов, огромная сила, но со временем выяснилось, что Бейнбридж не уничтожил важные документы, включая приказы по эскадре и её планы. Следственная комиссия, однако, его оправдала. В дальнейшем, он отличился в Англо-Американской войне 1812 года.

[80] В ВМФ США 1-st Lieutenant — не звание, а должность, примерно означающая «заместитель командира».

[81] Современники писали, что он больше походил на поэта. Действительно, на некоторых портретах он похож… на Пушкина. Судьбы их тоже в чем-то похожи. Декатур женился на самой известной красавице Соединённых Штатов, в своё время последовательно отказавшей Эрону Бёру и брату Наполеона, жил на широкую ногу в одном из лучших домов Вашингтона, и в возрасте сорока лет в расцвете своей весьма выдающейся карьеры был убит на нелепой дуэли, подстроенной его завистниками, среди которых, к сожалению, оказался и Бейнбридж. Во время похорон за гробом шёл Президент Джеймс Монро, все девять Верховных судей, практически все члены Конгресса, коммодоры и капитаны флота и более 10 тысяч жителей города. Его именем на-

зовут 46 населённых пунктов и пять военных кораблей. (С транскрипцией его вамилии в русском языке есть существенные разночтения: часто встречается—Стивен Дикейтур или Декейтур. В то же время, на географических картах населённые пункты всегда обозначены—Декатур). В англоязычной литературе тоже нет однозначного мнения по произношению этой фамилии.

[82] Представьте себе сложность ночного сближения парусного судна со стоящей на якоре Philadelphia, когда на палубе должны были быть видны (в слабом лунном свете) только несколько человек, как бы рядовых моряков небольшой торговой шхуны—команда захвата пряталась в трюмах, когда охрана Philadelphia наверняка состояла не из одних идиотов и наверняка вступила в разговоры с командой Декатура, где только один человек говорил по-арабски (например, поинтересовавшись, какого черта шхуна крутится так близко?); учтите, что в самый ответственный момент подул противный ветер, учтите, что палуба шхуны была значительно ниже палубы Philadelphia, учтите множество других трудностей, например, сложности работы пиротехников—сжечь морской корабль не такая простая задача, учтите, что нужно было ещё выбраться из гавани, а крепостная артиллерия начала работать сразу после начала пожара—операция была тщательно спланирована и блестяще осуществлёна, а ее успех был в большой степени чудом. Адмирал Нельсон не разбрасывался словами одобрения просто так.

[83] 26 мая 2011 года своей специальной резолюцией американский Конгресс потребовал от Ливии возвращения останков погибших моряков. Требование было «привязано» к голосованию о выделении денежной помощи Ливии. Впрочем, Конгресс разрешил отложить выполнение этого требования до окончания Гражданской войны в Ливии.

[84] К концу XVIII века в западном мире было известно около ста книг первой категории.

[85] Несмотря на имя Абрахам, имя жены София и имя дочери Хана, Галлатин не был евреем. Галлатин был министром финансов США дольше, чем любой другой в истории, был выдающимся дипломатом и, кроме всего прочего, основал Нью-Йоркский университет (NYU), самый крупный частный университет Америки.

[86] По другим данным—«морским агентом в Берберские государства», с прямым подчинением министру Флота. Приказ о назначении был подписан Джефферсоном.

[87]  Итон приплыл в Александрию, откуда и начал свой поход.

[88]  Я не знаю, откуда они там взялись. Есть только два варианта: они могли прийти с Итоном из Александрии или быть в окружении Хамида. Данные по численности армии Итона—из PFF, Вики даёт совершенно другие цифры, в том числе 500 греков с острова Крит. В любом случае, почти наверняка это были обычные портовые авантюристы полууголовного типа.

[89]  PFF, стр. 66.

[90]  Или—Дёрна, в другой транскрипции.

[91]  Из того, что известно о характере Хамида, Лир, скорее всего, был прав.

[92]  Ни разу не снимая униформы, как он писал другу.

[93]  В своей лекции «Победа в Триполи, уроки для войны с терроризмом», прочитанной в 2006 году для Фонда «Наследие» (The Heritage Foundation), Джошуа Лондон (Joshua London), автор нескольких книг о Берберских войнах, утверждает, что Итон действовал в регионе по прямым инструкциям Джефферсона. В других источниках нет конкретных указаний на это.

[94]  В Конгрессе и республиканцы, и федералисты признавали решающий вклад Итона в подписание мирного договора с Триполи. В те годы этот вопрос, возможно, был единственным, по которому конкурирующие партии пришли к согласию.

[95]  Через несколько лет он все же получил от Конгресса 10 тысяч долларов, гораздо меньше потраченных им своих денег.

[96]  Бёр предлагал Итону генеральское звание и должность командира морской пехоты в новом государстве.

[97]  http://en.wikipedia.org/wiki/Chesapeake-Leopard_Affair

[98]  Франкс, выходец из богатой английской еврейской семьи, был «роялистом», то есть, сторонником Англии в начале войны за Независимость. Потом переметнулся на сторону колонистов и был помощником Бенедикта Арнольда, самого известного предателя в революционной армии. Был судим вместе с Арнольдом, но полностью оправдан сначала по суду, потом—Конгрессом. В последующие революционные годы выполнял очень важные поручения в Европе «финансиста революции» Роберта Морриса, был вице-консулом в Марселе, в качестве доверенного лица Вашингтона (получив для этого звание подполковника) сыграл важную роль в заключении договора с Марокко.

[99]  Агрессором в этой войне была Англия, желавшая ограничить торговлю США.

[100] Должность коммодора давалось начальнику эскадры, звание делало его «старшим из капитанов» в конкретной экспедиции, при этом во флоте его звание капитана оставалось прежним. Звание адмирала было принято в американском флоте только в 1866 году. По идее, полный (четырехзвездочный) адмирал должен был быть начальником постоянного флота, например, средиземноморского или тихоокеанского. Но звание адмирала оставалось за человеком и после ухода с командования флотом. В 1944 году ситуацию ещё более запутали, введя — только на время войны — звание адмирал флота (пятизвездочный адмирал). Кроме того, во флоте существует понятие флаг-офицера — старшего офицера в эскадре или флоте (флаг эскадры или флота развевается только на корабле, где физически находится старший начальник), по этому признаку коммодор равен адмиралу.

[101] По другим данным — 64-пушечный.

[102] Такое же требование — в размере 10 тысяч долларов — было предъявлено и в Алжире.

[103] Алжир, впрочем, посчитал себя обязанным соблюдать договор только с Америкой, Англией, Испанией и Голландией, но не с Францией. Французы платили бакшиш вплоть до 1830 года.

[104] PFF, стр. 75.

[105] В начале XXI века опыт берберских пиратов был востребован другими африканскими пиратами — сомалийскими. Удивительно, но реакция Запада была такой же: выплата выкупа-бакшиша по-прежнему остаётся главным способом разрешения конфликта. По данным **http://www.washingtonpost.com/blogs/wonkblog/ wp/2013/03/03/the-economics-of-somali-piracy/** чистая прибыль сомалийских пиратов в Аденском заливе с 2008 года по 2012 год составила 120 миллионов. Ущерб морскому торговому судоходству за этот же период составил до 3.3 миллиарда долларов. Авторы замечают, что дешевле было бы просто передать пиратам эти 120 миллионов. Точно такой же политики придерживались европейцы в XVII–XVIII веках. Мало что изменилось с тех пор.

*Глава вторая*

# АРАБИСТЫ

*По приезде в Соединённые Штаты я больше всего был поражён религиозностью этой страны*

**Алексис Токвиль**
*«Демократия в Америке» (1835)*

Революционный период в США закончился примерно к 1805 году. Двумя годами раньше была куплена Луизиана, а на самом деле—огромное пространство, удвоившее территорию страны. На этой территории сегодня расположено полностью или частично 15 штатов. После этой покупки безопасности США уже ничто не угрожало, и никто не угрожал. Напряжение и высокая энергетика революционного периода значительно уменьшились. Примерно в то же время протестанты страны осознали, что второе пришествие Христа, которое они ожидали к началу нового столетия, я бы сказал, с восторгом ожидали — откладывается. Казалось, что организационная и религиозная энергия юной страны тоже пошла на спад. Но как быстро выяснилось, протестанты просто взяли короткую передышку. В протестантской Америки наступил период, который после назвали Постмилениум. Суть его была в том, что надо подготовить себя, церковь, общину и заодно людей всей земли к миру, братству и счастливой жизни, которая наступит через Миллениум, 1000 лет.

Эта идея стала основой теологического и общественно-реформистского движения «очищения», которое сегодня называют Вторым Великим Пробуждением (Первое Великое Пробуждение—*First Great Awakening—было в 1730–1740 годах*). Важной частью движения, той частью, которая была направлена на не американскую территорию, был христианский реставрационизм. Его практическими исполнителями стали миссионеры, география их деятельности охватывала весь мир.

Ниже речь будет идти только о миссионерском движении на Ближнем и Среднем Востоке.

В этой части миссионерской истории было два достаточно известных начала — эмоциональное и рациональное. Эмоциональное случилось в 1808 году.

Оно стало известно как *Haystack Incident* и нам сегодня трудно понять, почему оно запомнилось и произвело такое сильное впечатление на живших в то время людей. Во время редкой по силе грозы пять студентов Уильямс колледжа в Массачусетсе решили проверить свою веру в Бога. Все знают, что на равнине молнии преимущественно бьют в выступающие натуральные или людьми сделанные возвышенности. Эти пять студентов, во главе с Самуэлем Милсом, во время грозы выбежали в открытое поле и спрятались в самом опасном месте, в одиночном стоге сена. Молнии били слева и справа, спереди и сзади, но ни одна не ударила в стог.

Ещё до того, но особенно после, Милс загорелся идеей улучшения мира, собственно говоря, этим он и остался известен: «*Даже если я и вы — слишком незначительные создания*», — сказал он своим сообщникам по событию — «*мы не должны быть удовлетворены жизнью пока мы не распространим наше влияние на самые удалённые места на земле*». Это событие и обращение Милса к своим друзьям произвели сильнейшее впечатление на окружающих и быстро стало легендой в таких дальних интеллектуальных центрах, как Гарвард, Йель, Браун и в теологических семинариях, включая знаменитый впоследствии Андовер (который открылся в сентябре 1808). Студенты начали писать родителям и в свои церкви с требованием начать сбор денег для миссионерской деятельности за границей.

И уже в 1810 была создана первая религиозно-общественная организация по поддержке иностранных миссий, American Board of Commissioners for Foreign Missions (*Американский Совет для связи с иностранными миссиями* — ABCFM). Она была создана на базе теологической семинарии Андовер, вернее, её организовали в основном лидеры Андовер. Эта организация останется самой важной в течение следующих примерно 100 лет (всего различных подобных организаций к 1830-м в стране было 24).

Леви Парсонс

У протестантов-миссионеров, конечно, были различные географические направления, а миссионерство католической церкви США шло своим отдельным путём и концентрировалось в основном на так сказать не религиозном мире Китая, Индии, других азиатских стран, Гавайев и Африки. Но эта глава рассказывает только о миссионерстве протестантов на Ближнем и Среднем Востоке.

Итак, эмоции—эмоциями, а реальные события случились 31 октября 1819 года на собрании в бостонской *Old South Church* (бостонцы хорошо знают эту церковь по знаменитому «Бостонскому чаепитию»). Слухи и ожидания от собрания буквально наводнили и возбудили весь Бостон, зал не мог вместить желающих и сотни пристроились у открытых окон снаружи церкви. Вместо привычного церковного священника на амвон поднялись два не очень складных 25-летних мало кому известных проповедника. Один из них, Леви Парсонс, начал свою проповедь в христианской церкви следующими словами:

*«Те, кто учил нас и показывал путь к спасению, были евреями. Их вера сохранила Библию. Они верили, страдали и умирали, чтобы сохранить для нас нашу религию. Наш Бог, был их Богом… Они представили человечеству Спасителя. Да, братья, Тот, кто восседает перед троном Бога — еврей!»*

И так далее.

Но суть его проповеди была в следующем: чтобы выразить и исполнить благодарность евреям христиане должны сделать всё возможное для возвращения и воцарения евреев в их историческом библейском доме. Этот дом был в Палестине, в географическом месте, которое было дальней, малонаселённой, малоизвестной и заброшенной провинцией Османской империи. По мнению Парсонса Палестина после падения власти турок должна стать местом, куда устремятся евреи всего мира и вернут

Плиний Фиск

себе государственность и власть над принадлежащей им территорией. То есть, соберутся в одном месте, чтобы встретить Мессию. Что станет осуществлением первой части программы или мечты христианского мира на второе пришествие Христа.

Идея хорошая, но что делать с турками? Парсонс не предлагал идти войной и освобождать Палестину для евреев. Он предлагал свой интересный путь. Христианские миссионеры должны достичь священных стен Иерусалима, укорениться там, жить праведно и совершить столько праведных дел, что евреи убедятся в истинности их веры и божественности Христа. А в день его прихода—примут его как Бога, как своего Мессию. И кстати, к евреям в одном порыве присоединятся мусульмане и даже эти заблудшие души—восточные христиане.

Прихожанам церкви речь Парсонса очень понравилась, но полный восторг случился после речи второго человека, Плиния Фиска. Он был выпускником теологической семинарии Андовер и колледжа Мидлбери.

Фиск не только повторил мотивы своего товарища, но объявил, что для искупления грехов перед евреями он отправляется на Святую землю, несмотря на все препятствия и опасности.

В этом событии, в его восприятии и в практических последствиях сошлось многое. И идеи Американской революции, и религиозная убеждённость, что христианская Америка должна нести в мир луч света и «спасти» заблудшие души мусульман, евреев и атеистов, и миссионерские идеи Второго Великого Пробуждения, и идеализм молодых образованных людей, и пионерский дух юной страны, и попытка свободной конкуренции с другими ветвями христианства в стране без государственной церкви, и даже воспоминание о Крестовых походах. По существу, это был призыв к Крестовому походу в облегченном исполнении, ненасильственному возвращению Святой земли в лоно Церкви. А если в эти планы органично входит возвращение на Святую землю её истинных исторических обитателей, то так тому и быть.

Это само по себе удивительно уже потому, что абсолютное большинство американских протестантов никогда не видели живого еврея и уж совсем немногие когда-либо с ним общались. Не больше 4000 евреев жило в то время в Америке, что составляло четыре сотые процента.

Надо сказать, что идея реставрации не была чем-то новым в христианском мире. Были известны не только давние религиозные трактаты, тексты Джона Милтона, философские эссе Джона Локка, но и работы и высказывания американских теологов предыдущих поколений, включая лидеров Первого Великого Пробуждения Джона Коттона и Инкриза Мазера. Но, возможно, только с 1820-х старая идея стала рабочей доктриной протестантских церквей. Сыграла роль и новейшая история — проникновение на Ближний Восток армии Наполеона и победа в Берберских войнах: Османская империя уже не выглядела непобедимой.

Как бы там ни было, но в 1819 году оба — Фиск и Парсонс на корабле *Sally Ann* отплыли на Восток. Реально доплыть из Новой Англии в то время можно было только до Смирны — сегодня это турецкий Измир и по легенде — родина Гомера. Их хорошо приняли в греческой христианской общине, и в этом им очень повезло — они высадились в Смирне до начала греческого восстания за независимость. После чего отправились пешком в 500-километровое путешествие по христианским святыням в сторону Иерусалима. Они оба не отличались хорошим здоровьем, часто и тяжело болели и так получилось, что Парсонс добрался до Иерусалима первым. Как он утверждал, первым в истории американцем. Парсонс неожиданно был пригрет местными католиками, но потерпел полную неудачу в обращении в христианство кого-либо из примерно 10 тысяч иудеев. Хуже — он узнал, что даже попытка прозелитства мусульманина запрещена законом Османской империи и карается отсечением головы принявшего христианство.

Оставалось, правда, обращение в правильную веру неправильных христиан в греческой, друзской, ливанской маронитской, египетской коптской и армянской общинах и надежда на то, что вновь обращённые соседи мусульман станут для последних религиозным примером. Но даже помощь Фиска, который добрался в Иерусалим в 1821 году, не дала какого-либо заметного результата. К тому времени греческое восстание уже шло полным ходом, турки зверствовали на всей периферии империи, и Фиск с Парсонсом чудом успели удрать в Анатолию и попасть на борт случайно оказавшегося там американского военного корабля. Оба были больны. Парсонсу на пути в Александрию становилось всё хуже и в феврале 1822 года он умер на руках Фиска.

После этого наступил краткий период активного распространения протестантской литературы Фиском и двумя миссионерами, посланными на смену Парсонсу. Литературу в огромных количествах привёз на Мальту корабль из Америки. Об одном из миссионеров написаны книги, это профессор Амхерста Джонас Кинг, второй — обращённый в христианство еврей Джозеф Вольф. В Египте и Ливане они раздали 900 Библий и около 4 тысяч других религиозных книг.

Во время этого турне Фиск был ранен в голову не очень дружелюбным мусульманином. Кинг вскоре вернулся в США, Вольф продолжил своё турне по Ближнему Востоку. А Фиск выжил и пока остался в Ливане, в полюбившемся ему Бейруте.

Надо заметить, что Бейрут — это главный город Ливана только в сегодняшнем географическом значении. Никакого Ливана тогда не было. Была в американском географическом представлении страна Сирия, или по-другому — Большая Сирия, куда входили сегодняшняя Сирия, Ливан, Палестина, Иордания, часть Ирака и южная Турция. Сами же арабы называли эту территорию *Аш-Шам*, то есть — Север.

С 1823 года началась новая эра или новая идеология американского христианского миссионерства в регионе. И началась она с того, что Фиск, который к тому времени свободно говорил на арабском и греческом, открыл первую американскую школу в Бейруте.

Если миссионеры не в состоянии обратить в христианство взрослых обитателей Ближнего Востока, то, может быть, надо начать с образования детей? Если дать им образование в западной традиции, ввести их в западную культуру, то, как надеялись миссионеры, в своё время это поможет им принять Христа.

В том же году произошло ещё одно знаменательное событие: в помощь Фиску были посланы выпускники Йеля и Дартмута — Исаак Берд и Уильям Гуделл. Но разница была в том, что они прибыли с семьями, с жёнами. *Американ Боард* решил, что женщины лучше мужчин подходят для работы в школах. В Бостоне подготовка новых миссионеров шла полным ходом, там царило приподнятое настроение, но уже к 1825 году стало ясно, что никакого практического результата миссии в Бейруте и в других городах, включая Иерусалим, не дают. Несколько десятков друзов, армян и других восточных христиан за это время перешли в протестантство только из меркантильных соображений в расчёте на помощь, несколько обращённых мусульман было принародно казнено, или брошено гнить в тюрьмы. Даже евреи, как с возмущением узнали учителя школ, охотно брали религиозные книги только для того, чтобы продавать их как бумагу для закрутки папирос. И как завершение первого этапа закончилась жизнь Плиния Фиска. Разочаровавшись в своих возможностях в Иерусалиме, он решил закрыть миссию, но перед этим посетить Назарет. По пути он был избит арабами-бандитами, уже умирающим перевезён в Бейрут, где и умер. Так закончился 1825 год.

Последующие 25 лет неузнаваемо изменили Америку и Ближний Восток. К 1850 году Соединённые Штаты ещё раз увеличились—более, чем вдвое—распространились от линии Миссури-Миссисипи до Тихого океана, аннексировали Техас, наконец выиграли войну за Флориду и попутно стали совершенно другой страной, экономически, социально и религиозно. Ближний Восток тем временем вступил в эпоху войн, турбулентности и политической неразберихи, что сопровождалось ослаблением власти и влияния Константинополя. А значит, впервые в регионе начали возникать политические силы, борющиеся где за большую автономию, а где и за независимость. В создании таких новых политических центров и новой политической элиты большую, а вполне возможно и решающую роль сыграли американские миссионеры.

Об этом будет рассказано немного позже, но сначала ответим на очевидный вопрос: а была ли какая-либо другая направляющая интереса Америки к Ближнему и Среднему Востоку, кроме миссионерской? И прежде всего—государственная?

Короткий ответ: долгое время—нет. Хотя очевидные вялые попытки были. Взаимоотношения между самой старой из существующих в то время империй и самой молодой западной страной были какие-то обрывочные. Порта, как называли Османскую империю в США, не могла не интересовать Америку, это абсолютно наглядно было показано миру Берберскими войнами. И хотя торговый оборот непрерывно рос и был в масштабах страны весьма значительным, но в отсутствие дипломатической поддержки американские торговые корабли, грузы и моряки подвергались как экономической, так и полицейской дискриминации. Ну, например, таможенные сборы были в два-четыре раза выше, чем для французов. Но установлению дипломатических, экономических и военных отношений на государственном уровне постоянно что-то мешало. Прежде всего, антиисламские настроения американцев.

Вначале, после того как стали известны факты об отношении арабов к христианам-рабам — напомню, что около полутора миллионов христиан было захвачено берберскими пиратами и продано в рабство своим султанам и халифам. А после — из-за горячей поддержки американцами восставшей Греции и фактами жестокого притеснения армян и других христиан, которые поддерживали греков в 15-летней войне.

Немаловажными были и дипломатические козни реально больших игроков в регионе — англичан и французов. Экономические и военные конкуренты им были не нужны, а дипломатического мастерства и опыта работы на Востоке у них было достаточно. Да и сами турки не очень хотели ослаблять важные связи с англичанами и французами, связи, построенные на взятках. И конечно, Порте не понравилась неуступчивость и агрессивность американцев во время Берберских войн.

Всё это обрывало попытки, начиная со второго Президента Джона Адамса, после и других президентов. Госсекретарь Джон Куинси Адамс, сын второго Президента, почти заключил договор в 1819 году. Но здесь возник «греческий вопрос» и общество однозначно и очень эмоционально стало на сторону восставшей христианской Греции, что опять привело к прекращению переговоров.

Казалось, что эмоции граждан, сбор довольно больших денег в помощь грекам, участие многих известных американцев в войне на стороне греков и даже настойчивое требование Конгресса признать независимую Грецию должны были остановить все попытки сближения с Портой. Но это не случилось. Американская дипломатия и прежде всего Госсекретарь Джон Квинси Адамс играли в сложную игру. Наличие в Османской империи к тому времени уже сотен миссионеров, плюс торговые интересы надо было как-то учитывать. Да и географически далеко не вся Америка так уж переживала за греков. Новая Англия, например, не очень. Для торгового Массачусетса важнее были именно интересы торговли и миссионеров.

Но были ещё не менее серьёзные причины не вмешиваться в ту войну на чьей-либо стороне: это были *Завещание Вашингтона* и *Доктрина Монро*, автором которой тоже был Джон Куинси Адамс. По Доктрине, которую для простоты называли «Америка для американцев», США подтверждали

Джон Куинси Адамс

своё невмешательство в европейские разборки при условии невмешательства европейцев в дела Северной и Южной Америк. Доктрина была доведена до сведения европейских государств в декабре 1823 года и сразу же нарушить её, встав на сторону Греции, было и неприлично, и опасно. В результате США отменили какую-либо официальную помощь Греции. Это, конечно, придало вес Америке в Константинополе. А противоположное решение Англии и Франции помочь Греции, соответственно, сильно ослабило их статус у султана.

Джон Куинси Адамс решил, что настало подходящее время для переговоров.

Переговоры начались в конце 1823 года, их вели поочерёдно друг Адамса, дипломат-мусульманин Джон Инглиш, весьма легендарная личность в своих приключениях на Востоке—одно время он был генералом египетской армии (*Мухаммад Эфенди*), а затем переговоры вёл Командор Джон Роджерс. Взятки и восточная витиеватость Инглиша, суровая саксонская настойчивость Роджерса, бесконечные затяжки и сложная дипломатическая игра к июлю 1826 года как будто бы привели к Соглашению и Договору. Осталось только убедить султана его подписать. Роджерс провёл в Смирне больше года, ожидая решения султана. За это время многое изменилось и изменилось не в пользу Америки. Важной причиной изменений был сам новый американский Президент—Джон Квинси Адамс. Выдающийся дипломат и политический деятель до выборов 1824 года и очень посредственный Президент после них. В частности, в новой должности он так много лишнего наговорил в поддержку Греции и так часто оскорблял мусульман и, в частности, турок, что султан в сердцах заявил: *«Видите, как эти франки не выполняют свои обещания. Мудрее для нас уважить позицию Великобритании и отложить политический договор с Америкой»*.

Из того, что я знаю об Адамсе Втором, складывается впечатление, что сверхгрязная предвыборная борьба и президентская ноша сказалась на его психике. К концу своего единственного срока он разругался со всеми, включая своего старого и близкого друга Джона Инглиша, единственного реального знатока Ближневосточного региона в его Администрации. Инглиш был со скандалом отозван, всеми забыт и умер в 1828 году. Его судьба напоминает судьбу Уильяма Итона, о которой рассказано в первой главе.

На президентских выборах 1828 года победил Эндрю Джексон. Но к тому времени произошли большие события в турецко-греческом конфликте. Политическая ситуация на Ближнем Востоке и вокруг Порты стала удивительно противоречивой, и в эту турбулентную воронку затянуло всех.

Во-первых, провинциальные арабские силы почувствовали слабинку верховной власти империи и начали бороться за некоторые формы автономии. Во-вторых, великие европейские державы резко изменили свою политику и стали сторонниками сохранности Порты. Причина была понятной. В случае полного распада империи в Европе могла вспыхнуть новая война в борьбе за делёжку территориального наследия Порты. После Венского соглашения 1815 года, которое создало и поддерживало баланс сил между существующими империями, этого никто не хотел, этого боялись. Поддержка Греции во второй половине 1820-х резко ослабла, но турки в новой ситуации вовремя не сориентировались и совершили трагическую для себя ошибку. В очередной раз обидевшись на англичан, которые чем-то помогли Греции, они послали к берегам южной Греции огромный объединённый флот империи и Египта. 20 октября 1827 года под *Наварино* (город Пилос сегодня) флотилия мусульман была вдребезги разбита англо-франко-российским флотом. В результате Греция получила независимость и началось то, что всегда происходило в Европе — драка при дележе обломков разбитой империи. Правда, ещё не окончательно разбитой. Отныне «турецкий вопрос» стал головной болью Европы на следующие 100 лет. Уже в 1829 году Россия оттяпала большой кусок Болгарии, а в 1830-м Франция колонизировала Алжир. Но и арабы не дремали: повстанческая арабская армия Мухаммеда Али, тесно связанная с Египтом, грозила маршем на Константинополь, в конце концов ограничившись в 1831 году оккупацией Сирии и Палестины.

Проигравшая уже не великая Порта, а просто небольшая Османская, но всё ещё империя, искала пути к выживанию. Америка, тем временем, вслух поздравляла победителей, но султану нужны были хоть какие-нибудь новые друзья в противовес великой тройке европейских держав. На эту роль Америка подходила. Америка подходила и на роль помощника в восстановлении османского флота. По оценке турецких специалистов военные корабли Америки значительно превосходили любые корабли европейцев, кроме равных им французских.

Пропуская интересные детали и сложности, в частности антиамериканские интриги англичан, подведём итог: в мае 1830 года, уже при Эндрю Джексоне, был подписан первый Османо-американский Договор о свободе торговли и навигации, по которому, в частности, американцы обещали построить для турок значительное количество военных кораблей по заниженной цене. Вскоре в Константинополе вовсю заработала огромная полностью американская верфь, которая быстро построила для хозяев 11 линейных кораблей, 12 фрегатов и самый крупный в мире крейсер «Махмуд».

Главное же — это то, что с 1830 года практически на всей территории Османской империи находились представители американского государства, которые через консульства и посольство в Константинополе, через опосредованную силу военно-морского флота США, постоянно барражировавшего в Средиземноморье, могли реально защищать интересы Америки, в том числе и интересы миссионеров на Ближнем Востоке.

Но пора вернуться к нашим миссионерам.

По разным причинам центром миссионерской деятельности в регионе стал Бейрут. Это несомненно был центр цивилизации в европейском смысле, самый удобный для жизни город с прекрасным климатом, но одновременно и центр миссионерской борьбы не только за умы неверных, но и за власть и влияние между различными христианскими конфессиями.

Французские католики основали свою ближневосточную базу там лет за 150 до американцев и чувствовали своё моральное и экономическое превосходство. Они же традиционно поддерживали самую крупную христианскую фракцию в Сирии-Ливане — маронитов. Христиане-марониты жили на ливанской земле с V века и считали себя старше Римской церкви. Они формально были независимыми, при этом прекрасно ладили и с мусульманскими властями, и с католиками. С кем они были в постоянном раздрае — это с друзами, странной христианской ветвью отколовшихся мусульман. Во времена, о которых мы говорим, у маронитов сложились взаимно дружелюбные отношения с оккупантами-египтянами. Но всё очень быстро менялось в этом регионе.

Вскоре египтяне ушли, а турки вернулись, отвернулись от предателей маронитов и стали поддерживать друзов, которых немедленно стали поддерживать и американские миссионеры, поскольку, с одной стороны, они видели всё большую враждебность маронитов, и во-вторых, для относительных новичков в регионе поддержка власти была суровой необходимостью. Соответственно, марониты и французы оказались в религиозной и политической оппозиции и к 1850 годам американцы-протестанты из друзей французов и маронитов превратились во врагов. Такова была общая диспозиция к тому времени, как все успехи протестантов на Ближнем Востоке состояли в том, что за примерно 30 лет им удалось обратить в протестантизм примерно 30 человек.

Это сложное динамическое равновесие стало медленно сдвигаться в сторону американцев после появления в 1855 году в Бейруте Даниэла Блисса.

Блисс был из провинциального Вермонта, из бедной семьи, работал с самого раннего детства и во многом повторил путь Линкольна. С той разницей, что закончил первым в классе, пожалуй, лучший в то время в Новой Англии *Амхерст колледж*, где получил религиозное и классическое образование. Он в совершенстве знал греческий и латынь. Дальше он прошёл Андовер, где его профессором был муж Харриет Бичер Стоу, автора «Хижины дяди Тома», и после окончания Андовера он женился на близкой подруге Эмили Дикинсон. В общем, для мальчика из бедной провинциальной семьи совсем неплохое начало жизни.

В Ливане он работал в различных миссиях, затем открыл школу. И попутно Блисс убедился в косности христианской маронитской и греческой религиозной и общинной жизни. Особенно странным для него, американского образованного протестанта, было отношение местных христиан к образованию, вернее — к полному пренебрежению образованием. И враждебность к любым

Дэниел Блисс

открываемым американцами школам для детей арабов-христиан и арабов-мусульман. В конце концов, греки добились закрытия школы Блисса, но это не остановило его стремление организовать настоящую, серьёзную сеть школьного образования в Сирии.

Конечно, у него были сподвижники-миссионеры и, конечно, эта идея была осуществлена во многом только после провала идеи религиозного обращения местного населения в протестантские ветви христианства. После ряда дискуссий как в Бостоне, так и в Бейруте, было ещё раз подтверждено, что прямое миссионерство ушло в прошлое, и западное образование — это более верный путь осуществления идей миссионерства.

К 1860 году в Сирии было 33 американские школы. Но очень быстро стало понятно, что начальные и средние школы — это только половина дела. Остро встал вопрос о распространении западного образа мышления через послешкольное образование. И главное — стало понятным, что образование должно вестись на арабском. Это было совершенно новым и необычным для арабских стран. В Сирии, к примеру, уже были католические иезуитские высшие школы, но учёба в них была на французском. Американцы первыми поняли очевидную вещь: *обученная ими арабская элита должна остаться в арабских странах*, а, не воспользовавшись знанием английского, перебраться в Англию или

США, что было нормой для франкоязычных арабов, многие из которых искали лучшую жизнь во Франции и той же Америке. Это было легче задумать, чем осуществить, но американцы принципиально решили не конкурировать с англичанами и французами на политическом уровне, сосредоточив все свои усилия на социальном и образовательном. И тем завоевать любовь и уважение местного населения — христиан и мусульман. И хотя далеко не всё получилось с обучением на арабском, но в целом, и во многом благодаря Даниэлю Блиссу и ещё одному очень важному миссионеру — Дэвиду Доджу, задача была выполнена.

А вместе с этим, не вмешиваясь в местную политику и не продвигая американскую политику при своей почти полной независимости от своего государства, американские миссионеры заняли совершенно уникальную, доверительную и дружелюбную нишу внутри арабского общества.

В декабре 1866 года в Бейруте открылся *Сирийский протестантский колледж*. В будущем он станет называться *Американским университетом в Бейруте*. Его первым президентом стал Даниэл Блисс. Дэвид Додж стал председателем совета директоров. Эти обе фамилии будут в центре жизни американских миссионеров и арабской элиты на много поколений. А Американский университет в Бейруте, по существу, и создаст новую арабскую националистическую элиту.

Вопрос создания и направления политической элиты в главных арабоязычных странах Ближнего Востока рождался в XIX веке в острой конкуренции между теми же четырьмя главными странами, застолбившими свои интересы в регионе: Англией, Францией, США и Россией.

Франция через своих замечательных дипломатов и через иезуитский колледж, который стал называться *Французский университет св. Иосифа*, пропагандировала общность арабского мира вокруг христианской франкоговорящей элиты христиан-маронитов, католиков и в общем смысле вокруг людей придерживающихся универсальных западных ценностей и с полным пренебрежением относилась к простым арабам. Это были старые колониальные ценности.

Англия вела более прагматичную империалистическую политику, создавая в свою очередь экономическую, политическую и военную проанглийскую элиту. Основная цель Англии никогда не скрывалась — обеспечение удобства и безопасности пути в Индию. Поэтому с арабами они были про-арабами, с турками — про-турками, с евреями — про-сионистами. А по-настоящему боролись только с французами.

Россия сохраняла своё влияние в регионе в основном поддержкой греков-ортодоксов и религиозным влиянием своих миссий в святых местах.

Американцы же пытались создать чисто арабскую — христианскую и мусульманскую — элиты всё равно из какого социального слоя. Главное, чтобы во главе угла этой элиты были национальные, суверенные интересы, то, что потом назовут панарабскими интересами. Или по-другому — демократические ценности.

В итоге, как прояснилось очень быстро и во многом как побочное явление, в конце XIX — начале XX века, французское влияние стало про-еврейским, английское — гибким в зависимости от обстоятельств, а американское — про-арабским, или в дальнейшем — анти-израильским.

Но всё это было делом недалёкого будущего, а пока что американские миссионеры занялись делом, и занялись основательно, по-деловому, по-американски.

Первый печатный пресс на арабском языке на Ближнем Востоке был их заслугой, первая типография на арабском была создана на миссионерские деньги. Первый телеграф — американский. Первая культурная ассоциация — Сирийское общество искусства и науки — была американским миссионерским проектом. Первое секретное арабское политическое националистическое общество, созданное в 1875 году, было организовано пятью выпускниками Американского университета в Бейруте. А за ним последовали и другие. И, кстати, первый на Востоке антисемитский журнал *ал Кармил* был в 1908 году тоже основан выпускником Американского университета Хаджибом Нассаром. Амин Рихани, ливанский маронит и один из лидеров арабских националистов во время восстания против англичан в Каире, писал: «*Американский дух свободы — главная привлекательность Сирийского протестантского колледжа. Среди сирийских учебных заведений ему нет равных*».

К 1900 году в Сирии работало 93 американские школы и, по существу, американцами на Ближнем Востоке была создана современная система не только образования, но и медицинского обеспечения, включая первый медицинский и первый фармакологический факультеты при Американском университете. Это, что касается Большой Сирии.

Всё, ещё в большем суммарном масштабе, чем в Сирии, было повторено в Турции и северном Ираке, в Египте и даже в Палестине. Например, только в Турции было 9 американских больниц и 542 школы, где перед Первой мировой училось 25 тысяч учеников. Имя Элли Смита из семьи одного из основателей протестантского миссионерства в Турции знал каждый грамотный человек на Востоке.

И, кстати, первый миссионерский университет на Востоке — *Роберт Колледж* в Константинополе был открыт даже на три года раньше Сирийского протестантского. Из него вышла практически вся турецкая элита, включая пятерых премьер-министров.

В общем итоге, однако, оказалось, что ошиблись все, никто не достиг запланированных результатов. И что самое обидное для американцев, они действительно смогли создать национальную элиту, но эта самая элита в конце концов и разорвала относительно мирное и относительно общее единство арабов на Ближнем Востоке, единство, к которому стремились американцы. Поскольку, как оказалось, в запечатанной бутылке арабского общества до поры до времени тихо и спокойно сидел не один суверенный панарабский джинн, как были уверены американцы, и которого они постарались освободить, а бог его знает сколько националистических и суверенно-племенных мелких джинников.

Конечно, во многом это случилось как последствие событий очень далёких от Ближнего и Среднего Востока. В 1914 году в Европе началась война.

Только для Турции, союзнице Германии, развитие войны на Востоке что-то практически значило, — а для остальных это была далёкая и не важная периферия страшной войны. Где, тем не менее, и французы, и особенно — англичане, хорошо геополитически порезвились за четыре года. После войны политическая карта Ближнего и Среднего Востока выглядела по-другому. Надо сказать, что карта, которую на скорую руку и живую нитку нарисовали в результате англо-французского компромисса, выглядела совсем по-другому. На ней, во многом за счёт территории Большой Сирии, возникли следующие государства: новая «кемаль-ата-тюркская» Турция, про-британский Ирак, про-британская Трансиордания, про-французский Ливан, новая разделённая на десяток фракций, обречённая на постоянную гражданскую войну Сирия и подмандатная британская Палестина, уже не входящая в какое-либо другое государство. В этом хаосе и неразберихе сформировались два новых политических центра — Стамбул и Дамаск. В этом новом политическом раскладе было много жертв. Главной были простые арабы, одной из побочных оказались те, кто напрямую был с ними связан и кто взял на себя заботу об их выживании во время войны. То есть, американские миссионеры-протестанты.

Сегодня, говоря о Первой мировой в регионах Востока мы прежде всего вспоминаем армянскую резню. Мы уже не помним, что сама информация о ней попала во внешний мир благодаря американским миссионерам, работавшим в регионе. И уже не помним, что многие из них погибли, защищая армян. И уж совсем забыт страшный голод и вызванные им эпидемии в Сирии в 1915–1918 годах, когда умерло до 500 тысяч сирийцев. По некоторым данным только в Ливане из 400 тысяч ливанцев умерла половина. А по оценкам Красного Креста в Ливане умерло около 250 тысяч, что в процентном отношении, кажется, является абсолютным рекордом для любой страны в XX веке. Голод был во многом организован турецкими властями, лично главнокомандующим турецких войск в Большой Сирии Джамал Пашой, и во многом был устроен наподобие голода зимой 1941–42 годов в Ленинграде. То есть, как преднамеренная и продуманная блокада завоза продовольствия при абсолютном приоритете снабжения армии.

Главной и часто единственной силой и в общем смысле — организацией, которая боролась за жизни простых сирийских арабов, как христиан, так и мусульман, стали американские миссионеры, работавшие совместно с Американским Красным Крестом. При этом надо понять политическую ситуацию, в которой они оказались. Турки безжалостно расправлялись со своими политическими и военными противниками. Такими были, прежде всего, англичане, которые организовали Арабское восстание против турок в Хиджазе в 1916 году, и как главная сила Антанты воевали против турок с начала войны. Американцы, как известно, тянули с объявлением войны Германии до апреля 1917 года, но войну Турции так и не объявили, формально оставаясь нейтральными. Это, возможно, спасло миссионеров от смерти, но не спасло от всех возможных притеснений, издевательств и угроз, поскольку политические предпочтения США как союзника Антанты не были секретом с первого дня войны. То, что в таких условиях смогли сделать миссионеры в Сирии и собравшие деньги для программ помощи простые верующие-протестанты в США не может не восхищать и удивлять.

За четыре года войны, если считать с возникновения голода в 1915 году, в то время, когда — повторим ещё раз — война на Востоке была в сознании западного мира далеко на периферии, для спасения умирающих в Сирии было собрано 16 миллионов долларов (445 миллионов в деньгах 2021 года!). При практически полном отсутствии распределительной бюрократии почти все эти деньги были потрачены на закупку, доставку и распределение продовольствия и одежды. Всё это было сделано в условиях, когда самим миссионерам надо было буквально ежедневно бороться за жизнь. Ховард Блисс, сын Даниэла Блисса и новый Президент Американского университета, писал, что военные годы прошли в нескончаемых поисках еды для работников университета и в попытках спасти университет от полного банкротства из-за всё увеличивающихся долгов в связи с затратами на гуманитарную помощь.

Все войны заканчиваются каким-то миром, Первая мировая закончилась Парижским мирным договором 1919 года. О созданной англичанами и французами новой политической карте Ближнего и Среднего Востока достаточно хорошо известно. А как всё происшедшее за 4 года на Востоке отразилось на судьбе маленькой Палестины и ещё более мелком «еврейском» вопросе в регионе? И как в этой связи изменилась, если изменилась, задача американских миссионеров в создании демократического суверенного арабского мира? Как их отношение к арабам повлияло на американскую дипломатию в регионе?

События в Париже и Версале зимой 1918 — весной 1919 года во время Парижской мирной конференции пусть не окончательно, пусть неполно, но достаточно ясно ответили на эти вопросы и определили американскую миссионерскую, а затем и дипломатическую стратегию США на много лет вперёд, вплоть до 1950-х.

Концепция «*арабизма*», представления об арабах как едином народе, который со временем станет хозяином своей судьбы в своём самостоятельном государстве, зародилась, естественно, среди интеллектуалов Запада. В её основании был все тот же национализм — основная государствообразующая европейская идея конца XIX — начала XX веков. Идея пришла на Восток двумя путями. Первый — от просвещённых арабов, живущих на Западе. К 1914 году только в США жило около 100 тысяч арабов-эмигрантов, 90% из них были христианами. Второй, более важный путь — через преподавание в многочисленных христианских миссионерских школах, а потом и университетах. Что практически означало — американских школах и университетах. Ближневосточные выпускники, в основном — христиане, стали проводниками идеи арабизма в мусульманском большинстве. Но до националистической турецкой революции младотурков — в 1908 году, мусульмане в основном предпочитали борьбу за расширение своих религиозный прав. Они считали себя прежде всего мусульманами, а уж затем — арабами.

Однако в 1918 году Османская империя, которая столетиями была оплотом ислама и объединяла мусульман всего региона, внезапно стала Турцией, страной, населённой прежде всего турками, а уж затем, во вторую очередь — мусульманами. Исторический религиозный центр арабского мира внезапно исчез, но не только. Он ещё стал враждебен к арабам. Ничего удивительного в том, что сама история заставила арабов-мусульман обратить внимание на националистические надежды арабов-христиан.

Конечно, это случилось не на пустом месте. Нелегальные и полулегальные националистические сообщества Багдада, Каира и Дамаска стали привлекать местных мусульман раньше, очень наглядно это стало уже в 1908 году во время демонстраций против англичан в Каире и выступлений против расширения еврейских, сионистских поселений в Палестине, в частности в Яффо. К тому времени количество выпускников Университета в Бейруте в «*Американском духе свободы*» перешло в новое «демократическое» качество.

Новую энергию арабскому национализму придала Бальфурская декларация 1917 года и, как ни странно, русские. Во время подписания сепаратного мира с Германией большевики опубликовали секретные соглашения союзников по разделу обломков Османской империи. Арабы к своему глубокому разочарованию узнали, что английские обещания независимости были только пустой приманкой для участия арабов в восстании против Турции.

Собрания и громкие слова возмущения, как мы знаем, мало что значат без денег, организации и международной политической поддержки. Но в тех же христианских кругах Америки и Англии, в которых 20–30 годами раньше стала популярной идея сионизма, то есть, получения гражданской свободы и национальной независимости евреями, достаточно быстро получила сочувствие идея национальной независимости арабов. Вначале — как одного общеарабского государства. Как идея, в первые десятилетия она уступала по влиянию сионистской, но достаточно быстро приобрела серьёзное распространение.

«Полковник» Хаус, главный внешнеполитический советник и очень близкий человек к Президенту Вильсону, писал в дневнике: *«У меня тёплые чувства к арабам. Я буду помогать продвигать их интересы во всех случаях, когда увижу их правоту»*. И это не было мнение одного, пусть и очень влиятельного человека. В США быстро возникли «про-арабские» партии во многих влиятельных государственных институтах, политических партиях и обществах.

Первым политическим институтом США, занявшим про-арабскую позицию и сохранившим её до наших дней, был Госдепартамент.

В этом была заслуга не только миссионеров, единственных специалистов по региону, но и новой бизнес-элиты — нефтяной. Они видели реальную пользу для страны в слиянии американских и арабских национальных интересов и хотели, пользуясь новым послевоенным экономическим могуществом Америки, в зародыше задавить франко-британское влияние и конкуренцию в регионе. Именно в эти послевоенные годы, в том числе благодаря опыту войны, стало понятно грандиозное будущее массовой автомобильной, морской и авиационной индустрий. Что гарантированно потребует такого же грандиозного увеличения добычи нефти. Давление бизнеса на правительство нельзя недооценивать. И конечно, в эпоху европейской разрухи, финансовой инфляции и политических революций американцам просто судьбой было указано хотя бы частично занять насиженные прибыльные места прежних мировых лидеров. По принципу — пусто место не бывает.

И здесь мы приходим к главному: американскому правительству и, прежде всего, Госдепартаменту впервые реально понадобились знающие регион люди, причём в больших количествах. При всём желании их было неоткуда взять, кроме как из миссионерских общин. Только они знали языки и культуру Востока, только у них был опыт жизни нескольких поколений в регионе, только у них были персональные связи с элитой стран Востока. Нравственным идеалом этих людей, в основном из третьего поколения миссионерских семей на Ближнем Востоке, была независимая Аравия, что ко времени Парижской конференции достаточно очевидно вступило в противоречие с сионистскими идеалами. Сочетание про-арабских экономических, политических, финансовых и религиозных интересов становилось слишком сильным, чтобы их мог игнорировать Президент Вильсон. Надо напомнить, что Вильсон был общепризнанный «верховный жрец» Парижской конференции. Очень важно вспомнить, что колониализм и империализм, на которых была основана позиция Франции и Британии, были крайне непопулярны в Америке, они были анафемой и персонально для Вильсона.

Интересно попутно заметить, что в то время противников сионизма и явных антисемитов было легче найти в американском и английском обществе, чем среди интеллектуалов и политиков в арабском мире.

Но вернёмся в Париж, ибо происшедшее там отразилось на слишком многом и на слишком долгое время. Парижская конференция обсуждала просто невероятное количество вопросов. Среди них были важные для всех и для всего послевоенного мироустройства. Например, вопрос об европейских границах, особенно между Францией и Германией, соглашение о репарациях и погашении долгов, о наказании Германии, о создании новых независимых и восстановлении старых европейских государств—Польши, Чехословакии, Югославии, Австрии, Венгрии, Бельгии, Латвии, Литвы, Эстонии, Финляндии, о территориальных претензиях десятка стран, о свободе морской торговли, об уровнях военно-морских сил различных стран, о реакции на события в России, о независимости Китая, о создании Лиги Наций. Но были и вопросы второстепенные—например, Восточный вопрос, или по-другому—как поделить и организовать бывшую Османскую империю.

В знаменитой *Программе 14 пунктов Вильсона* Восточному был посвящён пункт 12:

*Турецкие части Османской империи, в современном её составе, должны получить обеспеченный и прочный суверенитет, но другие национальности, ныне находящиеся под властью турок, должны получить недвусмысленные гарантии существования и абсолютно нерушимые условия автономного развития...*

Если читатель думает, что в мире был хотя бы один человек, который понимал, как реально это все можно сочетать или хотя бы к каким народам это относится, а к каким нет, то он большой оптимист.

Позиция Вильсона по Двенадцатому пункту отвечала его представлениям на момент написания Программы, то есть началу 1918 года, и претерпела большие изменения, так как ещё в 1912 году Вильсон убеждал «Полковника» Хауса, что в случае войны *«не должно остаться никакой Турции»*. В 1919 году взгляд Вильсона опять изменился. *«Америка полагает, что необходимо помочь всей Турецкой империи (так в оригинале меморандума Госдепартаменту) в обретении правильного государственного управления и преимуществ современной цивилизации»*. За всё время подготовки к Конференции Вильсон ясно не высказался к каким народам огромной Империи относится изобретённый им термин «право на самоопределение» и, тем более, каким образом это право будет защищено. Даже решение гораздо более волнующего христианский мир армянского вопроса никогда не было окончательно сформулировано и усилено какой-либо реальной угрозой применения силы. К сожалению, как признают историки, Вильсон не знал регион Османской империи и не понимал реально происходящие там события. *«Все его знания о географии, культуре, традициях, религиях населяющих регион народов были почерпнуты из Библии»*, — пишет Майкл Орен в книге «Власть, вера и фантазия».

Но некоторые понимали к чему может привести такой дилетантизм. Уолтер Липпман, который был помощником военного министра и предполагаемым автором *Программы 14 пунктов*, ещё в 1918 году писал в письме министру, что Америка будет ответственна за *«выигрыш войны и проигрыш мира»*, если не найдётся *«абсолютно поразительный гений»*, способный согласовать противоречивые планы Вильсона по Ближнему Востоку. Как нам хорошо известно, гений до сих пор не найден. Франция и Англия точно так, как и окружение Вильсона, не могли понять, что же конкретно хочет Вильсон на Ближнем и Среднем Востоке, и что он для этого готов сделать. Наказать турок? Или наказать англичан и французов, лишив их честно завоёванных (по их мнению) преимуществ в регионе? Самим США стать главной силой на Востоке или разделить власть с союзниками (это был предпочтительный вариант и для англичан, и для французов)? Выполнить обещания, данные армянам, евреям, туркам, арабам? Если да, то как это всё конкретно совместить? Что касается «права на самоопределение», то даже Госсекретарь Лэнсинг удивлялся: *«Разве мусульмане Сирии, Палестины и, возможно, Марокко и Триполи не рассчитывают на это? И как эти ожидания можно привести к гармонии с сионизмом, к которому Президент особенно благосклонен?»*

В такой полной неопределённостей обстановке 30 января 1919 года, достаточно случайно и вне запланированной программы, Конференция приступила к обсуждению вопросов, так или иначе связанных с разделом Османской империи.

Позиции сторон на этот день по **главным вопросам** кратко можно обозначить следующим образом.

Великобритания стремилась распространить свою империю от Египта до Персидского залива, использовав США в качестве заслона французским и русским амбициям (на Кавказе, Персии и, возможно, Палестине). Суэцкий канал в любом случае должен был остаться свободным для прохода английских кораблей. В этой связи, по её мнению, вопрос о статусе Египта не должен был обсуждаться вообще.

Франция хотела в любом случае сохранить Сирию (которая тогда включала нынешние Ливан и Иорданию) и поставить Палестину под международный (Англия, США, Россия) контроль.

Обе страны хотели разделить Анатолию между греками и итальянцами, не оставив ничего Турции.

Кроме того, англичане и слышать не хотели о любой дискуссии по поводу Персии, считая её зоной британских интересов. что абсолютно противоречило взглядам США, считавших Персию нейтральной страной.

Позиция Соединённых Штатов была самой интересной. *«США намерены полностью игнорировать все прежние европейские со-*

*глашения в регионе, за исключением тех, которые случайно совпадут с нашими представлениями о справедливости»,*—такова была директива Вильсона.

Вильсон явно увлёкся. Именно на Востоке у него не было никаких силовых аргументов. Не объявив в своё время войну Турции и не сделав почти ничего во время армянской резни, Вильсон не имел ни военной силы, ни достаточного авторитета в регионе. *«Мы всегда были аутсайдерами[на Ближнем Востоке]»,*—сказал Уильям Вестерманн, профессор, советник Вильсона, отвечавший за проработку восточной политики в Четырнадцати пунктах. За исключением нескольких сотен американских евреев, служивших в Еврейском легионе, у американцев на Востоке больше не было никого и ничего. У англичан же, к примеру, там стояла 200-тысячная армия, оккупировавшая все ключевые города, включая западную Анатолию.

Дискуссия по «восточному» вопросу мгновенно зашла в тупик. Вильсон не соглашался на раздел территорий (кроме западной Анатолии) между Англией, Францией, Грецией и Италией, а эти четыре страны не признавали права на самоопределение народов, населявших регион. Важность Парижской конференции для будущего мироустройства понимали все. Подобно тому, как на последнюю подобного уровня мирную конференцию в Вене 1814–15 годов съехались кроме монархов и глав государств ещё и десятки мелких и средних «проталкивателей» своих локальных европейских интересов, так и в Париж 1919 года кроме государственных делегаций почти всех стран мира прибыли представители, кажется, всех возможных политических движений своего времени. И в этом была своя серьёзная проблема: все они агрессивно боролись за место если не за столом переговоров, то хотя бы рядом с ним. Но ещё в большей мере за время личного общения, а, значит, и возможного влияния на «большую четвёрку» (Соединённые Штаты, Англия, Франция, Италия). К сожалению, возможности международной сионистской делегации на Конференции, руководителем которой был Вейцман, а членами—Нахум Соколов, Ааронсон, Усышкин, Спайр, Вайс и другие, были весьма ограничены. Вильсон был бесконечно занят решением куда более важных вопросов—как минимум, других тринадцати, плюс вопрос репараций и долгов—и достучаться до него было так же бесконечно трудно.

Случилось то, что случилось. Вся сионистская программа, все попытки практического развития положений Бальфурской декларации стали жертвой и заложником реальной человеческой драмы, когда несговорчивость главных действующих лиц по многочисленным вопросам, куда более важным, чем сионистские, в условиях очень ограниченного времени привела к острому — и понятному — желанию «четвёрки» отложить действенные решения на потом, обойти неприятности стороной, вырваться из тупика бездействия любой ценой. Это был путь к принятию половинчатых, непродуманных, «временных» решений.

Человеком, придумавшим способ разорвать тупиковую ситуацию по Ближнему Востоку, был Ян Смутс (или Смэтс, или Сматс в других принятых транскрипциях). Он был лидером Южноафриканской делегации на Конференции и одновременно, будучи Премьер-министром Южно-Африканского Союза, членом Британского кабинета. (Он также, был английским маршалом во время Второй мировой войны, придумал слово «апартеид» и был единственным в истории человеком, который подписал как хартию Лиги Наций, так и хартию ООН. Если этого недостаточно для одного человека, то он был единственным в мире человеком, который подписал соглашения об окончании военных действий как Первой, так и Второй мировых войн).

Компромисс заключался в предложении концепции «мандатов». Согласно идее Смутса, созданная в скором будущем Лига Наций должна наделить главные союзные государства временными мандатами на право управления той или другой частью бывшей Османской империи. Обязанностью обладателя мандата должно быть не только временное заполнение политического и административного вакуума на подмандатной территории, но и подготовка местного населения к принятию всех полномочий власти, к реальному самоопределению. Совет Десяти быстро определил, что мандаты должны быть выданы на управление *Арменией, Сирией, Месопотамией, Аравией и Палестиной.*

Как красиво и стройно всё выглядело на бумаге! И как мало кто-нибудь понимал, кому и в каких географических границах будут выданы мандаты. Мелкий вопрос — а хотят ли местные народы такую форму управления, кажется, не волновал никого. Немногие заметили, что грызня по основным нерешённым вопросам Двенадцатого пункта немедленно перекинется в грызню по мандатам.

Сионистская делегация, казалось, была самой подготовленной к такому повороту событий. Уже 3 февраля ею была опубликована программа-меморандум:

1. Признать за еврейским народом историческое право на Землю Израиля и его право на восстановление Национального Дома в Израиле.
2. Границы Израиля должны быть декларированы согласно приложению к программе. (Границы по приложению были существенно расширены в сравнении с предыдущей неформальной договорённостью «Вейцман-Хусейн» и включали часть нынешнего Ливана, Голанские высоты, Иорданскую долину и часть Синая).
3. Суверенитет на Израиль должен принадлежать Лиге Наций и Правительству Великобритании, которому будет выдан мандат от Лиги.
4. Дополнительные (другие) соглашения, включённые Высокими Договаривающимися Сторонами в общее положение о мандатах, могут быть включены в данный мандат, если они согласуются со специфическими условиями Палестины.
5. Мандат на Палестину должен включать определённые специфические условия, к которым необходимо отнести контроль за Святыми местами.

Программа вызвала два совершенно противоположных ответа. Официально—полную поддержку со стороны совета Десяти и «великой тройки» (роль Италии непрерывно уменьшалась по мере работы Конференции). Лорд Бальфур послал сердечное поздравление Вейцману. Представитель Франции заявил: «*Не существует мельчайшего различия мнений в отношении Великих держав к созданию сионистского государства и к выдачи Британии мандата на Палестину*».

Вильсон, в свою очередь, в письме американской еврейской делегации на Конференции, сказал: «*Ещё до [Конференции] я выразил свою полную поддержку ... Бальфурской декларации, в которой признаётся стремление и историческое право еврейского народа на Палестину. Я, таким образом, полностью удовлетворён, что Союзные государства в полном согласии с нашим правительством и нашим народом согласны с тем, что в Палестине должен быть заложен фундамент Еврейского Содружества».*

Другим ответом было резкое сопротивление и противодействие меморандуму.

На американской государственной стороне противниками сионистской программы были Лэнсинг и Вестерманн. Но не менее важным был «глас народа». Официальная американская делегация в Париже была завалена сотнями писем протеста против создания еврейской государственности (пусть в будущем) на земле Палестины. Письма шли не только от американских арабов, но в большом количестве — от американских евреев всех религиозных ответвлений и атеистов. Генри Моргентау (старший) прислал письмо за подписью 299 «влиятельных американских евреев», которые в самых резких выражениях высказывались против сионизма, обвиняя его последователей в попытке вбить клин между лояльностью евреев Америке и Израилю (тогда ещё некоему будущему еврейскому государству в Палестине)

Но тяжелейших удар в спину сионисты получили от своих самых в прошлом близких союзников — американских христиан-евангелистов и их передового отряда миссионеров-протестантов.

*«Оппозиция мусульман и христиан специальным привилегиям, обещанным евреям в Палестине, реальная, интенсивная и всеобщая»,* — предупреждал Отис Глэйзбрук, новый американский консул в Иерусалиме. Тот самый Глэйзбрук, кто всего пятью-семью годами раньше был одним из самых ярых сторонников сионизма среди американских христиан-протестантов. Одну из причин такой резкой смены взгляда можно скрепя сердце принять — консул очень боялся, что русские евреи принесут с собой на Святую землю большевизм и прогерманские настроения.

Вторая причина была намного хуже и являлась чистым предательством: христиане-евангелисты, десятилетиями пытавшиеся на Востоке обратить мусульман в христианство, сами незаметно были обращены, если не в ислам, то в арабизм. Два новых лидера американских евангелистов на Ближнем Востоке — Глэйзбрук и Ховард Блисс были учениками и последователями евангелистов-пионеров на Ближнем Востоке Генри Джессупа и Даниэля Блисса (отца Ховарда), которые в основном были на стороне евреев. Но время изменилось, и представители нового поколения евангелистов во время Парижской конференции объединились для выступления единым антисионистским фронтом. 13 февраля совету Десяти было представлено христианское — как бы нейтральное — видение ситуации в регионе. Ховард Блисс, красивый, респектабельный и очень популярный на Востоке человек специально прибыл в Париж, где и выступил перед Советом Десяти. Он говорил об арабах: «*Они интеллигентны, способны, дружелюбны и вызывают любовь. Безусловно, на них сказались столетия угнетения, поэтому им свойственны и недостатки — робость, любовь к бахвальству, отсутствие прямоты*». Но арабы Сирии, уверял Блисс, со временем и под чутким руководством «старших братьев» «*способны развить в себе всё необходимое для самоопределения и независимости*». Арабы, а не кто-либо другой, должны сами решить, что они предпочитают — иностранное управление или самостоятельное государство. «*Я убеждён, что их ответом будет требование независимой Сирии, включающую неразделённую Палестину, при гарантиях, данных Соединёнными Штатами*».

На следующий день, 14 февраля, в официальной программе Конференции наступил перерыв — Вильсон возвратился в Америку, чтобы представить Конгрессу план учреждения Лиги Наций и ответить на вопросы, поднятые на Конференции. В Америке его ожидал кошмарный приём. Республиканский Конгресс, не желая даже теоретически поступиться американским суверенитетом и всё более не желая вмешиваться в европейские дрязги, в пух и перья разнёс идею Лиги. Досталось и восточной политике Вильсона. В то далёкое время идеи политкорректности ещё не овладели массами, и конгрессмены, как и представители общественности, не скрывали своего отношения к исламу. Резня армян, репрессии против христиан отложились тяжёлой памятью в общественном сознании. «*До тех пор, пока Коран провозглашает убийство частью исламской религии, мусульманам не должно быть разрешено государственное управление евреями и христианами*» (цитата взята из русского перевода книги Черчилля "The River War", 1899 год). Антиисламская атмосфера в Конгрессе выразилась в неприятии уже принятых решений по «восточному» вопросу и даже самой идеи о возможных американских мандатах на управление мусульманскими странами. Вильсон был не согласен, но нашёл не много желающих его выслушать.

Вообще, с самого начала Конференции Вильсон находился в неравном положении в сравнении со своими главными оппонентами. Английский Премьер-министр Ллойд-Джордж и президент Франции Клемансо не только были куда более опытными дипломатами, проевшими зубы на европейской политике, но *могли* решать большинство вопросов самостоятельно. Парламентская система, в обычное время являющаяся причиной политической нестабильности демократий, в решении международных вопросов давала своим лидерам гораздо больше свободы и уверенности. Вильсон же должен был всё время оглядываться на настроение американского народа и, самое главное, считаться с мнением очень в данном случае недружелюбного Конгресса.

20 марта Вильсон вернулся в Париж в очень плохом настроении. В Париже его ожидали новые неприятности: за это время изменилось мнение арабов и французов. Арабы — в лице эмира Фейсала Хусейна, подзуживаемые англичанами и американскими евангелистами, потребовали независимости всей Аравии, *за исключением малой части Ливана и Палестины*. На что Франция представила «своих» арабов, которые требовали французского мандата на «большую» Сирию. На что Вильсон, в свою очередь, заметил, что для осуществления своей мечты французам надо всего-навсего разбить 100 тысячную армию Фейсала (по мнению более поздних историков — не существующую), а потом армию англичан, которые придут на его защиту. Немного добавил масла в огонь и «Полковник» Хаус — он довёл до сведения Вильсона, что, судя по всему, вскоре последуют массовые расовые и религиозные беспорядки в Сирии и Палестине.

Пытаясь вырваться из очередного безнадёжного тупика, Вильсон предложил послать международную комиссию в Сирию, чтобы на месте разобраться, кто из правых более прав. Англия и Франция «согласились» с условием, что комиссия разберётся и с другими странами, которые предполагалось покрыть мандатами. Вильсон был вынужден уступить, но после этого последовал протест Клемансо, потребовавшего для чистоты работы комиссии убрать из Сирии английские войска, на что Ллойд-Джордж заявил, что если Франция выставляет условия, то Британия вообще не хочет иметь ничего общего с идей комиссии.

Что бы сделали вы на месте Вильсона в таком бардаке? Вильсон сделал то, что, возможно, сделали бы и вы — он плюнул на всё, организовал свою собственную, американскую комиссию «для дальнейшего рассмотрения вопроса и выдачи рекомендаций» — и занялся другими, *гораздо более важными делами.*

Комиссия, организованная Вильсоном, носила название «Комиссии Кинга-Крейна», по именам двух, по определению Вильсона, *«ничего не знающих о Ближнем Востоке»,* а значит — нейтральных, людей. О, если бы это так и было! Трудно объяснить как заявление Вильсона, так и его предпочтения в выборе руководителей комиссии. Могу только сослаться на мнение Майкла Орена, который в своей книге пишет, что миссионеры и идея миссионерства во второй раз «сломали» Вильсона (первый раз они убедили Президента не начинать войну с Турцией), который до этого был последовательным сторонником сионизма и Бальфурской декларации. Но к тому времени миссионеры (среди которых были ближайшие друзья Вильсона или их взрослые дети; напомню, что он сам был из семьи миссионеров) были против сионизма, резко против английского колониализма и очень резко против того, чтобы «обидеть» Сирию, где находилась главная база американских миссионеров.

Генри Кинг был президентом Оберлинского колледжа, а в прежние времена — миссионером-евангелистом, не один раз объездившим всю Палестину. Чарльз Крейн был последовательным арабистом, антисемитом — по его собственному выражению (смысл этого слова в то время был гораздо более политическим, чем культурным или оскорбительным), и, по словам Вильсона, «очень опытным в международных делах человеком» (он был ещё и одним из самых крупных финансовых спонсоров избирательной кампании Вильсона). В комиссию входили Уильям Йелл, чьё отрицательное отношение к сионизму было хорошо известно (он оказался единственным, кто по ходу работы комиссии изменил своё мнение в пользу сионизма), и ещё несколько человек.

То, как стали развиваться события в Париже, и новость о создании комиссии Кинга-Крейна глубоко разочаровали сионистскую делегацию и её американскую часть. *«Идиотская идея… заговор, чтобы украсть Палестину у евреев»,* — писал Феликс Франкфуртер, лидер американской сионистской делегации (лидером американских сионистов был член Верховного Суда США Луис Брандайс, но он не мог оставить своё работу во время сессии Суда). Даже французы были расстроены — «американцы слишком честны, чтобы иметь дело с арабами». Только эмир Хусейн не скрывал удовольствия. «*Ховард Блисс [который подсказал Вильсону идею комиссии] — основа всего хорошего на Ближнем Востоке… Америка будет гарантом независимой арабской федерации*».

8 мая чрезвычайно обеспокоенный Феликс Франкфуртер пишет письмо Вильсону (Франкфуртер, кроме всего, был одним из советников Вильсона). Получив через два дня ничего не значащий ответ, он посылает новое письмо, гораздо более требовательное. «Из Вашего ответа я понял, что вопросы, поднимаемые сионистской делегацией, Вам совершенно безразличны»… 16 мая Вильсон отвечает письмом, тон которого показывает глубокое раздражение Президента. «Я получил Ваше письмо от 14 мая. Я никогда не мог даже подумать, что мне было необходимо ещё раз подтвердить Вам мою полную приверженность принципам Бальфурской декларации, и на сегодняшний день я ещё не встретил никого, кто серьёзно был бы против её целей. Меня очень удивило, что Вы расценили всё мной написанное таким образом. Я не вижу причины для разочарования и смею думать, что существуют все основания для надежды, что удовлетворительные гарантии будут получены». С разрешения Вильсона Франкфуртер опубликовал ответ и телеграммой переслал его Брандайсу в США.


Комиссия Кинга-Крейна собиралась всю весну и начало лета. С каждым днём оставалось всё меньше смысла в самом её существовании. Англия и Франция, больше не рассчитывая на конструктивную роль Америки, смогли секретно сговориться по основным вопросам восточной политики. «Дружба Франции стоит десяти Сирий», — сказал Ллойд-Джордж. Американский Конгресс за это время вполне определённо высказался против посылки в регион даже минимального количества войск, и у Вильсона на руках не осталось ни одного козыря.

Мы бы не вспомнили о комиссии Кинга-Крейна, если бы не один её основополагающий принцип, который на долгое время стал важным — и новым — препятствием к осуществлению «стремления и исторического права еврейского народа на Палестину». Комиссия приняла за основу «**моральный**» взгляд по вопросу самоопределения народов региона, что с её точки зрения означало прорабскую и абсолютно антибританскую позицию. Упор в рекомендация комиссии был на сохранение «большой» Сирии. Во всех своих документах, включая итоговый, под словом «Сирия» понималась Большая Сирия: территория, в которую сегодня входят Сирия, Ливан, Иордания, Израиль, сектор Газа. Исходя из такого подхода, решение о «еврейском национальном доме» в Палестине зависело полностью от Франции и Америки, которой с согласия Франции (!) предполагалось передать мандат на Палестину. Но поскольку Франция никогда ничего не обещала евреям и никаким образом не была причастна к Бальфурской декларации, и поскольку комиссия прекрасно знала о настроении Конгресса, то вся её деятельность была очевидным антисионистским фарсом. Или промиссионерским, что было одним и тем же.

Конечно, комиссия не могла не представить конкретные рекомендации по сионистскому вопросу и не представить свои «исследования» как дружественные по отношению к евреям. Эти рекомендации сводились к достаточно популярной и поныне концепции одного государства: евреи вправе в любых количествах эмигрировать в Сирию и жить там, обладая всеми правами сирийских граждан. Поскольку Сирия, в свою очередь, наверняка в самом близком будущем превратится в либеральную демократию, то все права этнических и религиозных меньшинств будут неуклонно соблюдаться. Такая вот идиллическая Америка со столицей в Дамаске. Пожелания комиссии, как ни странно, и, скорее всего, по ряду других причин, стали на очень долгие годы реальной американской политикой в регионе: *симпатией в отношении арабского национализма, антипатией по отношению к европейскому колониализму, противоречивым отношением к сионизму*.

По большому счёту, мнение комиссии было никому не нужным и никого на Конференции не интересовало. Ещё до того, как комиссия наконец отправилась в своё турне, произошли события, которые окончательно отвлекли внимание Высоких Переговаривающихся Сторон от изрядно надоевших им сионистских проблем.

15 мая 1919 года турецкий город Смирна (нынешний турецкий Измир) был оккупирован греками в полном согласии с англо-франко-греческими договорённостями и при поддержке англо-французских войск (а также под присмотром американского линкора «Аризона» и четырёх эсминцев). Захват самого европейского по внешнему виду и самого христианского по населению города Османской империи закончился жуткой резнёй турок, включая расстрел сдавшихся в плен турецких солдат на глазах большого количества довольных зрителей. На что турки через

три года ответили печально знаменитой «резнёй в Смирне», когда было зверски убито, замучено и заживо сожжено около 200 тысяч христиан—армян и греков. До Второй мировой «резня в Смирне» была «стандартным» примером нечеловеческой жестокости, осуществляемой государством. Всеобщее обсуждение и даже некоторое мягкое осуждение происшедших событий надолго отвлекло внимание Парижской мирной конференции, Америки и мировой общественности от еврейских и других проблем в регионе. В то время, когда внимание всех было приковано к Турции, Англия и Франция окончательно разрешили свои разногласия. Франция уступила Палестину и будущий Ирак «в обмен на свободу рук в Сирии». Вильсон слабо протестовал и поклялся никогда не признать такой раздел сфер влияния. В очередной раз это были слова, не подкреплённые силой.

Конференция закончила свою работу 29 июня подписанием Версальского договора. Может быть, самым последним скандалом Конференции был ещё один «восточный» скандал. Обозлённый британскими усилиями изгнать французов из Анатолии, Клемансо вслух и при свидетелях назвал Ллойд-Джорджа обманщиком и вызвал его на дуэль. Так характерно и очень символично Европа приступила к «мирному строительству».

19 ноября Сенат проголосовал против вступления США в Лигу Наций, тем самым исключив Соединённые Штаты из какого-либо активного участия в решении мировых и—попутно—Ближневосточных проблем. Через много лет Генри Робинсон Люс, в своей ставшей знаменитой статье «Американский век», с горечью напишет: *«В 1919 году у нас была блестящая, беспрецедентная в истории возможность взять на себя руководство миром, блестящая возможность, преподнесённая на вошедшем у нас в поговорку серебряном блюде. Мы не разглядели эту возможность. Вильсон не сумел ею воспользоваться. Мы отвергли её. Но такая возможность всё ещё существовала. В 1920-х годах мы её подорвали, а в неразберихе 1930-х годов мы её потеряли».*

Вот, собственно говоря, и всё, что нужно знать о миссионерской, а затем и государственной политике США на Ближнем Востоке, в годы вплоть до конца 1940-х –начала 1950-х. Дальнейшее хорошо известно. Можно разве добавить, что в 1920 году миссионерами был открыт Американский университет в Каире, почти копия Бейрутского, который во многом и создал египетскую национальную и националистическую элиту. Президентом университета и очень влиятельным как среди египетской элиты, так и дипломатических коридорах Госдепа, стал Чарльз Уотсон, сын одного из основателей каирской миссии, созданной в 1861 году.

Что же касается надежд сионистов на дружбу и поддержку американских миссионеров, то наиболее наглядно ситуацию выразил Байард Додж, президент Американского университета в Бейруте с 1923 по 1948 год, чрезвычайно влиятельный человек во всех сферах, связанных с Ближним Востоком. Байард Додж был зятем предыдущего президента Ховарда Блисса и внучатым племянником того самого миссионера-родоначальника Дэвида Доджа—почти все миссионеры к четвёртому поколению стали родственниками, а сын Байярда, ещё один Дэвид Додж, в свою очередь сменил отца на посту президента университета. Судя по всему, Байард Додж ни в коем роде не был антисемитом, но был типичным арабистом. Сама идея создания еврейского государства была ему глубоко враждебна. В том числе и потому, что как он писал в 1948 году: *«Вся работа наших многочисленных филантропических организаций и агентств в арабском мире…—дальше идёт длинный список этих организаций—наших университетов в Бейруте, Каире и Дамаске, всему этому будет грозить полное разочарование и крах… То же будет и с нашими нефтяными концессиями».*

Нефтяные концессии и интересы американских нефтяных компаний после Второй мировой как-то очень быстро вышли на первый план в политике США на Ближнем Востоке и на долгое время объясняли враждебность Госдепартамента и исполнительной власти к самой идее и тем более государству Израиль, и одновременно уже, кажется, навсегда похоронили миссионерское движение американских протестантов в этом регионе.

В итоге, как сказал «великий» Черномырдин: «Хотели как лучше, получилось как всегда». Причём так могли в конце 40-х с одинаковым успехом и одинаково придерживаясь истории сказать и евреи, и протестанты-миссионеры Ближнего Востока.

# Глава третья

# ПОЛИТИЧЕСКИЙ ДЕТЕКТИВ,
## ИЛИ ОДИН ГОД ИЗ ЖИЗНИ СЕНАТОРА ГАРРИ ТРУМЭНА

*Отшумели песни нашего полка...*

*Эта глава не имеет непосредственного отношения к теме книги, но она, на взгляд автора, необходима для понимания образа Гарри Трумэна, Президента США с апреля 1945 по январь 1953 года, человека, сыгравшего огромную роль в решении о создании и признании государства Израиль в 1948 году. Подробно о событиях 1945–1948 годов расскажет следующая, четвёртая глава.*

В 1943 году, примерно за год до национального съезда Демократической партии, на котором по традиции выдвигают кандидатов на пост Президента и вице-президента, среди людей, имеющих реальный вес в партии, сложилось твёрдое представление о кандидатах. Об одном — положительное, о другом — отрицательное. Согласно первому, Франклин Делано Рузвельт (ФДР) должен баллотироваться на беспрецедентный четвёртый срок в качестве Президента Соединённых Штатов. Согласно второму, действующий вице-президент Генри Уоллес не должен повторно баллотироваться на должность вице-президента.

Постепенно к осени 1943-го года сформировался неофициальный, но очень представительный «комитет» против избрания Уоллеса.

Целью этого небольшого исторического очерка будет показать «как это делалось в Вашингтоне» и каким образом кандидатом в вице-президенты стал Гарри Трумэн. Сравнение выборов 1944 года с выборами 2016 или любыми другими не входило в задачу автора. Любые аллюзии по этому поводу читатель вправе сделать или не сделать сам.

Действующие лица в 1943–1944 годах в принятии решения по выбору вице-президента США:

***Джим Бирнс*** (*Jimmy Byrnes*), 64, южанин, бывший католик (перешедший в другую христианскую конфессию), последовательно: конгрессмен, сенатор, член Верховного Суда, председатель военного мобилизационного комитета с офисом в восточном крыле Белого дома, неофициальный первый помощник Президента, большой друг ФДР.

***Олбен Баркли*** (*Alben Barkley*), 67, в высшей степени уважаемый сенатор от штата Кентукки, будущий вице-президент при Трумэне, друг ФДР.

***Фрэнк Уолкер*** (*Frank Walker*), председатель Национального комитета Демократической партии (НКДП) до января 1944 года, друг ФДР.

***Едвард Поли*** (*Ed Pauley*), богатый калифорниец, глава финансового отдела НКДП, друг и спонсор ФДР.

***Джордж Аллен*** (*George Allen*), лоббист, секретарь НКДП.

***Роберт Ханнеган*** (*Robert Hannegan*), руководитель Налоговой службы, очевидный преемник Фрэнка Уолкера на посту председателя НКДП, председатель НКДП с января 1944 года, очень большой друг ФДР.

***Эдвин Уотсон*** (*Edwin «Pa» Watson*), генерал, личный секретарь ФДР, ответственный за доступ к ФДР.

***Эдвард Флинн*** (*Edward Flynn*), 52, прекрасно и разносторонне образованный человек, известный садовод, историк-любитель, создатель самой сильной политической машины Демократической партии в стране в Бронксе–Нью-Йорке, очень-очень-очень большой друг ФДР.

***Сидни Хиллман*** (*Sidney Hillman*), председатель Комитета политических действий (Political Action Committee или (PAC) — общеамериканской политико-финансовой организации, работающей за сценой для переизбрания Рузвельта (организация собрала более миллиона долларов для перевыборной компании ФДР). До этого член Бунда, еврейской партии в царской России, меньшевик. В Америке — основатель и руководитель значительных рабочих движений, крупных профсоюзов, лидер крупнейшей в стране Конфедерации профсоюзов, во время войны — важный член или руководитель как минимум трёх квази-государственных советов при Администрации Рузвельта. Очень большой друг ФДР.

***Том Пендергаст*** *(Tom Pendergast)*, создатель самой сильной политической машины (до Эдварда Флинна) Демократической партии страны в штате Миссури, отсидевший в тюрьме за политические и денежные махинации (политическую коррупцию), вышедший из тюрьмы в 1939 году и после этого потерявший какую-либо власть, политический и духовный наставник Гарри Трумэна в начале его карьеры, бывший друг ФДР.

***Франклин Делано Рузвельт***, (ФДР) *(Franklin Delano Roosevelt, FDR)*, 62, Президент США.

***Генри Уоллес*** *(Henry Wallace)*, 56, вице-президент США, интеллектуал, известнейший биолог-генетик, разработчик новых сверх урожайных сортов кукурузы, бизнесмен, писатель, лектор, философ, свободно говорящий по-русски, говорящий по-испански, наиболее популярный политик в Демократической партии после ФДР, крайний либерал, большой друг ФДР.

***Гарри Трумэн*** *(Harry Truman)*, 60, младший сенатор из штата Миссури (младший сенатор, хронологически выбранный вторым от штата, традиционно считается и вторым по престижу), председатель сенатского «Комитета Трумэна» по надзору за военными поставками и развёртыванием военной индустрии во время Второй мировой войны, без особых политических связей и влияния, практически не знаком с ФДР и/или сотрудниками Администрации и правительства.

***Элеанор Рузвельт, Сэм Рэйберн, Джон Вайнант, Шерман Минтон, Уильям Дуглас, Эдвард Келли*** — важные, но второстепенные действующие лица.

## ЛЕТО 1943-ГО

В начале лета 1943 года сенатор от Пенсильвании Джо Гаффи пригласил сенатора от Миссури Гарри Трумэна на обед, где задал ему *конфиденциальный* вопрос: что уважаемый сенатор думает о вице-президенте Уоллесе? Трумэн улыбнулся и сказал, что Уоллес был лучшим министром сельского хозяйства в истории страны. Гаффи засмеялся, после чего достаточно непринуждённо поинтересовался, какая будет реакция уважаемого сенатора, если руководство партии решит выдвинуть на эту должность его, Трумэна. Трумэн решительно и односложно ответил «нет».

Гарри Трумэн был очень трезвым политиком и прекрасно знал своё место в партийной иерархии. Его место было… в лучшем случае где-то во второй десятке возможных кандидатов. Кроме того, Трумэн был абсолютно удовлетворён своим местом в Сенате, своей работой на посту председателя важного комитета Сената, своей независимостью и тем, что к 1943-му году, казалось, все стали забывать о самом компрометирующем факте его биографии—политической связи с «позором партии», коррумпированным боссом Томом Пендергастом. Хотя некоторые по привычке всё ещё считали его ставленником Пендергаста, но это соответствовало действительности только во время его первых выборов в сенат в 1934 году и истеблишмент Демпартии к 1943 году вспоминал об этом всё реже. Но публичное копание в его биографии никак не входило в планы Трумэна, тем более что только что он оформил свою жену Бесс на фиктивную должность «помощника» сенатора и её 2400 долларов в год позволили семье в первый раз в жизни почувствовать некоторую финансовую стабильность. Самое последнее, что ему надо было, это новое журналистское расследование и скандал с «работой» жены.

Кроме того, он понимал, что для замены Уоллеса есть два очевидных кандидата—Джим Бирнс и Олбен Баркли. Первого Трумэн очень уважал, а вторым восхищался. И самое главное—решающее слово при выборе вице-президента, безусловно, принадлежало Президенту, и уже только по этой причине у Трумэна не было шансов: они были практически незнакомы. За девять лет работы в Сенате у Трумэна было ровно две незначительные встречи с Рузвельтом. Известно, что, когда Трумэна назначили председателем сенатского комитета по контролю за расходами на программу вооружения во время Второй мировой войны, Рузвельт вслух спросил у своего помощника: «Трумэн? Кто такой Трумэн?».

В последующие месяцы 1943 года ещё несколько человек в высших кругах Демократической партии осторожно интересовались мнением Трумэна о его выдвижении кандидатом в вице-президенты, но получали тот же категорический ответ «нет».

Ожидалось, что ФДР сам объявит о своём решении—идти на выборы или не идти, а если идти, то с кем. Но ФДР играл в свою привычную игру—держать всех в напряжении и не говорил ни «да» ни «нет» до самой последней секунды.

## ЯНВАРЬ–АПРЕЛЬ 1944

Первая известная встреча членов «комитета против Уоллеса» с ФДР состоялась в начале 1944 года. В «комитет» входили очень влиятельные люди партии. Все они были или друзьями ФДР, или его очень большими друзьями, все были абсолютно лояльны Президенту.

Влияние членов «комитета» определялась близостью к Президенту. По этому критерию главным был Эдвард Джозеф Флинн, политический босс, организатор и руководитель главной политической машины Демпартии в стране, в городе Нью-Йорк. Флинн ничем не походил на классического ирландского политического босса крупного города. Он не выглядел типичным вышибалой из ирландского паба, никоим образом не был связан с полулегальным или нелегальным бизнесом, всегда был тщательно и дорого одет, прекрасно образован—закончил один из самых престижных юридических факультетов и успешно работал юристом, занимал ряд высоких выборных должностей в городе и штате Нью-Йорк; при этом он категорически отказывался от любых высоких назначений в Администрации ФДР. Именно Флинн сыграл решающую роль в выигрыше тяжелейшей для ФДР президентской кампании 1940 года, и именно Флинн видел в вице-президенте Уоллесе основную угрозу для кампании 1944 года.

Январское обсуждение проходило в очень осторожных тонах. Среди возможных кандидатов называли Бирнса, Баркли, лидера Конгресса Сэма Рейберна, посла Вайнанта, сенатора Минтона, члена Верховного Суда Дугласа.

Один из членов «комитета»—Роберт Ханнеган был большим поклонником Трумэна (они были земляками), только благодаря его усилиям Трумэн был буквально в последнюю минуту переизбран сенатором в 1940 году, но он ещё в большей степени уважал Бирнса и считал его кандидатуру более предпочтительной. Поэтому имя Трумэна на январском обсуждении даже не называли. В очередной раз все надеялись, что ФДР сам назовёт имя…, и в очередной раз это не произошло.

Когда примерно в то же время журналисты спросили мнение Трумэна о лучшем кандидате на пост вице-президента, то он назвал Сэма Рейберна.

К весне «общее» мнение политической верхушки партии было на стороне Бирнса, хотя во всех опросах населения на первом месте был действующий вице-президент Уоллес. По воспоминаниям Гарри Хопкинса, человека самого близкого к ФДР, возвращаясь в самолёте с Тегеранской конференции, он спросил ФДР, кто будет лучшей заменой Президенту, если вдруг с самолётом что-то случится, и они погибнут. «Джим Бирнс»,—немедленно ответил Рузвельт.

## ЛЕТО (НАЧАЛО) 1944

К лету тема и проблема выбора вице-президента стали гораздо более актуальными.

Состояние здоровья Франклина Рузвельта заметно ухудшилось. Это уже видели не только люди, близко общавшиеся с ним, но и гораздо более широкий круг лиц, вовлечённых в политическую жизнь страны.

В апреле он пережил то, что назвали «перенесённой на ногах пневмонией». Срочный отдых в доме Бернарда Баруха в Кандэм, Южная Каролина, задуманный на две недели, растянулся на месяц. После возвращения ФДР в Белый Дом его вид настолько напугал Флинна, что он убеждал Элеанор Рузвельт отговорить мужа от переизбрания. «Я чувствовал, что он не переживёт ещё один срок»,—писал Флинн в своих воспоминаниях.

До того общие теоретические «антиуоллесные» настроения приобрели «материальную» основу: членам «комитета» стало совершенно ясно, что в случае победы демократов на национальных выборах вице-президент, скорее всего, достаточно быстро станет президентом. *И никто не видел и не хотел видеть во время войны в этой роли крайнего либерала, «витающего в облаках» Генри Уоллеса.*

В те летние месяцы только несколько человек знали, что ФДР уже длительное время находится под ежедневным наблюдением кардиолога, который после тщательного осмотра «пациента» в марте 1944 года дал ему не более одного года жизни, но в число этих «нескольких» человек не входил никто из «комитета».

В мае ФДР отослал Уоллеса в Китай с дипломатической миссией, и многие восприняли это как знак будущей отставки. В июне, в дни высадки в Нормандии, Ханнеган в кабинете Бирнса в Белом доме в течение нескольких часов убеждал последнего согласиться на роль кандидата в вице-президенты. По словам Ханнегана, ФДР ещё в 1940 году предпочитал Бирнса в этой роли. Через несколько часов Па Уотсон позвонил Бирнсу и подтвердил всё сказанное Ханнеганом.

27 июня Ханнеган объяснил Президенту причины, по которым Уоллес должен уйти, и сказал, что если Президент согласен на кандидатуру Бирнса, то всё остальное будет «делом техники» при подготовке к съезду. «Это меня устраивает. Он был моим кандидатом четыре года назад, но его религиозные проблемы спутали все карты»,— сказал Рузвельт. «На этот раз проблем с религией не будет. Я сам католик, и я уверен, что проблем не будет»,— пообещал Ханнеган, который в это время стал председателем Национального комитета Демократической партии.

Через несколько дней ФДР пригласил Бирнса на свою «дачу» в Мэрилэнде для выработки стратегии съезда. Вернувшись через три дня, Бирнс в один и тот же день оставил два различных свидетельства. В своём дневнике он написал: «…Я пришёл к выводу, что он (ФДР) искренен в своём решении взять меня своим заместителем». А через несколько часов он сказал одному из своих близких сотрудников: «Давайте не будем слишком возбуждаться по поводу этих разговоров о вице-президентстве. Я знаю этого человека (ФДР) лучше, чем кто-либо ещё».

В эти же дни несколько приближённых к Президенту людей, одновременно оказавшись в кабинете Рузвельта, спросили его мнение о Трумэне. «Я мало знаком с ним. И, кстати, на вице-президента может подойти Генри Кайзер (знаменитый промышленник, строивший корабли серии „Либерти“ во время войны). Надо бы собрать о нём информацию».

В самые последние дни июня стали известны результаты опроса избранных, то есть, высокопоставленных членов Демократической партии по всем штатам. Вопросом, который интересовал ФДР, был вопрос о поддержке Уоллеса. Достаточно неожиданно выяснилось, что противодействие его переизбранию оказалось существенно сильнее ожидаемого. В то время руководство Демпартии и сам Президент считали, что Демократической партии предстоят очень тяжёлые выборы и что шансы ФДР были в лучшем случае «фифти-фифти». Включение Уоллеса в избирательный бюллетень, по мнению Флинна, гарантировало бы потерю Нью-Йорка, Пенсильвании, Нью-Джерси и, возможно, Калифорнии.

Через несколько дней после получения результатов опроса Флинн и ФДР в кабинете Президента обсуждали, «кто из кандидатов в вице-президенты меньше других повредит шансам ФДР на переизбрание». Флинн на этот раз посоветовал составить что-то вроде официального письменного списка кандидатов. Первым, естественно, рассматривалась кандидатура Бирнса. Когда против фамилии Бирнса поставили достаточно знаков «плюс», перешли к «минусам». А минусов набралось много. Бирнс, рождённый католиком, после женитьбы перешёл в епископальную церковь, что очень плохо выглядело в глазах католиков. Профсоюзы невзлюбили Бирнса после его резкого несогласия с забастовками рабочих в военное время. Но хуже всего были его южное происхождение и известные высказывания ещё в 1930-е годы по поводу прав афроамериканцев, которых в то время называли неграми. Особенно навредило ему выступление в Сенате в 1938 году, когда он сказал вещи совершенно крамольные даже по тем вегетарианским временам:

*«Негры не только стали членами Демократической партии, но захватили контроль над Демократической партией».*

Кандидатура Бирнса уже не казалась столь очевидной.

Сам Бирнс на вопрос Флинна о его мнении о достойных кандидатах на пост вице-президента назвал Трумэна, Рейберна и Кайзера. Рейберн, как многолетний лидер Конгресса и крайне уважаемый политик, был бы идеальным кандидатом… если бы не его происхождение из Техаса, ещё одного южного штата. Так один за одним отсеивались известные политики или малоизвестные широкому избирателю достойные люди вроде Генри Кайзера. Когда весь список кандидатов подошёл к концу, то оказалось, что только у Трумэна нет реальных отрицательных сторон, способных оттолкнуть избирателя.

Флинн писал:

*«Его работа в сенатском комитете… была исключительно плодотворна, его отношения с профсоюзами и голосование в Сенате по проблемам взаимоотношений с рабочим классом были достаточно хороши; при желании можно было даже сказать, что он представляет консервативное крыло в партии, он выходец из „пограничного“ штата и он никогда не высказывался по поводу расовых проблем. Биллиардный шар с именем Трумэн сам упал в лузу».*

Флинн ушёл из кабинета ФДР в твёрдой уверенности, что Президент согласен, что Трумэн принесёт меньше вреда на выборах, чем любой другой. Твёрдая уверенность, возможно, является некоторым преувеличением, но во всяком случае у Флинна сложилось именно такое впечатление.

В первые дни июля ФДР попросил ещё одного своего близкого друга—Анну Розенберг, регионального директора военного Мобилизационного комитета, офис которой также находился в Белом Доме и которая регулярно «подбрасывала» Президенту деликатесы с чёрного рынка или различную вкуснятину, приготовленную её матерью—дружески поговорить с Бирнсом и дать ему понять, что он не будет кандидатом в вице-президенты. Розенберг, которая была самого высокого мнения о Бирнсе, категорически отказалась и сказала, что у Президента нет другого выбора, кроме как самому объявить об этом Бирнсу. Насколько известно, ФДР так никогда этого и не сделал.

В те июльские дни многие интересовались позицией Трумэна и его шансами. Всем интересующимся он отвечал одинаково: «Нет, никогда» и, по словам сенатора Хелма, «по его лицу было видно, что он совершенно искренен».

Вашингтон—город, живущий слухами и сплетнями. Вопрос о кандидате в вице-президенты был очень «модным» в кабинетах и офисах конгрессменов и сенаторов. Общее мнение к 10 июля было в пользу Уоллеса, но «Президент хочет иметь 3–4 запасных кандидатуры на всякий случай, если съезд не согласится с кандидатурой Уоллеса». Первым «запасным» в этих слухам называли Баркли.

9 июля сенатор Трумэн слишком резко выступил против Администрации на очередном заседании своего комитета, и по «мнению» Вашингтона окончательно подорвал свои шансы.

У Трумэна как у человека покладистого и ненавидящего наживать врагов, естественно было много друзей. Макс Ловенталь, высокопоставленный правительственный чиновник и одновременно друг как Президента, так и Трумэна, убеждал Трумэна активно побороться за пост вице-президента. Но в письмах Ловенталю и своей дочери Маргарет Трумэн ясно и чётко объяснил две причины, по которым он не хотел стать вторым человеком в государстве.

«Жена не хочет, чтобы я ввязывался в это дело»,—писал он Ловенталю. И надо знать Трумэна, чтобы понять, насколько это было важно для него. В письме дочери он писал: «Удивительно, как много людей отдадут всё, чтобы оказаться на месте человека с такими шансами, и насколько это не важно для меня…». И затем, отвечая своим мыслям о возможной смерти ФДР, он пишет в том же письме: «Пенсильвания 1600 — замечательный адрес для дома, но я не хочу попасть в него через чёрный ход, а учитывая мой возраст — и через парадный».

## 10–18 ИЮЛЯ 1944 Г.

Уоллес прилетел из Китая 10 июля, смертельно уставший после 51-дневного путешествия, налетав и наездив в общей сложности более 42 тысяч километров. Уже через несколько часов он был в кабинете Президента. После обсуждения китайского вопроса и доклада Уоллеса о поездке ФДР заговорил о делах более насущных. Он сказал, что Уоллес по-прежнему является его выбором в качестве вице-президента, но по мнению некоторых (имя Флинна не было названо) имя Уоллеса в бюллетенях принесёт потерю 2–3 миллионов голосов. Уоллес отнёсся к словам ФДР очень спокойно и сказал, что если Президент найдёт кого-либо, кто даст больше шансов на его переизбрание, то он советует без всяких сомнений взять в вице-президенты этого человека.

11 июля Рузвельт объявил стране, что он идёт на переизбрание. В этот же день за ланчем Хопкинс спросил его о выборе вице-президента. «Кто может стать лучшим президентом: Бирнс или Дуглас?» «Бирнс, никто не знает больше него о том, как работает государство», — ответил Рузвельт. «Кого выберет съезд, если всё пустить на самотёк?», — спросил Хопкинс. «Бирнса», — сказал Рузвельт.

В тот же день вечером в кабинете ФДР собрался «антиуоллесный комитет» в полном составе: Флинн, Ханнеган, Уолкер, Аллен, Поли и примкнувший к ним «реалполитик» — мэр Чикаго Эд Келли. Все участники почему-то были уверены, что «высокое» совещание раз и навсегда решит вопрос о будущем вице-президенте.

Было очень жарко и душно, Белый Дом не имел системы кондиционирования воздуха, все участники сняли пиджаки и расстегнули рубашки. Кандидатуры Бирнса и Рейберна были быстро отвергнуты. Впервые серьёзно обсудили кандидатуру Баркли и тоже отвергли — по мнению ФДР он был слишком стар. (Съезд Республиканской партии только что закончился, и кандидатом в президенты был выбран 42-летний губернатор штата Нью-Йорк Томас Дьюи: возраст кандидата приобретал особое значение). Совершенно неожиданно для всех ФДР предложил кандидатуру Уильяма Дугласа, назначенного в 1939 году Президентом в Верховный Суд, известного либерала, молодого и жизнерадостного, что, по мнению ФДР, должно было понравиться избирателям. Кроме того — и это было известно членам «комитета» — Дуглас был постоянным партнёром Президента в карточной игре. Предложение ФДР не нашло поддержки ни у кого: по мнению «комитета», Дуглас был не менее либерален, чем Уоллес.

После Дугласа стали обсуждать кандидатуру Трумэна. ФДР слушал вполуха, и, когда спросили его мнение, сказал только, что Трумэн исключительно полезен на своём посту председателя комитета в Сенате. Что касается связи Трумэна с Пендергастом, то «комитет» решил, что это уже не имеет значения (Пендергаст вышел из тюрьмы в 1939 году тяжело больным и уже не имел какого-либо политического влияния), но зато «Трумэн лоялен к Администрации, компетентен, деловит и „мудр как политик“. Неожиданно ФДР засомневался, не слишком ли стар Трумэн: „Ему уже, наверно, за 60?“» Только Ханнеган знал, что Трумэну ровно 60, но решил промолчать. Тем не менее, ФДР послал за *Congressional Directory*, чтобы узнать точный возраст Трумэна. Пока же разговор продолжался, а когда принесли *Congressional Directory*, то ФДР уже забыл о вопросе, и ситуацию постарались замять.

Все члены комитета запомнили прежде всего физическое состояние Рузвельта в этот душный вечер. Он выглядел очень уставшим и без присущей ему энергии и заинтересованности. Фрэнк Уолкер писал, что никогда не видел Президента настолько отстранённым от обсуждения важного вопроса, «что он дал другим людям принимать решение».

(Этому, безусловно, были причины. С 6 июня по 11 июля среди множества других произошли следующие события, требующие самого пристального внимания Президента США:
  * Высадка в Нормандии и начало операции по освобождению Франции;
  * Первый обстрел Лондона немецкими Фау-1;
  * Крайне неудачная операция по освобождению острова Saipan в Тихом океане, приведшая к большим потерям и к пересмотру всей стратегии войны с Японией).

В конце долгого обсуждения ФДР повернулся к Ханнегану и сказал: «Боб, я вижу ты, да и все остальные, хотят Трумэна».

Рузвельт НЕ сказал, хочет ли он сам Трумэна, но сразу же после слов Президента Эд Поли объявил о конце совещания, и все вышли из кабинета, не дав возможности ФДР сказать что-либо ещё. Впрочем, Ханнеган решил вернуться и получить письменное подтверждение. Он его получил…—на чьём-то использованном конверте Рузвельт написал: «Боб, я думаю, Трумэн правильный выбор, ФДР». Эту фразу трудно перевести «правильно», я дам её в оригинальном виде: «Bob, I think Truman is the right man, FDR».

Неопределённость этой фразы стала очевидной очень скоро. Джордж Аллен, один из присутствующих, сразу же записал в своём дневнике: «Рузвельт по-прежнему свободен принять любое решение». Ещё одну запись оставил 12 июля Харольд Айкс, министр внутренних дел. Говоря о том, что в разговоре с Президентом в этот день почти ничего не было сказано о Трумэне, он пишет: «Я понимаю, что он (ФДР) чувствует примерно то же, что и я: Трумэн может и пройти, но, скорее всего, Дьюи воспользуется случаем и разыграет карту его (Трумэна) коррумпированных отношений с „политическим боссом“ (Пендергастом). Тем более, что весь политический рост Дьюи был как раз связан с борьбой против „политических боссов“».

Но настоящая политическая карусель началась 12 июля, когда состоялась крайне важная встреча, о которой мы знаем только со слов Ханнегана. По его словам, *по поручению Президента* он навестил Уоллеса в его вашингтонской квартире и объяснил, что его имя на выборах будет означать поражение ФДР и попросил снять свою кандидатуру. Уоллес, по словам Ханнегана, признал справедливость требования, но сказал, что не сделает это пока сам ФДР, как он понимает, предпочитает именно его.

13 июля Президент и вице-президент обедали вместе. Рузвельт рассказал Уоллесу—без особых подробностей—о совещании 11 июля и о том, что для некоторых профессиональных политиков «Трумэн—единственный, у кого нет врагов и кто может улучшить шансы партии на выборах». Уоллес показал Рузвельту последние результаты национального опроса избирателей-демократов. Согласно опросу Гэллапа, 65% демократов будут голосовать за Уоллеса, 3% за Бирнса и 2% за Трумэна. При этом у Баркли оказалось 17%.

В знак особой поддержки Уоллеса ФДР сказал ему о своём намерении написать письмо сенатору Джексону, председателю съезда Демократической партии, о том, что если бы он был делегатом, то проголосовал бы за Уоллеса. «Есть ли у вас альтернативное имя?», — спросил Уоллес. «Нет», — ответил Президент. Провожая Уоллеса после обеда, Рузвельт крепко пожал ему руку и сказал: «Я, к сожалению, не могу сказать это публично, но надеюсь на старую компанию после выборов».

А за *несколько часов* до встречи Рузвельта и Уоллеса состоялась ещё одна интересная встреча — Рузвельта и Бирнса.

Естественно, они не могли обойти вопрос о кандидатуре вице-президента. Рузвельт сказал, что, по его мнению, Уоллес не сможет получить большинство голосов на съезде, но он все равно поддержит его кандидатуру. Бирнс с некоторым удивлением объяснил, что он вообще-то никогда не задумывался о вице-президентстве и не предпринимал каких-либо шагов, пока Ханнеган не сказал, что именно он, Бирнс, по мнению Президента, является первым в списке претендентов. После этого опять возник вопрос об отношении негритянской общины к Бирнсу. Бирнс показал на примере массовой истерии в поддержку демократов во время предвыборной агитационной поездки Элеаноры Рузвельт по южным штатам, что он, Бирнс, никак не изменит настроения негров во время выборов. На это Рузвельт сказал, что Бирнс, конечно, прав, после чего Бирнс сделал интересное политическое заявление:

*«Господин Президент, в последние недели всё, что я слышу вокруг, особенно вокруг Белого дома, это „негр“. Мне интересно узнать, думает ли кто-либо вокруг о белых людях. Вы когда-нибудь задумывались, кто реально мог бы сделать больше для „негра“? Это серьёзная проблема, но она должна быть решена белыми людьми на Юге».*

В завершение разговора Рузвельт сказал, что он хочет «открытый» съезд (т.е. честное и непредвзятое голосование делегатов без всякого давления со стороны партийной верхушки). Бирнс понял это заявление в том смысле, что Президент поддерживает его кандидатуру — тем более, что в конце разговора Рузвельт сказал: «Ты наиболее квалифицированный кандидат из всех имеющихся и не должен „выйти из гонки“. Если ты останешься, то наверняка выиграешь».

На следующий день, 14 июля, Бирнс обедал в другой компании — с Ханнеганом и Уолкером — и вкратце пересказал разговор с Рузвельтом. Ханнеган был совершенно обескуражен: «Я не понимаю его». Точно так же не понимал Рузвельта и Бирнс, и поэтому он решил немедленно вернуться в Белый дом, связаться с Рузвельтом и раз и навсегда решить для себя все возникшие вопросы. Сам Бирнс был на заре своей карьеры хорошим стенографистом, поэтому решил записать свой телефонный разговор (ФДР был в своём доме в Гайд-Парке) с Президентом дословно.

> *Бирнс:* Боб Ханнеган и Фрэнк Уолкер сегодня официально уведомили меня, что если на съезде встанет вопрос о вашем мнении, то они будут обязаны сказать своим друзьям, что из вашего заявления они пришли к выводу, что вы не предпочитаете Уоллеса, а предпочитаете Трумэна номером один и Дугласа номером два и что любой из них предпочтительнее меня, потому что они принесут меньше потерь голосов, чем я.
>
> *Рузвельт:* Джим, это всё не так. Это не то, что я им сказал. Это то, что они говорили мне. Когда мы прошли весь список до конца, я не сказал, что я предпочитаю кого-либо или что кто-либо принесёт мне меньше голосов, но они решили, что с Трумэном я потеряю меньше голосов, чем с любым другим и, возможно, с Дугласом я тоже не потеряю много. Это было их решение после совещания, и я не имел ничего общего с этим решением.

Бирнс решил, что пришло время понять, кого же действительно хочет Рузвельт, и в продолжение разговора он сказал, что если Ханнеган и его друзья на какой-то стадии предвыборной компании заявят, что Президент предпочитает Трумэна и Дугласа ему, Бирнсу, то это обессмыслит всю его борьбу за выдвижение кандидатом. Рузвельт ответил в своей манере: «Они спросили, против ли я Трумэна и Дугласа. Я ответил нет. Это совсем не то, что означает слово „предпочитал“. Это не выражение предпочтения, потому что, как я уже говорил тебе, у меня нет предпочтения». Дальше Рузвельт спросил, остаётся ли Бирнс «в гонке». Бирнс сказал, что он подумает, но хочет знать мнение Президента. На что ФДР ответил: «Джим, ты ведь знаешь, ты близок мне персонально. И Генри (Уоллес) близок мне. Я практически не знаю Трумэна. Дуглас мой партнёр по покеру. Он очень хорош в покере и рассказывает интересные истории».

Так и не получив ясного ответа, Бирнс сразу после телефонного разговора направился в кабинет Хопкинса и повторил ему этот разговор с Президентом. Считалось, и считалось заслуженно, что никто лучше Хопкинса не понимает Рузвельта. В конце концов, никто не проводил с ним больше времени наедине, особенно в последние годы. Хопкинс сказал Бирнсу, что он тоже, как Рузвельт, думает, что если Бирнс согласится на выставление своей кандидатуры на съезде, то он победит.

Бирнс действительно «знал лучше других, как работает государство», и поэтому сразу после визита к Хопкинсу он позвонил Трумэну.

Трумэн по пути на съезд в Чикаго был на коротких каникулах почти у себя дома, в Канзас-Сити. Бирнс спросил, был ли Трумэн искренен, когда говорил журналистам, что не хочет и не ищет номинации на пост вице-президента. «Да,— ответил Трумэн,— конечно. Я не кандидат». Бирнс сказал, что только что получил от Президента «добро» на выдвижение и очень бы хотел, чтобы официальную речь на съезде — речь, в которой будет объявлена кандидатура вице-президента,— произнёс Трумэн. Трумэн мгновенно согласился и добавил, что он сделает всё возможное, чтобы делегация Миссури проголосовала за Бирнса. Очевидно, что Трумэн был информирован, скорее всего, Ханнеганом о том, что Президент предпочитает Бирнса, и, очевидно, сам Трумэн считал Бирнса лучшим кандидатом — только этим можно объяснить его мгновенное согласие.

По воспоминаниям Трумэна, как только разговор с Бирнсом закончился, телефон зазвонил опять. На проводе был Баркли, который попросил Трумэна… выступить на съезде с речью, выдвигающей его, Албина Баркли, в кандидаты на пост вице-президента. «Поздно,— сказал Трумэн,— я только что согласился выдвинуть Бирнса».

15 июля, за четыре дня до начала работы съезда, Трумэн появился в Чикаго. Трумэн, как и практически все остальные делегаты, не знал, что в этот же день в Чикаго приехал ещё один важный человек — сам Президент Рузвельт. Специальный поезд со специальным бронированным вагоном, который вёз ФДР из Нью-Йорка в Сан-Диего, откуда он должен был лететь на Гавайи для встречи с генералом МакАртуром, сделал «незапланированную» остановку в Чикаго. Из поезда никому не было разрешено

выйти, а в вагон ФДР был приглашён один единственный человек для конфиденциального получасового разговора.

Этим человеком был Ханнеган. Мало что известно о результатах разговора за исключением двух фактов, которые стали в своё время большой новостью на съезде и среди людей, тесно вовлечённых в его результаты.

Во-первых, на ком бы ни остановилось руководство Демпартии в качестве кандидата на вице-президента, он, по требованию ФДР, «должен пройти проверку и получить утверждение у Сидни».

Во-вторых, Ханнеган на этот раз получил от Президента официальное письмо на официальном президентском бланке, датированное 19 июля, четырьмя днями позднее:

*«Дорогой Боб, ты писал мне о Гарри Трумэне и Билле Дугласе. Я должен, само собой, быть очень рад идти на выборы с любым из них и думаю, что любой из них добавит реальную силу нашей компании».*

Письмо было подписано: *«Искренне твой, Франклин Рузвельт».*

По первому и по второму «факту» необходимы некоторые разъяснения.

Кто такой был Сидни? Сидни Хиллман, литовский еврей, внук знаменитого раввина, к 13 годам знавший наизусть практически весь Талмуд, почти закончивший престижную ешиву, активный бундовец, меньшевик (мартовец) в СДРП, эмигрировавший в Америку (через Англию) в 1907 после еврейских погромов в России, организатор и вдохновитель профсоюзного движения среди еврейских рабочих «лёгкой промышленности» Нью-Йорка, последовательно руководитель крупнейших американских профсоюзов, руководитель всего рабочего движения страны, Председатель американской Рабочей партии (с немалым числом членов), представитель рабочего класса в многочисленных советах и комитетах при Администрации Рузвельта, очень важный поставщик голосов и денег для Демократической партии, активнейший помощник ФДР во всех его политических и выборных программах. О его роли в выборе Трумэна мы скажем в своё время.

По поводу письма ФДР существует множество слухов и различные мнения «свидетелей», но ничего неизвестно наверняка. Непонятно, кто и когда написал письмо—ФДР в своём вагоне или

Ханнеган уже пришёл с готовым. Не очень понятна дата — на четыре дня позже остановки в Чикаго. Но ещё больше запутана история с порядком имён: чьё имя — Трумэна или Дугласа — стояло первым в оригинале письма? Поскольку известно, что по какой-то причине письмо срочно перепечатала секретарь ФДР уже в вагоне, то самым логичным ответом мог быть «неправильный» порядок имён. Из нескольких человек, которые могли знать подробности, некоторые утверждают, что в оригинале первым было имя Дугласа, другие — категорически с этим не согласны.

Если до этого момента ещё просматривалась какая-то логика в поведении «комитета» и Ханнегана как одного из его лидеров, то дальше начались настоящие чудеса. До сих пор не понятно, играл ли Ханнеган по собственным нотам или исполнял партию, написанную Рузвельтом. Во всяком случае многое в его исполнении выглядит импровизацией, основанной, конечно, на изумительном политическом чутьё ситуации.

Итак, сначала, ещё до встречи ФДР и Ханнегана, Эд Келли позвонил Бирнсу в Вашингтон и сказал, что руководство партии уже не считает, что Бирнс отрицательно повлияет на голоса негров и что именно это Ханнеган доведёт до сведения Президента во время чикагского визита. Затем, уже после визита, сам Ханнеган позвонил Бирнсу и сказал, что «вопрос вице-президентства решён в пользу Бирнса… Президент дал нам зелёный свет и он хочет, чтобы вы немедленно прибыли в Чикаго».

Бирнс немедленно выехал в Чикаго и в поезде сказал одному из своих друзей, что «выдвинут наверняка его», что сам Рузвельт передал решение об этом руководству партии и что «Трумэн выступит с речью и выдвинет мою кандидатуру на пост вице-президента».

Бирнс приехал в Чикаго утром 16 июля. На вокзале его ждал официальный лимузин мэра Чикаго, который и отвёз Бирнса на квартиру мэра, где его ждали Эд Келли и Ханнеган. Ханнеган, не откладывая главное на потом, сразу же передал гостю слова Рузвельта: «Ты знаешь, Джим был моим первым выбором с первого дня. Вперёд, и выдвинь его». После этого Келли позвонил Баркли и сказал, что вопрос решён в пользу Бирнса. В оставшееся до обеда время Ханнеган и Бирнс обсуждали стратегию проведения съезда и даже согласовали совместный предвыборный плакат «Рузвельт и Бирнс».

О письме ФДР в этот день так никто и не узнал; Ханнеган после утверждал, что он не знал, как «партия» отнесётся к имени Дугласа в письме. Совершенно определённо, что о письме не знал Трумэн, который весь день с перерывами на гостей писал речь о выдвижении Бирнса. По «иронии судьбы» Бирнс поселился в той же гостинице, что и Трумэн.

Несколько слов о гостях Трумэна в этот и последующие дни. Их было много, и все оставили свидетельства. Среди них были два известных журналиста — старые знакомые по Миссури, жена, дочь, родной брат Вивиан и тройка-пятёрка близких друзей, которых Трумэн вызвал из Канзас-Сити и Индепенденса, родного города Трумэна. По воспоминаниям лиц, посетивших Трумэна в эти дни, все понимали, что дни Рузвельта сочтены и что на съезде фактически речь будет идти о выборе будущего президента. Но именно это и было главным отрицательным аргументом для Трумэна. «Те, кто занимал место умершего Президента, были осмеяны на их новом месте, их сердца были разбиты, они потеряли весь свой прежде заработанный престиж. Я не хочу, чтобы это случилось со мной».

Говорил ли Трумэн то, что думал? Мы никогда не узнаем наверняка, но, по мнению его жены, дочери, брата и десятка близких друзей он действительно НЕ хотел стать вице-президентом, но, по крайней мере, по мнению 3-х –4-х действительно близких к нему людей из этого списка, его внутреннее решение было связано не с тем, что он не хотел быть вице-президентом вообще, а что конкретно он не хотел им стать у Франклина Рузвельта.

Но вернёмся к нашему календарю. 17 июля произошло событие, подобное взрыву бомбы на многолюдной площади. Председатель съезда сенатор Джексон объявил о письме ФДР, в котором он поддерживал кандидатуру Уоллеса! Копия письма, написанная Президентом ещё в пятницу, 14 июля — в тот самый день, когда он по телефону убедил Бирнса в своей поддержке, мгновенно разлетелась по американским газетам:

*«...он мне всегда нравился, я уважаю его, и он мой близкий друг. По этим причинам я персонально голосовал бы за него (Уоллеса), если бы я был делегатом съезда... Но я не хочу, чтобы моё письмо выглядело так, будто я диктую съезду выбор».*

Всё же надо отдать должное политическому чутью американских журналистов и политиков—письмо сразу же было понято как «поцелуй смерти» для Уоллеса, «самое холодное и грубое отношение к кому-либо за всю его (Рузвельта) политическую карьеру». Большинству стало ясно, кто в максимальном выигрыше после опубликования письма—без сомнений это был Бирнс. Но было ещё и меньшинство, и среди меньшинства были Сидни Хиллман и некоторые влиятельные сенаторы, которые видели в единственном на то время известном письме Рузвельта конкретную поддержку конкретного и очень популярного кандидата.

Ханнеган оказался в щекотливой ситуации и, возможно, в лёгкой панике, ибо сразу же стал распространять информацию о наличии ещё одного письма Президента, где поддерживается кандидатура Трумэна, но содержание которого он пока не волен раскрыть. Ему вторил Эд Келли, пообещав совершенно ошалевшим журналистам, что письмо будет оглашено «завтра».

Тем временем было создано два штаба вовлечённых в процесс лидеров Демократической партии: один официальный—в сдвоенном гостиничном номере Ханнегана, второй—в секретном для журналистов частном доме в Чикаго. В первом из них вечером 17 июля, по мнению журналистов, находился Ханнеган, и существовало мнение, что он единственный человек, который мог в любое время позвонить Рузвельту; во втором—действительно находились Ханнеган и Келли—они давали ужин в честь Бирнса. Когда после ужина все собирались уходить, Ханнеган как бы между делом сказал Бирнсу о существовании требования Рузвельта «утвердить кандидатуру у Сидни», но Бирнс отнёсся к этому как к пустой формальности. Так закончился день 17 июля. До съезда оставался ровно один день.

Пожалуй, во многом этот день, вторник 18 июля, был решающим.

Рано утром Сидни Хиллман пригласил Трумэна на завтрак. Хиллман, член Социалистической партии, лидер рабочего движения, еврей, говорящий с акцентом, выглядел в глазах Трумэна опасным радикалом. В дополнение ко всему между ними с недавних пор были плохие личные отношения: резкая критика одной из важных квазигосударственных организаций «Комитетом Трумэна» в Сенате привела к отставке Хиллмана с поста руководителя этой организации. Трумэн, скорее всего, знал и об отношении к Хиллману Ханнегана, который считал Хиллмана «любителем» в высокой политике и не очень ему доверял, несмотря на очевидную важность и близость последнего к Президенту. Очевидно, что по всем этим причинам Трумэн не ожидал какой-либо поддержки со стороны Хиллмана. Но поддержка Бирнса — это другое дело. К удивлению Трумэна, в ответ на прямой вопрос, Хиллман отказался поддержать Бирнса. Хиллман заявил, что он поддерживает Уоллеса, и если кандидатура Уоллеса по какой-то причине не пройдёт, то запасным вариантом для него будет Дуглас или Трумэн. Трумэн сказал, что он собирается выдвинуть Бирнса, на что Хиллман сказал, что это будет большой ошибкой. На этом завтрак закончился.

Трумэн посчитал своим долгом немедленно сообщить о разговоре Бирнсу. Но Бирнс не посчитал разговор заслуживающим внимания и в свою очередь сказал Трумэну, что по достоверным источникам имеет на своей стороне уже больше 400 голосов из 589, необходимых для победы.

Читатель уже забыл имя Флинна, а зря. Он сыграет в этом детективе главную роль. Флинн прилетел в Чикаго 18 июля около 10 утра. Встречавший его Ханнеган первым делом сообщил ему, что «вопрос решён, это — Бирнс». Флинн ответил, что «вопрос» не может быть решён без него и потребовал срочно собрать «комитет».

«Комитет» в полном составе немедленно собрался в секретном штабе. Один человек был включён дополнительно — Хиллман. Бирнса на заседание не пригласили. Флинн был вне себя. «Мы договорились с Президентом на только одного человека — Трумэна». Флинн «аргументировал, пугал, убеждал, матерился». Каждый имел своё мнение и возражал другим. Хиллман объявил Бирнса «не имеющим шансы на победу на выборах», по его мнению, кандидатура Бирнса означала потерю голосов 200 тысяч негров только в Нью-Йорке. С Бирнсом, по мнению Хиллмана и Флинна, Президент проиграет выборы в ноябре. Наконец, после всех споров члены «комитета» — Ханнеган как Генеральный Секретарь партии, Полли, Уолкер, Аллен как решающие члены партийного ЦК, Хиллман как представитель рабочего класса и профсоюзов, Келли как представитель городских «боссов» — пришли к соглашению.

Флинн немедленно позвонил Рузвельту в Сан-Диего, объяснил ситуацию, после чего стал по очереди передавать телефонную трубку всем присутствующим для того, чтобы они привели свои доводы. В конце концов на другой стороне телефонной линии прозвучало — на этот раз окончательно — только одно имя: Трумэн.

Дальнейшие события и их последовательность в этот день окутаны туманом. Всё сказанное ниже — наиболее правдоподобные версии.

Бирнс и Трумэн по отдельности были информированы о решении ФДР. Трумэну новость сообщил Ханнеган. Он нашёл Трумэна в номере гостиницы и сразу же показал ему «письмо» Президента. По воспоминаниям Трумэна, это был странный листок бумаги — не тот использованный конверт, который видели члены «комитета»! — на котором было написано: *«Боб, пусть будет Трумэн. ФДР». «Я до сих пор не уверен, что это было написано рукой Рузвельта и не уверен, что мою кандидатуру Рузвельт действительно предпочитал»,* — писал Трумэн через много лет.

Примерно через час Трумэн поднялся на лифте на несколько этажей и один на один встретился с Бирнсом в гостиничном номере Бирнса. Трумэн попросил освободить его от обещания поддержать кандидатуру Бирнса на пост вице-президента. Бирнс сказал, что в открывшихся новых обстоятельствах он полностью понимает Трумэна, но он ещё не принял окончательного решения и попытается немедленно связаться с Президентом. В присутствии Трумэна он попытался дозвониться до Рузвельта, но получил ответ, что «Президент не находится рядом с телефоном».

К вечеру 18 июля эта новость стала достоянием всех в Чикаго, а наутро — всей страны. Бирнс ещё вечером 18-го в официальном заявлении для прессы объявил о прекращении своей предвыборной компании, назвав в качестве причины «различие между решениями его и Президента». Тем же вечером он уехал из Чикаго. Провожающему его Баркли он сказал, что «Президент его предал» и добавил, имея в виду завтрашнюю речь Баркли, в которой он должен был выдвинуть Рузвельта на новый срок: «На твоём месте я бы не сказал о нём что-либо комплиментарное». Сам Баркли был расстроен не меньше Бирнса: он даже сказал одному из журналистов, что ФДР использует его в своей игре и что он собирается порвать к чертям подготовленную речь на съезде и покончить «со всем этим делом».

Но самая странная ситуация «во всем этом деле» была у Трумэна. Всё происшедшее было абсолютно вне его контроля, его будущее решили за него. На чаше весов было его достоинство, отношения в семье (Бесс была категорически против, а Трумэн обычно соглашался с женой) и отношения с друзьями. Мгновенно журналисты и его политические противники «вспомнили» Пендергаста и его, Трумэна, прежнюю «политическую» дружбу с коррумпированным боссом. Своему старому другу Чарльзу Россу, который находился в дни съезда в Чикаго как редактор главной газеты Сент-Луиса, он сказал: «Пожалей меня, я попал в мясорубку».

### 19–21 ИЮЛЯ

Национальный съезд Демократической партии открылся в полдень 19 июля, но всё утро продолжалась политическая лихорадка среди делегатов и особенно в прессе. Журналисты, высказав вслух недоверие Ханнегану, заставили последнего показать письмо Рузвельта. Но письмо совершенно не успокоило возбуждения прессы. Почему Ханнеган накануне не упомянул второго имени в письме—Дугласа? И, кстати, где Дуглас? Недоумение ещё усилилось, когда стало известно, что Дуглас в эти дни совершенно спокойно занят восхождением на горный пик в Орегоне… и понятия не имеет о своём предполагаемом возвышении на политический Олимп. Его вообще просто забыли проинформировать о письме ФДР! И ещё один вопрос, который волновал всех: почему Ханнеган сообщил о письме накануне, 18 июля, если письмо подписано 19 июлем? В общем и целом, вопросов было больше, чем ответов.

А тем временем в Чикаго появился совершенно спокойный и уверенный в своей победе Генри Уоллес. На утренней пресс-конференции в забитом до отказа зале гостиницы он сообщил, что будет бороться за победу и что «на сегодня» у него есть 400 гарантированных голосов делегатов. (В это же самое время в Чикаго проходила секретная встреча лидеров рабочих и профсоюзных движений, на которой единогласно была поддержана кандидатура Уоллеса).

Первый день съезда был посвящён организационным вопросам самого съезда, пустым политическим речевкам, рассмотрению протестов по поводу недостаточно уважительного рассаживания делегаций некоторых штатов и прочим мало кого интересующим вещам. Реальная политика делалась в номерах гостиниц.

Где-то сразу после полудня Трумэна срочно вызвали в официальную штаб-квартиру «антиуоллеского комитета», номер Ханнегана. Там он застал всё ту же компанию в полном составе плюс Фрэнка Хага, политического босса Нью-Джерси. Комитет потребовал от Трумэна «окончательного» согласия. Трумэн колебался. Тогда Ханнеган срочно позвонил Президенту в Сан-Диего.

Трумэн сидел на одной кровати, напротив на другой сидел с телефонной трубкой Ханнеган. Трумэн после писал: «Было известно, что ФДР говорит по телефону очень громко, обычно люди на другом конце линии отодвигали трубку от уха, чтобы не оглохнуть. Я отчётливо слышал весь разговор.

«Боб,—загремел Рузвельт в Сан-Диего,—ты уже заставил этого умника выполнить наше решение?»—«Нет,—ответил Ханнеган,—он самый упрямый и упёртый мул из Миссури, с которым я когда-либо имел дело».—«Понял. Тогда скажи сенатору, что если он хочет развалить Демократическую партию в середине войны, то это полностью в его силах». И Президент бросил трубку.

Позже Трумэн писал, что «его размазали по полу», что он «был ошеломлён случившимся», а по воспоминаниям присутствующих его единственной реакцией было классическое «Oh, shit!» Хотя в своих собственных воспоминаниях Трумэн пишет, что он сказал: «В этой ситуации я должен сказать „да“. Но, чёрт его побери, почему он мне сам не сказал всё это с самого начала?»

Вечером Уоллес неожиданно появился на съезде, чем вызвал бурный восторг среди делегатов. Дочь Трумэна Маргарет записала в этот вечер в своём дневнике: «Делегация Миссури решила выдвинуть отца, но вице-президент Уоллес настолько популярен, что отец вряд ли сможет выиграть. Хотя известно, что Юг настроен против Уоллеса».


20 июля стал днём историческим, днём самого легендарного хаоса на съезде, любом — и республиканском и демократическом за всю американскую историю. Хаос был создан как Богом, так и человеком. От Бога была нечеловеческая жара и влажность, которую и на улице было трудно вынести, а в забитом выше всякого предела пространстве чикагского стадиона—подавно. От человека, скорее всего—от Эдварда Келли, был нелегальный выпуск лишних 15 тысяч пригласительных гостевых билетов и их распространение среди в основном людей «правильного» уклона, то есть, поддерживающих Уоллеса, то есть, назначенных на роль «гостей» лидерами профсоюзов. Почему номинально поддерживающий Трумэна Келли тайно поддерживал Уоллеса?

Тому, конечно, была простая политическая причина. Дело в том, что Бирнсом, Уоллесом, Трумэном и Дугласом далеко не ограничивался список кандидатов на пост вице-президента. Было ещё некоторое количество так называемых «своих сыновей» — кандидатов от определённых штатов, поддерживаемых только делегатами «своего» штата или небольшой, обычно близкой географически, группой штатов. Так делегация штата Иллинойс, где расположен Чикаго, поддерживала «своего сына», иллинойского сенатора Скотта Лукаса, и Келли вёл свою собственную игру, надеясь, что прямое столкновение лбами Уоллеса и Трумэна не даст любому из них нужного количества голосов и в этой ситуации делегаты проголосуют за альтернативного Лукаса.

Итак, утром 20-го, забывший все обиды, Баркли официально выдвинул на пост Президента США Франклина Делано Рузвельта. После него с триумфально успешной речью в поддержку Рузвельта выступил Уоллес. Вице-президент декларировал неуклонное следование либеральным принципам на следующие четыре года, особо подчеркнув, что «в политическом, академическом и экономическом смысле не должно быть рас второго сорта... Будущее должно принести равные зарплаты за одинаковый труд вне зависимости от расы и пола». Делегаты и гости, страдающие от жары и необходимости изображать непрерывный восторг, что является обязательной традицией национальных съездов, были уже достаточно наэлектризованы. После короткого перерыва последовали многочисленные речи в поддержку Рузвельта, и страсти достигли предела. Стадион вмещал не более 40 тысяч, но ещё с утра он был переполнен людьми, получившими поддельные пригласительные билеты. Около 5 тысяч человек толпились на улице и коридорах стадиона, пытаясь прорваться. «Гости», места которых были на галёрке, давным-давно просочились в центр зала на территорию, отведённую только делегатам с правом голоса. Толпу охватила идея, конечно, вброшенная профсоюзными лидерами, не дожидаясь следующего дня, когда по плану должны были выдвинуть кандидатуру на пост вице-президента, выдвинуть Уоллеса сегодня, чтобы показать, что глас народа весит больше, чем закулисные игры политических боссов.

В этой ситуации Ханнеган с его потрясающей политической интуицией решил, что «до завтра можно и не дожить», и в своём номере в гостинице (она была рядом со стадионом) объявил Трумэну, что всё может решиться сегодня. Беннетт Кларк, старший сенатор от Миссури, должен был выступить с речью о выдвижении Трумэна, но никто не знал, где он. Трумэн отправился искать Кларка, а Ханнеган немедленно пошёл на заседание Конвенции. В это время зал слушал речь Президента Рузвельта, давшего согласие на выдвижение своей кандидатуры в президенты, и объяснявшего политические задачи партии на следующие четыре года. Конечно, это была радиотрансляция речи, произнесённой из вагона поезда в Сан-Диего. Но реакция зала была совершенно фантастической. Во время выступления стояла мёртвая тишина и все глаза были устремлены на тёмную и пустую сцену-подиум, как будто именно оттуда говорил Рузвельт.

Как только прозвучало последнее слово Рузвельта, зал взорвался аплодисментами, криками, свистом и прочими символами высочайшего одобрения. Но сквозь весь этот шум много-многотысячной аудитории все громче стало раздаваться и выделяться скандирование «Мы хотим Уоллеса!» Оркестр внезапно заиграл неофициальный гимн Уоллеса «Айова, Айова — страна, где кукуруза растёт…» — и значительная часть зала подхватила песню. Эд Поли в ярости пытался заставить оркестр сменить мелодию, а потом пытался вырвать провода из динамиков, но не смог сделать ни того, ни другого. Ханнеган именно в это время как раз добрался до подиума и начал спорить с Келли по поводу решения делегации Иллинойса. В ту же минуту на подиуме появился сенатор Сэм Джексон — председатель съезда.

Эта минута решила всё, включая, вполне возможно, и судьбу государства Израиль.

Потому что одновременно, но с задержкой на эту самую минуту на подиум стала прорываться организационная группа по выдвижению Уоллеса во главе с лидером делегации от Флориды Клаудио Пеппером. Сначала он пытался начать свою речь ещё со своего места в зале, но ему быстро отключили микрофон, после чего он побежал, разбрасывая стулья к подиуму, понимая, что это последний шанс произнести речь в поддержку Уоллеса.

В эту минуту одновременно происходили следующие события:

- Ханнеган побежал открывать наружные двери, чтобы впустить в зал как можно больше людей;
- Келли стал кричать в микрофон о нарушении противопожарных правил из-за превышения разрешённого количества людей в зале и требовал немедленно прекратить заседание;

- Пеппер под напряжённым вниманием зала, людей на подиуме и сотен журналистов (все понимали зачем он бежит к подиуму!) пытался прорваться сквозь толпу людей и кордоны возле подиума.

Вот как вспоминал происходящее в эту минуту Пеппер: *«Я добежал до небольшой двери в ограждении возле подиума. К моему счастью, её охранял человек, которого я знал и который был сторонником Уоллеса. Он открыл дверь и впустил меня вовнутрь. Я уже добежал до первой ступеньки, ведущей на сам подиум, когда председатель Джексон, который всё время не сводил с меня глаз, схватил микрофон и закричал: „Внесено предложение закрыть заседание. Все в зале поддерживают предложение? Все поддерживают, заседание закрыто!“ Я в это время как раз был на последней ступеньке. В зале начался крик—„Нет, нет!“».*

Дело было сделано. Позже было много обвинений в сговоре, позже эти обвинения нашли подтверждение, когда Джексон признался о договорённости накануне с Ханнеганом не допустить выдвижение Уоллеса, позже известное официальное объяснение Джексона о том, что причиной закрытия заседания было нарушение противопожарных правил, стало известной политической шуткой. Всё это было позже, а пока официальный день съезда 20 июля закончился тем, что выдвижение кандидата на пост вице-президента Соединённых Штатов Америки было перенесено, как и планировалось, на следующий, последний день съезда.

Трумэн не был свидетелем событий на съезде. Весь вечер он искал Кларка и нашёл его только около полуночи в чужом номере и вдрызг пьяного. Трумэн позвонил Ханнегану: «Я нашёл твоего человека. Он неподъёмный, и я не уверен, что смогу до завтра привести его в чувство. Я надеюсь, что не смогу».

21 июля, в пятницу съезд закрывался. Его последний день длился 9 часов и только немногим уступал предыдущему напряжением и раздорами среди делегатов. Кларка удалось привести в относительный порядок, но его речь была очень тусклой, короткой и выдвижение Трумэна не было встречено делегатами с каким-либо энтузиазмом. Выступивший вслед за Кларком деле-

гат вообще произнёс очень странную речь, сказав, что он лично не знает сенатора и не очень знаком с его достижениями, но думает, что сенатор Трумэн будет достойным лидером потому, что он демократ и хороший американец.

В свою очередь, два человека,—одним из них был Пеппер—выдвинувших кандидатуру Уоллеса, произнесли замечательные речи и имели громкую поддержку среди делегатов. «Мы не должны отрекаться от человека, который больше, чем любой другой, символизирует демократические принципы Франклина Рузвельта»,—сказал Пеппер. Казалось, кандидатура Уоллеса уверенно победит, но… «Но» заключалось в бешенной, безостановочной работе Ханнегана, Флинна, Келли и других функционеров Демократической партии среди делегаций от различных штатов, особенно—среди их лидеров. Никто из них не спал в ночь с 20 на 21 июля. Любым путём на лидеров делегаций оказывалось давление, раздавались обещания—можно только догадываться сколько должностей в новой Администрации было обещано, и ещё раз разъяснялся смысл выбора Трумэна. Фрэнк Уолкер за эту ночь лично поговорил со всеми главами делегаций штатов.

Стратегия «комитета» заключалась в том, чтобы убедить делегации штатов в первом туре голосовать за «своих сыновей»—вроде иллинойского Лукаса, чтобы не дать Уоллесу победить в первом туре. Всего в первом туре голосовали за 16 кандидатов! Зал по-прежнему был полон, но Келли дал строгое указание полиции не пропускать людей по поддельным билетам, поэтому людей Уоллеса среди гостей было «не больше нормы» и былого энтузиазма его имя не вызывало.

Первый тур голосования начался в половине пятого вечера. Уоллес получил 429 голосов против 319 у Трумэна. Остальные голоса ушли Баркли и «своим сыновьям». Результат первого тура был оглашён после шести вечера. К этому времени заседание шло без какой-либо остановки уже 7 часов, и делегаты стали требовать перерыв на обед. Здесь в очередной раз сказалось политическое чутьё Ханнегана: по его подсказке Джексон объявил о немедленном начале второго тура голосования. Идея была в том, что отказ от перерыва означал продолжение утренней сессии, а, значит, в зал не допускались гости, купившие или получившие билеты на вечернюю сессию, что, в свою очередь, не увеличивало числа сторонников Уоллеса в зале.

Во втором туре опять лидировал Уоллес, пока, как и было предсказано, Эд Флинн не обеспечил Трумэну все 74 голоса от штата Нью-Йорк (в первом туре голоса от Н-Й разделились между разными кандидатами). Трумэн впервые вышел вперёд. Однако Уоллес вскоре сократил разрыв до 5 голосов. И здесь произошла сенсация: сенатор Джон Бэнкхед, один из самых популярных «своих сыновей» на Юге, имевший в первом туре достаточно много голосов, передал Трумэну все 22 голоса штата Алабама. В зале становилось всё более шумно, многие стояли на стульях, пытаясь лучше увидеть результаты голосования. 18 голосов Южной Каролины, прежде отданные Бэнкхеду, ушли Трумэну (Юг, как писала Маргарет, был против Уоллеса). Мэн, Вайоминг и Индиана ушли к Трумэну. В зале начался бедлам. Галёрка скандировала «Мы хотим Уоллеса!». Эд Келли, находившийся среди делегатов от Иллинойса, орал на Лукаса: «Заканчивай размышлять, голосуй за Трумэна!». Во всём зале не осталось ни одного человека, который бы продолжал сидеть. Маргарет Трумэн, как на футбольной игре, громко поддерживала каждую делегацию, голосующую за отца, и освистывала голосующих против. Даже Бесс Трумэн, казалось, была увлечена подсчётом голосов. Сам Трумэн широко улыбался, вокруг него непрерывно сверкали вспышки фотокамер—около сотни фотографов столпились возле его ложи. Нужна была поддержка лишь одного большого штата—и Трумэн был бы избран. Огайо проголосовал за Трумэна, но результат оспорили и не засчитали. Наконец, сенатор Уолш от Массачусетса объявил, что делегаты изменили предыдущее решение и отдают все голоса Трумэну. Это уже дало Трумэну больше половины голосов, но только после голосования последнего штата—Иллинойса, который в конце концов отдал все свои 55 голосов Трумэну, Гарри Трумэн стал официальным кандидатом на пост вице-президента Демократической партии на национальных выборах Президента и вице-президента.

В восемь часов четырнадцать минут вечера Джексон огласил окончательные результаты: за Трумэна было 1031 делегатов, за Уоллеса—105, за Дугласа—4.

Речь Трумэна, давшего согласие на выдвижение своей кандидатуры, была одной из самых коротких в американской истории: она длилась меньше четырёх минут. После обычных слов благодарности он надолго замолчал, потом слегка отступил из лучей прожекторов и сказал: «А сейчас дайте мне шанс».

## ЗАКЛЮЧЕНИЕ

События, определившие судьбу сенатора Гарри Трумэна, произошли более 80 лет назад. Этот воистину исторический выбор был результатом политической драмы, замешанной на амбициях и характерах участвовавших в ней людей, неопределённостях политического момента, в том числе на ошибочной оценке силы Республиканской партии на предстоящих выборах, на идущей тяжёлой войне на два фронта, на понимании важности выбора по существу следующего Президента, на не самом понятном или даже этически оправданном капризном поведении действующего Президента. В любую минуту могли произойти события, которые привели бы к выбору другого человека. Мы не знаем и не можем предсказать как этот другой выбор повлиял бы на мировую историю. Хотя при выборе одного из «других» мы, пожалуй, можем быть более-менее конкретны. Конечно, выбор Уоллеса был бы катастрофой. Весь его послужной список в конце и после войны, всё его заигрывание с коммунистическими идеями, громкое обличение американского «империализма» и поддержка уступок Сталину (будучи официальным лицом: министром торговли в Администрации Трумэна) говорит об этом. В этом смысле борьба «комитета» против Уоллеса, безусловно, сыграла огромную историческую роль. Это стало ясно практически всем в стране очень скоро.

Незадолго до своей смерти в 1949 году Роберт Ханнеган попросил, чтобы на его могильной плите написали следующее:

*«Здесь лежит человек, который не дал Генри Уоллесу*
*стать Президентом Соединённых Штатов».*

Роль «комитета» и в общем смысле — руководства Демократической партии в выборе Трумэна наверняка не выглядела «чистой» в глазах современников, да не выглядит такой и в наших. Но надо сказать, что абсолютное большинство участников этой драмы, как это ни покажется нелепым в наше время, думали об интересах страны, партии, лидера партии и только потом — о своих. Именно в этом порядке и, конечно, в своём понимании интересов страны.

А что касается методов политической борьбы в эти 12 месяцев, то лучше всех о них сказал один из проигравших, уважаемый всеми сенатор Олбен Баркли, будущий вице-президент в Администрации Трумэна: «Я был непозволительно наивен. Я был в политике 40 лет, был участником 11 национальных съездов, но никогда не видел ничего подобного».

И самое последнее. Я не понимаю, почему в Тель-Авиве до сих пор нет проспекта Ханнегана, а в Иерусалиме — улицы Флинна.

(Для написания этой главы в основном был использован только один источник — книга «Трумэн» Дэвида МакКалоха, получившая Пулитцеровскую премию, (*Truman*, by David McCullough). Детали биографий главных действующих лиц были взяты из различных источников, включая Вики. Форма изложения, хронология событий, выбор материала за счёт резкого сокращения соответствующих глав книги, «общие рассуждения» — мои.)

# Глава четвёртая

# ЗАБЫТЫЕ ГЕРОИ И АНТИГЕРОИ 1945–1948 ГОДОВ
## В БОРЬБЕ ЗА ПРИЗНАНИЕ ГОСУДАРСТВА ИЗРАИЛЬ

*Мы должны признать факт, как бы позорно он ни выглядел, что Палестина сегодня единственное место, где 100 тысяч евреев могут найти убежище в ближайшее время.*

*Ричард Кроссман, член английской делегации в Англо-Американском Комитете по Палестине, 1946 год*

Великие несчастья в истории еврейского народа нередко приводили не только к новым формам возрождения духовной жизни, но и к новой «еврейской географии». Исход из Египта дал евреям Книгу, где были впервые формализованы принципы и обряды иудаизма, а также привёл к созданию первой еврейской государственности в Палестине [1]. Разрушение первого Храма и «Вавилонское пленение» со временем (к 6-му веку н.э.) привело не только к разработке Вавилонского Талмуда, но и возникновению еврейских общин на Среднем Востоке. Разрушение второго Храма и уничтожение до трети евреев в войнах первого-второго столетий привело к созданию раввинистического иудаизма — «государства в изгнании» [2], по определению Джеймса Кэрролла и аналогичному — «Иудаизм — государство в изгнании» Авраама Кука. И одновременно — к возникновению еврейских общин в Италии, Греции и других странах Южной Европы. Изгнание из Испании и Португалии «дало импульс росту мистицизма в Цфате» и одновременно стало дополнительной причиной образования больших еврейских общин Северной и Центральной Европы, где со временем родится «еврейское Просвещение» — Хаскала.

Хмельничина в Восточной Европе в 1648–49 годов привела к рождению хасидизма и миграции нескольких тысяч евреев в Центральную Европу и Англию [3]. Европейские погромы 1840-х и погром 1881 г в России дали резкий толчок развитию реформистского иудаизма и, по существу, создали огромную еврейскую общину в США. И наконец, в результате резкого роста европейского антисемитизма и «дела Дрейфуса» в конце 19 века возник феномен Теодора Герцля и обрела силу идея политического сионизма, которая со временем привела к созданию государства Израиль.

Трагедия Холокоста 1940-х годов стала фундаментом, на основе которого политический сионизм из идеи стал материальной силой. Во-первых, во время и сразу после войны Ишув значительно увеличил свою численность: с 1939 по 1948 год за счёт легальной и нелегальной эмиграции количество евреев в Палестине возросло примерно на 130–150 тысяч человек. Во-вторых, Ишув значительно усилил свою военную подготовку и создал пусть идеологически и религиозно разрозненную военную структуру, но, по существу, обученную армию, под некоторым гражданским контролем, во всяком случае, с 1945 года. В-третьих, после войны политическое руководство Ишува через различные международные сионистские организации приобрело значительное влияние в европейских странах и США. В-четвёртых, только после Второй мировой войны, которая привела к изменению геополитической ситуации на Ближнем Востоке, возникли определённые государственные внешнеполитические альянсы, включая редкий и краткий по времени альянс западных государств и СССР, склонные при определённых условиях помочь в осуществлении двухтысячелетней мечты евреев о возвращении в Палестину и возрождении еврейской государственности.

Но для того, чтобы создание суверенного еврейского государства в мае 1948 года действительно произошло, должно было совпасть множество условий, должны были произойти многочисленные целенаправленные политические действия облечённых властью людей. Эти люди обычно принимали свои просионистские решения и предпринимали определённые действия в условиях недостаточной и часто противоречивой информации, всегда в условиях резкого противодействия со стороны слишком многих других облечённых властью людей. Тех, которые понимали государственные интересы своих стран в том, чтобы проводить внешнюю политику ни при каких условиях не допускающую создание еврейского государства на территории Палестины.

В борьбе «за» и «против» создания и признания Израиля сошлись не только государственные интересы, человеческие качества и личные амбиции лидеров Великобритании, США, арабских стран, СССР, но также весьма противоречивые отношения к этому вопросу многочисленных еврейских организаций западных стран и Ишува—уже существующего еврейского квазигосударства в Палестине. Их противоречия и борьба, *как это выглядело с американской стороны*, и является темой этой главы.

Известно, что Президент Трумэн объявил о признании государства Израиль уже через 11 минут после провозглашения независимости. Обстоятельства, которые 14 мая 1948 года привели американского Президента к этому решению, обсуждались в статьях и книгах бесчисленного количества американских историков. Мне известны семь книг-биографий 33-го американского Президента, думаю, что их больше. Во всех так или иначе рассматривался вопрос признания государства Израиль, по словам дочери Трумэна Маргарет Трумэн—«самой сложной дилеммы его жизни».

Взгляд на пути решения «дилеммы» был различным, чаще всего, непримиримо противоположным и зависел от того, с какой стороны решение рассматривалась: английской, арабской, американского Госдепартамента, еврейских организаций, лидеров Ишува, американской общественности, американского Конгресса, советников Президента, Организации Объединённых Наций.

Всё немыслимое противоречие ситуации попытались осмыслить, и на мой взгляд, успешно, два американских историка, муж и жена Радош *(Allis and Ronald Radosh)*, профессора истории двух американских университетов. Их книга «A Safe Haven. Harry Truman and Founding of Israel» была издана в 2009 году. В большой степени они закрыли многолетнюю дискуссию, поскольку на огромном количестве фактического материала, в том числе, впервые введённого в историческое обсуждение, показали не только обстоятельства, но саму суть борьбы всех перечисленных сторон и мнений за мнение и поддержку одного единственного человека—Гарри Трумэна.

К сожалению, книга Радош, как и многие другие о Трумэне и о событиях 1945–1948 годов, связанных с признанием Израиля, не переведены на русский язык. Эта глава должна помочь русскоязычному читателю лучше понять события и обстоятельства борьбы вокруг признания Израиля Соединёнными Штатами Америки.

Среди большого количества источников, использованных для написания главы, надо выделить 5 главных и 4 дополнительных.

Главные:

1. *A Safe Haven. Harry Truman and Founding of Israel*, by Allis and Ronald Radosh (425 страниц)

2. *Truman*, by David McCullough, самая полная и основательная биография Трумэна, книга получила Пулитцеровскую премию (1115 страниц)

3. *FDR*, by Jean Smith, фундаментальная биография Рузвельта, обстоятельно рассматривающая его провал в помощи европейским евреям во время нацизма и перемещённым лицам после освобождения Европы; только этой узкой теме в книге посвящено несколько десятков страниц. В книге также очень подробно рассмотрен вопрос активного противодействия наводнённого арабистами и антисемитами Госдепартамента любым попыткам помощи европейским евреям во время войны

4. *Power, Faith, and Fantasy*, By Michael Oren, книга известного израильского историка, бывшего Посла Израиля в США.

5. *A History of the Jews*, by Paul Johnson, книга, давно признанная классическим историческим трудом, не нуждается в рекламе

Дополнительные:

6. *Jerusalem*, by Simon Montefiore, книга правнука «того самого» Монтефиоре, который сделал в 19 веке много хорошего для евреев Палестины.

7. *America's Great Game. The CIA Secret Arabist and the Shaping of the Modern Middle East*, by Hugh Wilford.

8. *The Arabists. The Romance of an American Elite*, by Robert Kaplan.

9. *The Secret War Against the Jews*, by J. Loftus and Mark Aarons.

* * *

События, о которых идёт речь, произошли около 80 лет назад. За это время сложилось мнение, что историческое признание государства Израиль американским Президентом Гарри Трумэном

Гарри Трумэн, Президент США
*12 апреля 1945 – 20 января 1953*

было делом обычным, предрешённым и как бы само собой разумеющимся. Но на самом деле всё было совсем не так, очень влиятельные и серьёзные силы как в Вашингтоне, так и за его пределами были категорически, бескомпромиссно против как создания, так и признания еврейского государства в Палестине. Долгие годы вплоть до послеобеденного времени 14 мая 1948 года решение о признании было подвешено на тонкой ниточке, которая могла быть перерезана в любую минуту. Человек, который вопреки ожесточённому сопротивлению своих самых важных министров и главного союзника в Европе не позволил этой ниточке быть перерезанной, будет главным героем статьи. Я покажу под каким постоянным давлением с различных сторон находился Трумэн в 1945–48 годах, как изменялось и формировалось его собственное мнение по «палестинскому вопросу» и попутно вспомню многих действующих лиц, повлиявших на решение Президента.

*Первое важное уточнение.*
В главе в основном будет показана «кухня» Администрации Трумэна во время обсуждения и принятия решений только по одному из множества вопросов, которыми занимался Президент США. Внешнеполитические события того времени, включая продолжающуюся на Тихом океане Вторую мировую войну, взаимоотношения с союзниками (кроме рассказанных в этой главе с Британией), противодействие агрессивной антизападной политике СССР, учреждение ООН, планы по восстановлению Европы, решение проблемы контроля за атомным оружием, а также множество сложнейших внутренних проблем, которые занимали *бо́льшую* часть его времени, останутся за рамками обсуждения. За пределами статьи, к сожалению, останутся очень важные внешнеполитические события в других частях Ближнего и Среднего Востока (решение союзниками «проблем» Сирии, Ливана,

Ливии, Ирана), которые, безусловно, влияли на политическую ситуацию вокруг Палестины и на решения, принимаемые Трумэном.

*Второе важное уточнение.*
В этой главе не излагается некая конспирологическая теория. Вся сложность ситуации по палестинскому вопросу была совершенно понятна современникам; борьба различных мнений велась открыто, во всяком случае — в абсолютном большинстве случаев. Роль и влияние отдельных людей и обстоятельств — очень интересный материал для исторического исследования, но именно как часть борьбы идей, идеологий, исторических традиций, религиозных и этических представлений, индивидуальных человеческих качеств, в конце концов — всего того, что было известно современникам и не составляло какой-то влияющей на события «тайны».

* * *

Критическое изменение в худшую сторону для сионистов Европы и Ишува произошло 23 мая 1939 года, когда английский Парламент грубо нарушил положения Декларации Бальфура и Мандата, выданного ООН на управление Палестиной. В этот день были утверждены в качестве официальной политики на подмандатной территории Палестины положения так называемой Белой книги Макдональда (второй «Мюнхен», по определению Черчилля), — предложения министра колоний Малькольма Макдональда правительству премьер-министра Чемберлена. Новая государственная политика Англии отменяла неограниченную иммиграцию евреев в Палестину, устанавливала квоту в 75 тысяч на следующие 5 лет, категорически отказалась от положения в Декларации Бальфура о создании в какой-либо форме

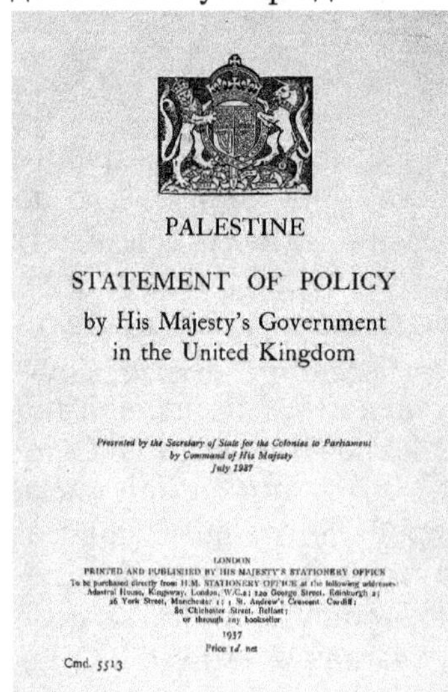

«Белая Книга» Макдональда

независимого еврейского государства (Национального очага для еврейского народа—по терминологии Декларации) на территории Палестины, связала все вопросы дальнейшей эмиграции евреев с согласием или несогласием арабов Ближнего Востока.

Вскоре началась война, в ходе которой было уничтожено две трети европейских евреев. После войны произошли значительные изменения в политической жизни Европы и наступило время для нового осмысления или, скорее, переосмысления «еврейского вопроса» для оставшихся в живых евреев Западной Европы. По праву победителя в войне и единственной страны в лагере союзников, которая сохранила и усилила свою военную, экономическую и финансовую мощь, эта, как казалось чисто европейская проблема, стала также и проблемой американской. Как стало ясно достаточно скоро, из-за откровенного саботажа Англии, в основном американской.

## ЧАСТЬ ПЕРВАЯ: 1945 ГОД

### 1

**20** января 1945 года примерно в полдень на заснеженной лужайке перед Белым домом состоялась инаугурация Президента Франклина Рузвельта (ФДР) и вице-президента Гарри Трумэна. Шла война и инаугурация прошла очень скромно и очень быстро, примерно за 15 минут.

Трумэн, сенатор от штата Миссури, стал вице-президентом в результате очень сложной политической борьбы в Демократической партии, борьбы, в которой он был не более чем пешкой [4]. Трумэн был, безусловно, очень способным человеком, невероятно трудолюбивым, хорошо ориентирующимся в коридорах власти. Он прошёл очень суровую школу жизни в совсем небогатой фермерской семье, был баптистом, прекрасно знал Библию, серьёзно изучал античную и современную историю, включая историю народа Библии [5], но был единственным Президентом XX–XXI веков не имевшим высшего образования. По мнению близко его знавших *Трумэн был человеком порядочным* в самом прямом смысле этого слова. Но весь его жизненный и политический опыт за исключением 1918 года, который он провёл во Франции в качестве артиллерийского капитана на фронте Первой мировой, был американским: сначала местным провинциальным — миссурийским, затем национальным в качестве сенатора от штата Миссури. Если коротко, он никогда никоим образом не был вовлечён во внешнюю политику своего времени.

Ничто не изменилось после 20 января. ФДР вёл внешнюю политику самостоятельно, в основном в обход официальных федеральных структур, в обход Госдепартамента, в обход Конгресса, опираясь на себя и на 5–7 близких друзей-советников «малого кабинета» **[6]**. Трумэн никогда не входил в их число. За всё время своего вице-президентства у него было ровно две короткие и ничего не значащие встречи с ФДР, он ни разу не встречался с военным министром или Госсекретарём. Трумэн не был посвящён ни во внешнеполитические планы, ни в военные секреты. Он, например, никогда не разговаривал с Черчиллем, не имел никакого представления о создании атомной бомбы, не был знаком с планами и ходом военных действий в Европе и на Тихом океане.

12 апреля, на 86 день своего вице-президентства, примерно в пять вечера, когда Трумэн находился в здании Конгресса, собираясь перекинуться партией в карты с друзьями-сенаторами, ему позвонили из Белого дома от секретаря жены ФДР Элеанор Рузвельт — с просьбой «немедленно и очень незаметно явиться в Белый Дом, резиденцию Президента». Странный тон секретаря насторожил Трумэна, но, как он позже вспоминал, он думал, что по какой-то причине его срочно вызывает Президент, который, возможно, вернулся в Вашингтон со своей «дачи» в Джорджии. В 5:25 его машина остановилась перед северным входом Белого Дома. Встречавший служитель быстро провёл его в небольшую комнату на первом этаже. Там он увидел Элеанор Рузвельт с дочерью и зятем. Элеанор встала со стула, положила руку на плечо Трумэна и тихо сказала: «Президент умер». Ошеломлённый Трумэн спросил: «Что я могу сделать для вас?» На что Элеанор Рузвельт ответила: «Это я должна спросить, что *мы* можем сделать *для вас*? Теперь вся эта ноша будет лежать на ваших плечах».

Размер этой ноши не поддаётся воображению. Как *очень незначительная её* часть перед Президентом Трумэном встал так называемый «еврейский вопрос». В рамках того времени, *весны и лета 1945 года*, самая первая постановка этого вопроса была только частью более общего вопроса — назовём его палестинским: как решить проблему «перемещённых лиц» (ПЛ) в послевоенной Европе?

2

Ещё до официального окончания войны по мере освобождения стран Европы от германской оккупации союзники начали возвращать беженцев и людей из освобождённых концлагерей на их родину. Известно, что с мая по сентябрь 1945 года военные власти Союзников вернули домой примерно 6 миллионов беженцев. Полтора миллиона или отказались возвращаться в места их прежнего обитания, или им было некуда возвращаться [7]. К первой группе относилось по разным подсчётам от 150 до 250 тысяч евреев, освобождённых американской и английской армиями из лагерей смерти. Большинство таких лагерей под военным административным управлением Союзников было на территории Германии и Австрии — в зоне действия их оккупационной администрации, более конкретно — в оккупационной зоне 3-й Армии США.

Ситуация в лагерях перемещённых лиц для евреев сложилась совершенно трагическая. Во-первых, почти все лагеря для ПЛ оставались на практике теми же концлагерями, с колючей проволокой, вышками с надзирателями, где в качестве надзирателей часто оставались те же немцы, что и раньше — их нанимали на работу теперь уже американцы. Во-вторых, евреи из Германии считались немцами и не получали продовольственный паёк или какое-либо другое питание. В третьих, иногда они продолжали жить в тех же бараках, что и интернированные или пленные немцы, часто вместе с эсэсовцами, в обстановке звериного антисемитизма [8]. Все эти факторы, добавленные к тяжелейшему состоянию заключённых до освобождения, привели к огромной смертности уже после освобождения. В лагере Берген-Бельзен с мая по июль умерло от голода и болезней (эпидемий тифа и дизентерии) 18 тысяч. В Дахау умирало до 100 человек в день.

Дополнительным отвратительным для евреев фактором был нескрываемый, злобный антисемитизм командующего 3-й Армией США, генерала Паттона, под административным управлением которого было большинство бывших лагерей смерти [9], [10].

Начиная с марта-апреля 1945 года факты о положении ПЛ-евреев стали известны американской прессе. Посыпались запро-

161

Эрл Харрисон,
глава «комиссии Харрисона»

сы в Конгресс и Администрацию Рузвельта, а затем, с апреля 1945 года—Трумэна. Генри Моргентау-младший, министр финансов, сохранивший на некоторое время свой пост после смерти ФДР и ещё по инерции важный член Администрации, предложил Трумэну создать позицию Комиссара на уровне члена Кабинета для того, чтобы, наконец, серьёзно заняться этим вопросом. Трумэн отказал, сославшись на то, что евреи не единственные, кто оказался в таком положении. Например, польская диаспора в США требовала от Администрации решения подобного вопроса—значительное количество ПЛ-поляков отказалось вернуться в зону советской оккупации. Моргентау обратился с просьбой о помощи к Джозефу Крю—временному главе Госдепартамента. Крю предложил создать комиссию по проверке фактов—и только. Условием создания комиссии было не связывать её деятельность с вопросом Палестины и сионизма.

Трумэн согласился и назначил главой комиссии Эрла Харрисона. Комиссия была официально создана 22 июня 1945 года.

46-летний Эрл Харрисон во время войны был американским Комиссаром по вопросам иммиграции в интернациональной Комиссии по этим вопросам, а в июне 1945 был деканом юридического факультета и вице-президентом Пенсильванского университета.

Небольшая группа, подобранная Харрисоном, прибыла в Европу в начале июля, где члены комиссии разделились на две подгруппы и в сумме проинспектировали около 30 лагерей. Уже 24 августа комиссия Харрисона опубликовала подробный отчёт.

В отчёте Комиссия возложила всю вину за ужасное состояние перемещённых лиц на американскую армию, причём выделила среди ПЛ евреев, как находящихся в самых тяжёлых условиях.

*«Многие евреи живут в лагерях, включая самые ужасные концлагеря, за колючей проволокой под надзором вооружённых надзирателей. Они часто не имеют какой-либо одежды, за исключением тюремных роб, выданных в немецких лагерях… Большинство из них разделены с семьями от трёх до пяти лет, и они не понимают, почему освободители не могут немедленно начать какие-либо действия по воссоединению семей… Большинство зданий совершенно не готовы к зиме».* Комиссия отметила, что евреи живут в гораздо худших условиях, чем окружающие их немцы и не могут понять причину этого. *«Всё это выглядит так, что наше отношение к ним ничем не отличается от отношения нацистов, за исключением того, что мы их не уничтожаем. У немецкого населения создано впечатление, что мы следуем политике нацистов, во всяком случае, не осуждаем её».*

В отчёте Комиссии было много конкретной критики, но для нас главное — её предложения. А они шли вразрез с первоначальным согласием ограничить работу только сбором фактов. Во-первых, совершенно однозначно Комиссия пришла к выводу о необходимости разделить подходы к ПЛ вообще и к ПЛ-евреям. Во-вторых, Комиссия и лично Харрисон рекомендовали Президенту, чтобы 100 тысячам евреев из лагерей была разрешена немедленная эмиграция в Палестину [11].

### 3

Параллельно с работой Комиссии Харрисона и задолго до её рекомендаций происходили и другие события, связанные с темой нашего повествования.

Трумэн был безумно занят подготовкой к конференции в Потсдаме, но, тем не менее, под давлением еврейских лидеров Америки попросил у различных организаций предоставить ему общие соображения о ситуации евреев в Европе и возможном решении проблемы ПЛ-евреев. На встрече с Черчиллем в Потсдаме, как он думал, может возникнуть обсуждение «палестинского вопроса» и надо быть к нему готовым. Отправляясь в Европу, Трумэн взял с собой для изучения четыре отчёта-рекомендации решения проблемы ПЛ-евреев:

1. От сенаторов и конгрессменов—это была так называемая Петиция Вагнера.
2. От американских сионистских организаций—предложение добиваться от Британии отмены Белой книги 1939 года, то есть, снятия всех ограничений на эмиграцию и всячески содействовать политическому сионизму;
3. От Американского Еврейского Конгресса влиятельной антисионистской организации—ни в коем случае не содействовать каким-либо попыткам создания еврейского государства, но способствовать эмиграции в Палестину.
4. От Госдепартамента—при возможном обсуждении с Черчиллем держаться мнения, что так как у Британии мандат Лиги Наций на управление Палестиной—это проблема Британии и только.

Все четыре документа давали Трумэну конфликтные, противоречивые рекомендации.

В чём была суть петиции Вагнера, позиции Госдепартамента и просионистских организаций Америки? Роберт Вагнер был христианином, эмигрантом из Германии, его родители в Америке никогда не поднялись выше уборщиков. Но сам он с самых ранних лет был вовлечён в Нью-Йоркскую политику на стороне Демократической партии, с 1926 был сенатором от штата Нью-Йорк, в дальнейшем переизбирался четыре раза. По своему отношению к Палестине и еврейскому вопросу он был христианином-сионистом; в своё время он станет Председателем Американского Христианско-Палестинского Комитета.

Роберт Вагнер,
сенатор от штата Нью-Йорк

Ещё в 1944 году вместе с лидером республиканской фракции в Сенате Робертом Тафтом (кстати, непримиримым политическим врагом Президента Трумэна) он стал автором резолюции Конгресса в поддержку создания еврейского государства в Палестине [12].

Вагнер и поддерживающие его американские сионистские организации,

Лой Хендерсон,
начальник ближневосточного отдела
Госдепартамента США

в первую очередь AZEC—*American Zionist Emergency Council*—два с половиной месяца убеждали членов Конгресса подписать Петицию и одновременно планировали на её основе организовать грандиозную пресс-конференцию с лидерами Конгресса от двух партий и демонстрацию в Нью-Йорке, чтобы донести ситуацию с ПЛ-евреями в Европе до широкой публики. И если с первой частью они полностью справились—Петицию подписали 54 сенатора и 250 конгрессменов, то по личной просьбе Трумэна от второй части своей цели они отказались.

Почему? К тому времени, к лету 1945 года, Трумэну стала понятна—ещё при Черчилле—проарабская политика Великобритании в Палестине. Это полностью совпадало с такой же политикой Госдепартамента, который и убедил совсем свежего Президента, ещё не имевшего своей определённой точки зрения по данному вопросу, что из-за такой «мелочи», как евреи, не надо портить отношения с главным союзником в Европе.

Проводником такой проарабской политики со стороны Госдепартамента был Лой Хендерсон, очень влиятельный руководитель ближневосточного отдела в Госдепартаменте.

Историки постепенно пришли к мнению, что Хендерсон сам по себе не был явным антисемитом или антисионистом, но был, скорее, характерным продуктом традиционной проарабской политики Госдепартамента.

Хендерсон был профессиональным дипломатом. В 1943–1945 годах—посол в Ираке, много путешествовал по Ближнему Востоку, бывал в Египте и Саудовской Аравии, очень хорошо представлял антисионистские настроения в столицах арабских стран и их решимость любым способом не допустить создания еврейского государства в Палестине. Его основными аргументами—и он их неоднократно высказывал как Госсекретарям, так и Трумэну—были следующие:

1. Палестина по экономическим, географическим и климатическим соображениям не сможет абсорбировать такое количество европейских евреев. Где их расселить? Где-нибудь в Европе. Евреи Европы не имеют никакого представления о сложности и тяжести жизни в Палестине и, совершенно очевидно, не будут там счастливы;

2. Несколько поколений американских миссионеров и дипломатов на Ближнем Востоке трудились, чтобы создать доверительные, даже дружественные отношения с лидерами и элитой арабских стран [13]. Благодаря их усилиям существуют реальные возможности для продвижения американских экономических интересов на Ближнем Востоке, для вовлечения всех мусульманских стран региона в зону политического и экономического влияния США. Усиление Ишува и, тем более, создание еврейского государства навсегда испортит важные отношения США с арабами и мусульманским миром. И не просто испортит: США станет врагом всего мусульманского мира;

3. Как реакция на просионистскую политику очень возможна остановка потока нефти в США;

4. В пропаганде за создание еврейского государства в Палестине он отчётливо видел «руку Москвы». СССР было выгодно вбить клин между США и Англией, а также самому закрепиться на Ближнем Востоке с помощью союзного с ним, как СССР предполагает, социалистического еврейского государства.

Последний аргумент в глазах Хендерсона был очень серьёзным. В 1920–30-х годах он был дипломатом в прибалтийских государствах, был женат на латышке и видел происходящее в СССР с близкого расстояния. Во времена «большого террора» 1937–1938 годов он работал в американском посольстве в Москве и уже своими глазами видел ужас советского режима. Всю свою последующую жизнь он ненавидел СССР и его внешнеполитические амбиции. В частности, он был уверен, что создание социалистического еврейского государства автоматически приведёт к физическому уничтожению всех политически несогласных с характером режима в нём.

Трумэн во многом согласился с доводами Хендерсона. Под давлением Хендерсона и Трумэна Вагнер решил не публиковать Петицию и отменить запланированную массовую демонстрацию. В Петиции, между тем, среди прочего было сказано следующее: «Обе партии одобряют неограниченную иммиграцию евреев в Палестину, и как неминуемое решение — создание свободного и демократического еврейского государства».

Вагнер (в Петиции) считал, что «Палестинское государство не только незаменимо для возрождения европейского еврейства, но чрезвычайно важно для здоровья самой Европы… Христианский мир разрешил Холокост и несёт груз вины на своей совести. Если они хотят восстановить какое-то моральное самоуважение, они должны немедленно привнести справедливость в Палестину… Петиция призывает сделать всё возможное, чтобы была осуществлена справедливость по отношению к остаткам европейского еврейства».

**4**

Не менее важной для демократа Трумэна была позиция американских еврейских организаций [14].

Среди огромного количества еврейских про- и антисионистских организаций примерно с конца XIX века выделилась одна, которая называла себя общеамериканской. Эта просионистская организация, поменяв несколько названий, к 1945 году называлась American Zionist Emergency Council (AZEC). Одним из её руководителей был раввин Стивен Вайс (*Stephen Wise*), человек близкий к политической элите страны, друг ФДР, яростный сторонник сионистской идеи и, в то же самое время, человек осторожный, прекрасно осознающий границы допустимого при общении с «сильными мира сего».

В этом было его принципиальное отличие от второго руководителя AZEC, кливлендского раввина Аббы Сильвера (*Abba Hillel Silver*), бескомпромиссного до грубости, невзирая на уровень собеседника.

Вайс вместе с Германом Шульманом, одним из активных деятелей AZEC, пытались добиться встречи с Трумэном, но взамен им было предложено составить для Президента некий документ — «брифинг», не только объясняющий подход американских евреев-сионистов к проблеме ПЛ-евреев, но и прогнозирующий реакцию англичан и арабских лидеров на возможное силовое давление США в попытке расселения ПЛ-евреев в Палестине.

Лидеры американских сионистов: Абба Сильвер *(слева)* и Стивен Вайс

Такой документ, суть которого состояла в том, что «и англичане и арабы никуда не денутся и вообще арабам Палестины увеличение населения Ишува на 100 тысяч человек будет только выгодно», был срочно написан и передан Трумэну. Но предварительно Вайс как настоящий политик обсудил документ и заручился поддержкой двух важных людей. Одним из них был только что назначенный Госсекретарь Бирнс, вторым — гораздо более важным — был Председатель национального комитета Демпартии Роберт Ханнеган.

Ханнеган был не только важен в своём официальном статусе лидера партии, но был одним из самых близких к Трумэну человеком, тем самым партийным функционером при ФДР, который в 1944 году чуть ли не в одиночку «пробил» имя малоизвестного сенатора из Миссури на должность вице-президента США. С такими лоббистами просионистских идей роль AZEC «при дворе» Трумэна значительно выросла.

Под воздействием Петиции Вагнера, после изучения документа, составленного просионистскими лидерами Америки — Вайсом и Шульманом и после серьёзного просионистского лобби-

Роберт Ханнеган, высокопоставленный функционер Демократической партии, близкий друг и советник Гарри Трумэна

рования Роберта Ханнегана, Трумэн накануне отъезда в Потсдам написал большое письмо Черчиллю с объяснением своей позиции по Палестине и еврейской эмиграции. Позиция его при всей дипломатической вежливости была довольно жёсткой — снять ограничения на эмиграцию.

*«В Америке существует огромный интерес к палестинскому вопросу… но британская политика вызывает недоумение и протест у американцев… Они… требуют снятия тех ограничений, которые не дают евреям, так безжалостно вырванным из их домов жестоким нацистским режимом, права въезда в страну, которая для многих из них является единственной надеждой на выживание».*

Но через несколько дней, 25 июля, Англия на всеобщих выборах проголосовала за Рабочую партию (в русскоязычном варианте часто употребляют кальку с английского — *Лейбористская партия*) и новым премьер-министром — буквально в середине Потсдамской конференции — стал Клемент Эттли. В сионистском лагере Америки и Ишува громко праздновали победу Рабочей партии, «верного друга» евреев и активной в поддержке идеи сионизма. «В Тель-Авиве люди танцевали на улицах». Никто ещё не предполагал, что для европейских евреев настали другие времена, много хуже.

На письмо Черчиллю вскоре пришёл ответ, но уже от нового премьер-министра Эттли: *правительство Британии намерено выполнять положения Белой книги во всех её положениях без каких-либо исключений.*

Рабочая партия, которая ещё двумя годами раньше выставляла себя лучшим другом Ишува, резко изменила свою позицию и превратилась в бескомпромиссно антисионистскую.

# 5

Лидером нового антисионистского направления по палестинскому вопросу стал министр иностранных дел Великобритании Эрнест Бевин.

Бевин, бывший профсоюзный лидер, вышел из самых низов общества. Внешне похожий на боксёра тяжёлого веса, он и в политике вёл себя как на ринге, агрессивно и всегда предполагая, что его соперники гораздо слабее. Вместе с «невыразительным и скучным премьер-министром Эттли» он правил Британией в тяжёлые для неё годы [15].

Британия во время войны потеряла четверть своего национального богатства и была вся в долгах. Гордая Британия, которая столетиями управляла миром и финансировала весь мир (включая в XIX веке и США), оказалась должником не только Америки, но и большинства арабских стран. Лондон из мировой столицы превратился в скучный, серый, неосвещённый город с жёстким рационированием питания, отопления, освещения. Но хуже было ощущение, что на глазах распадается Империя, на создание которой ушли столетия, и которая была в центре мировосприятия англичан. Англия уже не была центром мира, осознать и принять это для Эттли и Бевина было очень трудно.

Основными болевыми точками того времени для имперских амбиций Англии были:

— противодействие Франции в Сирии и Ливане,
— Индия,
— ситуация в Египте вокруг Суэцкого канала.

В двух последних странах всё серьёзнее зрело движение за независимость. Английское министерство иностранных дел — Foreign Office — было заполнено профессиональными «имперцами», людьми, не признававшими распад Империи. Суэцкий канал был ключом к Индии,

Эрнест Бевин,
министр иностранных дел Великобритании,
1945–1951

поэтому Египет, по их мнению, должен был при любом раскладе остаться в сфере влияния Британии.

Кроме того, для англичан было очевидно, что арабы Ближнего Востока становились важнейшими поставщиками нефти. После Первой мировой войны непрерывное снабжение нефтью стало одним из главных факторов самого существования цивилизации. Проанглийские правительства Ирака и Трансиордании, созданные англичанами во время Второй мировой войны, как будто бы гарантировали бесперебойное снабжение нефтью, но это не решало вопрос влияния в Египте. Несмотря на то, что с каждой отдельной страной региона у Англии были свои сложные отношения, но только в палестинском вопросе они предполагали абсолютное единство всех арабских государств в противостоянии любым попыткам сионистов усилить своё влияние в Палестине. Для англичан это редкое единство арабов было важным не только идеологическим, но и практическим фактором, который можно было пытаться использовать в борьбе с Францией, США или любым другим игроком в регионе. 100-тысячная английская армия в Палестине, с одной стороны, показывала арабам серьёзность антисионисткой политики Британии, с другой — была достаточно близка к Египту и другим странам региона, где она могла понадобиться в любое время. Поэтому основой политики Foreign Office на Ближнем Востоке, и особенно — в Палестине, было «ни шагу назад». Уход англичан с Ближнего Востока даже не рассматривался в качестве варианта. Оба — Эттли и Бевин — не имели опыта во внешней политике, в этом они были подобны Трумэну, но гораздо больше Трумэна полагались на мнение «экспертов». В результате, политика «ни шагу назад» из Палестины стала официальной политикой Рабочей партии.

Если при этом совершенно очевидно надо было пожертвовать старыми лозунгами в поддержку евреев и практики некоторой защиты сионистской идеи, сформулированной в декларации Бальфура и Мандате Лиги Наций, то ничего не поделаешь — своя рубашка ближе к телу, а евреи, как в своё время скажет Бевин в отношении евреев — «терпели 2000 лет, потерпят ещё».

Но вернёмся в Америку. Известие об атомной бомбардировке Хиросимы и Нагасаки застало Трумэна на борту крейсерской яхты, возвращающейся из Европы после Потсдамской конференции. После капитуляции Японии, в самый разгар праздника по поводу окончания Второй мировой войны, в Белом доме состоялась первая пресс-конференция Трумэна после возвращения. Совершенно неожиданно для Президента несколько журналистов задали один и тот же вопрос: «Был ли на Конференции затронут вопрос будущего Палестины, была ли по этому поводу дискуссия со Сталиным и Черчиллем?»

Ответ Президента на первую часть вопроса был «нет». Но дискуссия с Черчиллем, а затем и с Эттли, была. После чего последовал прямой вопрос: «Какова позиция США по Палестине?». Трумэн надолго замолчал, было видно, что он не хочет отвечать на этот вопрос, но в конце концов он сказал следующее:

*«Наша позиция состоит в том, что мы хотели бы расселить в Палестине так много евреев, как только возможно. Затем всё последующее должно быть решено дипломатическим путём между Британией и арабами на той основе, что, если еврейское государство будет там организовано, оно должно быть там организовано мирным путём. У меня нет никакого желания посылать 500 тысяч американских солдат поддерживать мир в Палестине».*

В общем и целом, на 19 августа 1945 года, день пресс-конференции, заинтересованным людям было ясно, что ясной, чёткой и определённой позиции по палестинскому вопросу у Трумэна ещё нет. Но такую неопределённость каждый понял по-своему. Американские евреи очень удивились отсутствию определённости в поддержке европейских евреев. Британия ещё больше ужесточила контроль за нелегальной эмиграцией евреев в Палестину. Арабы, почувствовав некую новую тенденцию в ответе Трумэна, на каждом перекрёстке объявляли о неминуемой войне, если эмиграция и, тем более, еврейское государство будет на повестке дня. Высокопоставленный египетский дипломат заявил Хендерсону, что, если слова Президента «предполагают изменение официальной политики США, это приведёт к резкому росту антиамериканских настроений в арабском мире… Любое изменение в американской политике, которое арабы интерпретируют несправедливым для своих интересов, выльется в массовое насилие широкого масштаба».

Кроме того, из арабских столиц посыпались намёки, что в данной ситуации арабы могут поменять покровителей и переметнуться на советскую сторону.

Неуверенность Трумэна почувствовал и Лой Хендерсон. Его новая атака вызвала серьёзный скандал в Вашингтоне и ударила по престижу Президента. Причиной скандала было письмо Хендерсона Госсекретарю Бирнсу. К письму, в котором Хендерсон выражал удивление «враждебной политикой Президента в отношении арабов», он приложил текст секретного Меморандума переговоров Президента Рузвельта и короля Саудовской Аравии ибн Сауда на борту американского военного корабля «Quincy» в феврале 1945 года. Встреча состоялась на одном из островов вблизи Суэцкого канала. Целью письма было показать несоответствие политики Трумэна по Палестине обещаниям арабам, которые дал предыдущий президент.

Смысл и сама необходимость переговоров ФДР и ибн Сауда до сих пор вызывают ожесточённые споры историков. Официальной причиной встречи, объявление о которой в последние дни Ялтинской конференции озадачило и Черчилля, и Сталина, было укрепление дружественных связей с арабским миром. Действительно, ФДР за три дня на борту американского корабля провёл переговоры с королём Египта, императором Эфиопии и королём Саудовской Аравии. Известно, что идею встречи горячо поддержали в Госдепартаменте и сам Госсекретарь Стеттиниус. Кроме того, Рузвельт перед встречей сказал, что «Ближний Восток интересует его особенно ситуацией в Палестине, где его симпатии полностью на стороне евреев».

Однако у американских историков на этот счёт мнения разошлись. Большинство считает, что ФДР реально интересовался только твёрдыми гарантиями ибн Сауда по снабжению США нефтью и дальнейшим продвижением нефтяных американских компаний в получении концессий на добычу нефти в Саудовской Аравии. Близкое к этому мнение заключается в том, что ФДР организовал эту встречу на обратном пути из Ялты только для того, чтобы насолить Черчиллю, имперская политика которого в регионе всё больше противоречила интересам США. Другие считают, что ФДР планировал не более чем отдых и разговор «ни о чём» после труднейшего ялтинского марафона, что соответствовало реальности во время встреч с египетским и эфиопским лидерами и записям о встречах самого ФДР. Но во время переговоров с ибн Саудом, ставшим первым в истории саудовским королём по какой-либо причине, покинувшим страну, по мнению историков всё пошло не так, как было задумано Рузвельтом. К тому же всё большее число исследователей и людей близко общавшихся с Президентом сходятся на мнении, что в последние месяцы своей жизни ФДР был не совсем адекватен, в том, что болезнь сосудов мозга, от которой он умер через 2 месяца, привела к серьёзному изменению психического здоровья ФДР, к принятию им решений, которые были для него совершенно нехарактерны.

Одним из таких решений было обещание, данное ибн Сауду во время встречи «do nothing to assist the Jews against the Arabs… make no move hostile to the Arab people» — не помогать евреям против интересов арабов… и не делать каких-либо шагов, враждебных арабским народам. С самой этой фразой далеко не всё ясно. Эти слова и их перевод на арабский были официально утверждены обеими сторонами, но за сценой остался переводчик, единственный человек в окружении ФДР во время переговоров, говоривший по-арабски. И в этом человеке теперь уже навсегда спрятаны загадки результатов переговоров.

Полковник (и профессиональный разведчик) Уильям Эдди был американским послом при дворе саудовского короля. Но важнее, что по классическому определению Роберта Каплана он был «арабистом». «Арабист» — это профессиональный сотрудник Госдепартамента или любой другой государственной структуры, который по факту рождения (в арабской стране), принадлежности к определённому фамильному клану (родители и дедушки уже были сотрудниками Госдепартамента-арабистами или христианами-миссионерами в арабских странах), по образованию (полученному в арабской стране), по взгляду на мир и, наконец, по религиозным представлениям был ярым защитником арабских интересов в США. И попутно, до «большой чистки» Госдепартамента 1950-х годов, в своём большинстве — антисемитом. Свою роль во время переговоров Эдди видел куда шире, чем ему полагалось по статусу.

«Эдди видел свою роль в усилении сотрудничества США и Саудовской Аравии. Он считал, что установленные им личные близкие отношения с ибн Саудом будут способствовать дружбе, сотрудничеству и возможности пользоваться ресурсами 300 миллионов мусульман. И одновременно помогут королю защитить „самый бесценный бриллиант на Ближнем Востоке“», — писал о нём один из современников. Историк Филипп Барам сказал ещё конкретнее: «Эдди был самым близким другом арабов как на политическом, так и личном уровне. Он выражал их мнение, особенно мнение ибн Сауда, с яростным пропагандистским пылом» [16].

Переговоры двух очень больных лидеров (ибн Сауд даже не мог самостоятельно подняться на борт корабля) очень быстро из вежливого обсуждения погоды, развития сельского хозяйства и необходимости электрификации региона изменили свой характер, как только ФДР затронул вопрос Палестины. Рузвельт высказал свою озабоченность проблемой европейских евреев и напомнил, что евреи преобразили бесплодную пустыню в благодатную землю. «Не будет ли Его Величество согласно на некоторое увеличение численности евреев в Палестине?» Король достаточно невежливо ответил коротким «нет», но через несколько минут объяснил свой отказ. Не евреи преобразили пустыню, сказал король, но американские и британские деньги. Арабы не получили никаких преимуществ от этого развития, они только потеряли свои земли. Кроме того, как все знают, евреи не воевали против Гитлера, но только против арабов. Если евреям надо дать землю, то отдайте им немецкие дома, дома агрессоров и преступников. Почему невинные арабы должны расплачиваться за европейские войны? Рузвельт пробовал повторить свои аргументы.

— Только в Польше было убито 3 миллионов евреев,— сказал он.

— Отлично,— ответил король.— Значит там освободилось место для 3 миллионов, посылайте евреев туда.

Разговор двух лидеров становился всё более громким и недружественным, на все аргументы и просьбы ФДР ибн Сауд односложно отвечал полным отрицанием. И вдруг, во всяком случае, по версии Эдди и подписанному Меморандуму, Рузвельт прекратил всякое упоминание Палестины и произнёс те самые слова, которые в августе 1945 года стали проблемой для Трумэна. Кроме того, Президент Рузвельт пообещал обеспечить военную защиту королевства и сделать всё возможное для провозглашения независимости Сирии и Ливана. В конце Меморандума была ещё одна загадочная фраза о том, что по мнению Президента американский народ был неверно информирован о ситуации на Ближнем Востоке. Позже, во время пресс-конференции ФДР произнёс с тех пор часто упоминаемую фразу, что он узнал о регионе больше за 5 минут беседы с ибн Саудом, чем за дюжину дипломатических брифингов.

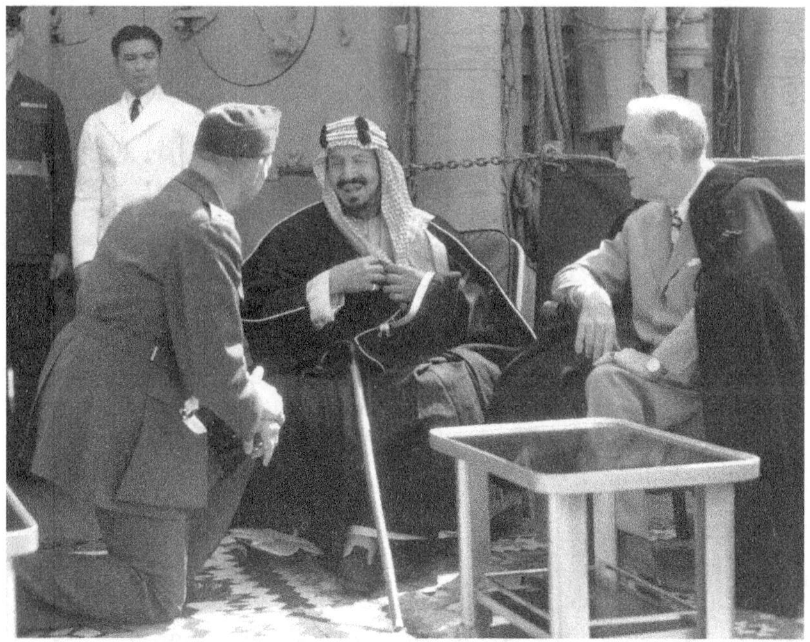

Встреча Президента Рузвельта и короля Саудовской Аравии в 1945 году.
На переднем плане склонившись — Уильям Эдди

Странности встречи и Меморандума сразу же вызвали бурную реакцию среди *немногих* посвящённых. Ближайший советник Президента Гарри Хопкинс, присутствовавший на встрече, считал, что из-за своего физического состояния ФДР был слишком впечатлен (overly impressed) аргументами ибн Сауда и явно поспешно отказался от защиты интересов европейских евреев. Арабы были воодушевлены не только встречей самого сильного человека на земле с одним из «своих», но и мгновенно возникшими слухами и сплетнями, где саудовский король предстал великим героем, перед которым Президент США оказался не более чем мыльным пузырём. Широко стала известна — конечно, со слов генерального секретаря Арабской лиги — приписываемая королю фраза: «Я никогда не успокоюсь, пока я и все мои сыновья не погибнем, защищая Палестину», которая вызвала такое восхищение ФДР, что он поклялся «никогда не поддерживать сионистов».

Как бы там ни было, но Трумэну пришлось как-то определиться с обвинением в нарушении обещания Рузвельта. По этому поводу Хендерсон ясно написал в письме Бирнсу: «Мы никогда официально не отказались от обещания Рузвельта, и лидеры арабских стран об этом слишком хорошо осведомлены». Вся ситуация могла обернуться большим скандалом—американский народ и пресса ничего не знали о содержании Меморандума. Пока Трумэн раздумывал, как выкрутиться из неприятной ситуации, арабы сделали важный упреждающий ход—и скандал разразился. Абдул Аззам, генеральный секретарь Арабской лиги, официально огласил обещания ФДР. Но в своём духе—полуправды, смешанной с очевидным враньём,—обещания ФДР были «дополнены» такими подробностями, которых и близко не было в Меморандуме. Пресса взорвалась негодованием и требовала объяснения. Еврейские организации и рядовые американцы завалили Белый дом письмами протеста. Трумэн был абсолютно обескуражен. Если слова, приписываемые Рузвельту, были сказаны, то ситуация вокруг Палестины существенно менялась. Но были ли они действительно сказаны?

Трумэн задал этот вопрос своему главному советнику по национальной безопасности адмиралу Лихи *(Leahy)*, который присутствовал при встрече ФДР и ибн Сауда. Адмиралу на рассмотрение был послан официальный отчёт Госдепартамента о встрече, официальный, подписанный двумя сторонами Меморандум и транскрипт речи Абдуллы Аззама. Ответ Лихи был неоднозначным. По его воспоминаниям, король в своих отказах от сотрудничества по Палестине был мягче и деликатнее, чем записано в Меморандуме, а ФДР более настойчив, чем там указывалось (судя по всему, Эдди поработал на совесть!) Но согласно Лихи, ФДР действительно сказал, что «он не намерен быть вовлечённым во враждебные столкновения арабов и евреев в Палестине». Но, как Лихи был уверен, ФДР никогда не сказал, что он не будет содействовать плану по созданию еврейской колонии в Палестине. Хотя он очень определённо сказал, что не собирается воевать с арабами по этому поводу. В конце отчёта Лихи написал, что перевод Эдди, по сути, верен.

Не полностью доверяя памяти адмирала, Трумэн задал те же вопросы Сэму Розенману, спичрайтеру Рузвельта, человеку, который практически всегда был рядом с ФДР. Что Рузвельт сказал и что он при этом думал? Розенман согласился с Лихи об общем тоне переговоров и словах в Меморандуме, но добавил: «Я не думаю, что открытые ворота в Палестину (для евреев) можно интерпретировать как явную враждебность по отношению к арабам. И я не вижу никакого противоречия в Вашем заявлении на пресс-конференции 19 августа и словами Президента Рузвельта».

История с обещаниями ФДР не такая простая, как может показаться. Слово Президента США весит слишком много для окружающих, но ещё более весома традиция преемственности во внешней политике страны. Конечно, при изменившихся условиях Президент может и должен руководствоваться интересами США, но каждый раз смена политических приоритетов — *особенно в отношении союзников* — это очень болезненный процесс, ставящий действующего Президента в весьма неловкое положение.

Скандал, связанный с переговорами ФДР и ибн Сауда, больно ударил по репутации американских сионистов и Президента Трумэна, но, как выяснилось немного позже, это ещё был не конец неприятностей, связанных со встречей.

## 6

Прошло всего пять дней, и положение, во всяком случае в Белом доме, довольно существенно изменилось. Вечером и ночью 23 августа Трумэн прочёл окончательный отчёт комиссии Харрисона.

24 августа во время регулярного информационного завтрака с ближайшими помощниками Трумэн был в состоянии чрезвычайного нервного напряжения, практически, нервного срыва. Он объяснил, что его состояние вызвано чтением отчёта Харрисона и прежде всего тем, что «положение евреев в Европе осталось почти таким же, как при немцах» [17]. Не меньшее впечатление произвела на него информация, что *абсолютное большинство* опрошенных ПЛ-евреев не хотят расселения в какой-либо европейской стране или в Соединённых Штатах, после всего случившегося не доверяя никому. Свыше 90% желали эмиграции только в Палестину, где у большинства были родственники (почти все остальные предпочитали вернуться на «родину» — в Германию).

После этого Трумэн неоднократно в разное время и в разных случаях говорил, что в основе его взгляда на «еврейскую проблему в Европе будет лежать справедливость и гуманность, а не нефтяные или политические интересы».

Отчёт Харрисона подтолкнул Трумэна к действию. Несколько консультаций с еврейскими лидерами убедили Президента, что абсорбция 100 тысяч человек в Палестине не вызовет каких-либо серьёзных проблем с их расселением и трудоустройством. В последних числах августа он написал подробное письмо английскому премьер-министру, требуя отменить квоту и разрешить немедленную эмиграцию 100 тысяч евреев в Палестину.

*«Ничто сегодня не является более важным для тех, кто прошёл ужас концлагерей, как будущее переселение в Палестину… Для эффективного решения вопроса такая акция не должна быть затянута».*

Трумэн написал это письмо лично, от руки, без консультации с Госдепартаментом или кем-либо из своего окружения, будучи уверенным, что такая доверительная форма письма будет более эффективна.

Общая ситуация на Ближнем Востоке во второй половине 1945 года была следующей. К концу войны весь регион Ближнего и Среднего Востока находился в турбулентном, подвешенном состоянии. Важнейшие изменения или уже произошли во время войны, например, в Ираке и Трансиордании, или в воздухе витало понимание дальнейших перемен. «Имперская идея» европейских стран умирала на глазах, что было очевидно как для национальной элиты региона, так и нового игрока в «Большой игре» — американцев. Арабская нефть приобрела важнейшее геополитическое значение для западных стран и стала источником шантажа для арабов. Тем временем французы и англичане оккупировали Сирию и Ливан, находясь при этом в состоянии то холодной, то почти горячей войны друг с другом. Идея проанглийской «Великой Сирии» настолько противоречила представлениям Франции о своём праве на Сирию и Ливан, где первым языком элиты был французский, что это привело к кровопролитию [18].

С другой стороны, французы вместе с англичанами и американцами контролировали страны Северной Африки. Например, в Ливии была весьма работоспособная совместная оккупационная администрация Франции и Британии. То же самое было в отдельно управляемом регионе Триеста. Ирак, Трансиордания и Палестина находились под военным контролем англичан, хотя статус, законность и уровень этого контроля был совершенно различным. СССР и Англия контролировали Иран, где разведки и дипломаты как минимум трёх стран, включая США, боролись за влияние и будущее политическое устройство страны. В одних странах региона создавались определённые союзы в разных комбинациях из четырёх стран-победителей, которые резко противостояли друг другу в других странах.

На границах региона была ещё большая неопределённость в важнейших для западного и восточного блоков Турции и Греции, где ключевую роль пытался играть СССР. У американцев на Ближнем Востоке были как экономические (нефтяные) интересы в Саудовской Аравии, так и идеологические, антиколониальные соображения. С одной стороны они пытались вытеснить Британию и Францию из региона [19], но *одновременно были заинтересованы в их помощи в противостоянии* СССР, который вёл себя всё более агрессивно на его границах. Все эти открытые и тайные войны были в центре внимания Госдепартамента и Президента Трумэна, даже если они на многие вещи смотрели по-разному. В любом случае, главным для них были национальные интересы, среди которых далеко не последнее место занимала проблема бесперебойного снабжения нефтью.

Но важно вспомнить, что все эти противоречия искусно использовали также сионисты Америки и Ишува. Примером может быть визит де Голля в Вашингтон в августе 45 года. Де Голль совершенно обоснованно хотел отменить свой визит после того, как бомбардировка французами Дамаска и Алеппо (в середине работы Конференции по учреждению ООН!) привела к жертвам среди мирного населения и серьёзным протестам в американском обществе и Конгрессе [20]. Замять эту «неловкость» и организовать торжественную встречу «победителю нацистов и освободителю Франции» сумели (по просьбе де Голля через французскую разведку, которая попросила об «одолжении» разведку Ишува, которая уже через Бен-Гуриона обратилась к евреям США) еврейские организации Америки. Это было, естественно, сделано в пику англичанам.

Существует обоснованное мнение, высказанное в книге Meir Zamir, *The Secret Anglo-French War in the Middle East* о том, что визит де Голля в Вашингтон 15 августа 1945 года сыграл важную роль в тоне дальнейших переговоров Трумэна с Эттли и Бевином. Де Голль, обозлённый действиями Англии против Франции во время так называемого «сирийского кризиса», передал секретные документы, полученные французской разведкой, о провокациях англичан на Ближнем Востоке не только против французов, но и об организации военных отрядов арабов и снабжении их всем необходимым для нападения на еврейские поселения в Палестине.

С этого момента определилась одна важная особенность: в отличие от множества других европейских дел, где Трумэн опирался на советников Госдепартамента или других государственных служб, палестинский вопрос Президент контролировал самостоятельно. Этому существует множество подтверждений, к примеру, воспоминание Дина Ачесона, заместителя Госсекретаря при Бирнсе и Маршалле, будущего Госсекретаря, одного из лучших в истории США: «Ко времени, когда я приступил к работе в сентябре 45 года, было ясно, что Президент самостоятельно утверждает рабочую программу (policy) по Палестине». Ачесон, друг членов Верховного суда Брандайса (к тому времени умершего) и Франкфуртера, «понимал, но не разделял мистические эмоции евреев к возвращению в Палестину, но никогда не пытался противодействовать указаниям Президента».

Другие в Госдепартаменте, однако, пытались. В тот же день, когда Трумэн написал письмо Эттли, ближневосточный отдел Госдепартамента подготовил меморандум для Бирнса, который улетал в Лондон на встречу министров иностранных дел. (Во время визита Бирнс 10 сентября лично передал письмо Трумэна в руки Эттли). В заключительном параграфе документа было сказано: «Правительство Соединённых Штатов не должно высказывать предпочтение массовой… эмиграции евреев в Палестину, так как это может привести к необходимости для США чётко определить своей целью создание Еврейского государства… без консультации с арабами. Что приведёт к наиболее тяжёлым потерям американских интересов и престижа. В любом случае, США не должны делать что-либо в этом направлении без консультации с британским правительством».

Совершенно очевидно, что рекомендации Госдепартамента США своему министру противоречили реальным указаниям и действиям Президента Соединённых Штатов, которого — *и только которого* — американская Конституция наделила правом и обязанностью определять курс внешней политики страны.

Необходимо вспомнить, что и среди еврейских организаций Америки, в Ишуве и особенно в представляющем Ишув в Европе Всемирной Сионистской Организации, где председателем был Вейцман (он был дважды председателем: в 1921–31 и 1935–46), в это время были существенные разногласия. Суть их сводилась к тому, что американцы — Вайс и Сильвер, представляющие сионистов Америки, обоснованно опасались, что за требованием немедленного расселения 100 тысяч ПЛ-евреев на второй план уйдёт требование о создании независимого государства евреев в Палестине. Они ожидали, что условием принятия ПЛ-евреев Англия потребует снять с повестки дня создание Государства (и были удивлены, когда это не случилось).

Но Всемирная Сионистская организация и сам Вейцман первоочередным и на тот момент *единственным* требованием ставили полную отмену Белой книги 1939 года и какого-либо ограничения иммиграции [**21**]. Например, на встрече в первых числа сентября с Госсекретарём Бирнсом Вейцман ни словом не обмолвился о создании государства, но «вентилировал» вопрос о возможном финансовом участии США в переселении ПЛ-евреев в Палестину. Об этом его попросили «друзья в правительстве Эттли», которые, возможно, с ведома Бевина, пытались убедить Вейцмана, а через него и американцев, что решению вопроса поможет, если финансовую сторону возьмут на себя американцы. Впрочем, прекрасно понимая, что «вопрос друзей», скорее всего задан для затягивания переговоров, и то, что в конце концов затраты полностью лягут на еврейские организации, Вейцман быстро переключился на реальную для него тему о гуманитарной помощи Ишуву в вопросах развития земледелия и мелиорации.

14 сентября Эттли коротко ответил Трумэну, пообещав через несколько дней обстоятельный ответ. Эттли в своём первом письме писал, что крайне удивлён сообщением Бирнса, что Президент США планирует официальную речь о ситуации вокруг Палестины, в которой сообщит о результатах работы Харрисона и рекомендациях отчёта комиссии. По словам Эттли, такое необдуманное решение приведёт к тяжёлым последствиям (grievous harm) в отношениях между двумя странами. Последующий после этого «смертельный кризис», по мнению Эттли, в огромной степени повредит послевоенному восстановлению Европы.

Через несколько дней действительно пришло подробное письмо от Эттли с «разъяснением» позиции английского правительства. Во-первых, он (Эттли) категорически не согласен с особым отношением к ПЛ-евреям, в сравнении с другими ПЛ. Выделение евреев в отдельную категорию вызовет массовое насилие против них со стороны других ПЛ, которых мучили и унижали не меньше евреев, и вообще—*это несправедливо и негуманно по отношению к другим «ставить евреев впереди очереди* (выделено мной—*И.Ю.*)». Если же евреи так уж сильно страдают, как об этом сказано комиссией Харрисона, то английское правительство согласно немедленно помочь переселить 30 тысяч ПЛ-евреев в освободившийся лагерь в Алжире и ещё 5 тысяч—в лагерь в Марокко. Но главным для английского правительства является соблюдение обязательств, которые дали и Черчилль и Рузвельт,— консультироваться и получить согласие по всем вопросам от арабов. Эттли закончил своё разъяснение прямой угрозой: «Нарушение этих искренних обещаний приведёт к пожару на всём Ближнем Востоке, где Британия в одиночку должна будет гасить пламя и восстанавливать порядок». В общем, «разъяснение» было очень похоже на выговор директора школы нерадивому ученику.

Трумэн его так и понял. Он был крайне раздражён, как возражением, так и тоном. Ответ его был сух и краток—он подождёт возвращения Бирнса, после чего огласит свою позицию. Пока же он сам и с помощью своего близкого помощника, советника по национальным вопросам Дэвида Найлса (David Niles), восстановил всю цепочку обещаний Рабочей партии в отношении сионизма и Палестины. Найлс убедился, что Трумэн знаком с ежегодными просионистскими заявлениями Рабочей партии на съездах и по ним сделал вывод об официальной программе партии. Кроме того, в отчёте Харрисона была приведена слова Хью Дальтона, одного из лидеров партии, сказанные им в мае 1945 года: «Абсолютно аморально и политически невозможно защитить какие-либо наши ограничения на пути в Палестину любому еврею, который захочет туда уехать».

По просьбе Трумэна Найлс собрал все высказывания лидеров Рабочей партии, включая, многочисленные высказывания Эттли и Бевина, по палестинскому и сионистскому вопросам за последние годы, все резолюции и официальные заявления. Читая подборку Найлса, Трумэн с горечью сказал: «Как мы можем верить людям Рабочей партии в Лондоне, когда они не соблюдают свои обещания? Сегодня они обманывают евреев, и где уверенность, что завтра они не будут обманывать нас?»

Трумэн предложил Госсекретарю Бирнсу встретиться и ещё раз обговорить вопрос с Эттли и Бевином. Встреча произошла, но Бирнс не смог склонить англичан ни к какому компромиссу. Между американским и английским взглядом на проблему ПЛ-евреев и эмиграцию в Палестину лежала пропасть. Американцы искали любые практические пути спасения ПЛ-евреев и были готовы на компромиссы, на любое постепенное решение, на любые подвижки в этом направлении, но англичане не были согласны ни на какие уступки [22]. Найлс позже писал, что абсолютная несговорчивость англичан начала склонять Трумэна к мысли, что только в своём суверенном государстве евреи имеют шанс контролировать свою судьбу.

Пока же англичане приготовили сюрприз.

## 7

**23** сентября британское правительство премьер-министра Эттли объявило (без всякой консультации с американцами!), что оно предпочитает передать «палестинский вопрос» на обсуждение только что учреждённой ООН. По мнению правительства Её Величества, все союзники в одинаковой степени должны быть вовлечены в решение проблемы. Но так как Соединённые Штаты отказались разделить ответственность по управлению Палестиной, то у Британии нет другого пути, кроме как продолжать строгое соблюдение положений Белой книги и ждать решения ООН.

Следующий месяц в США был настоящий бедлам. Еврейские организации и их лидеры требовали от Трумэна конкретных действий и немедленного создания еврейского государства в Палестине, но для начала хотя бы официального заявления о реальной проеврейской и просионистской программе действий по Палестине. На что Трумэн весьма резко ответил, что вопрос создания государства вообще сегодня не стоит на повестке дня, и его непродуманное решение приведёт к Третьей мировой. В Нью-Йорке шли непрерывные демонстрации. 30 сентября в одной из них участвовало 70 тысяч человек. Республиканские лидеры, почувствовав «запах крови»—следующий год был годом выборов в Конгресс, резко усилили свою громкую поддержку сионистской программы и упрекали демократов и Трумэна во всех смертных грехах и невыполнении обещаний. В Сенате и Конгрессе постоянно звучали просионистские заявления. Почта Конгресса и Белого дома была наводнена сотнями тысяч писем в поддержку сионистской программы. Отношение к англичанам и Рабочей партии из совсем недавно дружественного превратилось в откровенно враждебное. «Агитация за Палестину чрезвычайно велика… Речи неистовы и враждебны»,— писал в своих отчётах английский посол Халифакс.

Внезапно получила продолжение, в ещё более неприятном для Трумэна виде, история со встречей ФДР и ибн Сауда. Выяснилось, что кроме Меморандума существует ещё письмо Рузвельта от 5 апреля (за 7 дней до смерти), отправленное Рузвельтом саудовскому королю в ответ на письмо короля от 10 марта, письмо, которое, как сказал Розенман, объясняя его содержание Бирнсу, было «плохим, очень плохим и проарабским». В письме Рузвельта, например, не было никакого возражения словам короля «только арабы, одни арабы имеют законное право на Палестину…, что не требует объяснения». Но дальше в письме короля такие объяснения последовали, и они были совершенно дикими. Перевиралась вся история Палестины, любые исторические права евреев объявлялись «ошибкой и заблуждением».

Опять встал вопрос, каким образом признать существование письма, содержание которого всё равно раскроют арабы, но которое однозначно усиливает и без того про-арабский «Меморандум Рузвельта-ибн Сауда». После его опубликования арабами и невнятного комментария Бирнса, Сильвер и Вайс послали Бирнсу девятистраничное «официальное» письмо, переданное затем и Трумэну, в котором прямо и в довольно грубой форме обвинили правительство США в отсутствии официальной позиции по Палестине и, возможно, в согласии с мнением Рузвельта. Что, по их мнению, а также мнению американских евреев и сочувствующих им христиан, было прямым нарушением данных в прошлом обещаний и знаком бесчувственного отношения к ПЛ-евреям в Европе. В общем и целом, это был не самый удачный месяц для Трумэна, еврейских организаций Америки, да и для всё более жёстко критикуемых англичан.

За пределами США тоже случились важные события. После письма Эттли в Ишуве произошла резкая трансформация. *Надежды на дипломатию и сговорчивость англичан были отброшены.*

Бен-Гурион, который в то время жил в Париже, срочно создал немыслимое до того объединение Хаганы, Эцеля и ЛЕХИ в «Движение еврейского сопротивления» — Jewish Resistance Movement (JRM). Сразу же начались военные — большей частью террористические — операции против англичан. В Англии приверженец умеренности и дипломатии Хаим Вейцман, многолетний лидер Еврейского Агентства, из-за резкого несогласия с терроризмом Хаганы и Пальмаха был отстранён от руководства агентством.

Всё происходящее в США и Палестине не могло не отразиться на внутренних дискуссиях в Англии. В ней зрело всё большее недовольство, как они считали, несправедливой критикой со стороны Америки. В конце концов, в то время как английские солдаты в Палестине находятся под постоянной угрозой, когда английская администрации Палестины изо всех сил пытается сохранить порядок и защитить жителей от межрасовой войны (передача де Голлем документов о прямо противоположных действиях английской администрации была англичанам неизвестна), в это время от Америки нужна конкретная помощь, а не бездумная и несправедливая критика. Английская пресса, выражая настроение общества, писала, что если Америка не может предложить никакую реальную помощь по решению конфликта, то ей лучше заткнуться.

19 октября Британское правительство решило показать некую гибкость и выступило с новой инициативой. Было объявлено, что Британия отзывает своё обращение в ООН и предлагает Америке найти совместное решение в рамках некой новой, но очень авторитетной комиссии. Мы предлагаем Соединённым Штатам, сказано в заявлении Британского правительства, присоединиться к нам в создании «Англо-Американского Комитета по сбору информации по Палестине» и, как мы надеемся, к нахождению решения, которое удовлетворит обе стороны. Это была официальная версия предложения. Неофициальная, но более серьёзная, заключалась в том, что в повестке дня американского Конгресса стоял вопрос о выделении крупной финансовой помощи Англии, и в правительстве Эттли понимали, что после реакции американского общества на опубликование отчёта комиссии Харрисона без некоторой видимости подвижки палестинского вопроса решение Конгресса может оказаться отрицательным.

Во время встречи между Халифаксом (послом Британии в США) и Госсекретарём Бирнсом Халифакс так объяснил аргументы Британии по предложению о создании Комитета:

1. Британия категорически не согласна с результатами отчёта Харрисона о том, что «евреям сейчас в Европе хуже, чем при нацистах». Комитет создаётся для того, чтобы показать всем ошибку американцев;

2. Разрешить европейским евреям уехать в Палестину — это всё равно, что согласиться с тезисом Гитлера об «Европе свободной от евреев». Евреям надо помочь восстановить свои общины в странах Европы, в крайнем случае помочь с эмиграцией в США и, возможно, в Латинскую Америку;

3. Британия не может наплевать в лицо арабам, это даже не обсуждается;

4. Американская позиция оскорбительна для Британии и может существенно испортить дальнейшие взаимоотношения.

Поразительным фактом, поразившим даже Бирнса, было то, что по плану англичан Палестина даже не упоминалась… как место эмиграции евреев, и Комитет вообще не должен был касаться самого палестинского вопроса в его еврейской и американской интерпретации!

После консультации с Трумэном Бирнс заявил Халифаксу, что Америка возможно согласится на создание Комитета только в том случае, если Палестина официально будет рассматриваться одним из мест расселения ПЛ-евреев, и вопрос о возможном их количестве будет наконец решён раз и навсегда. Кроме того, американская сторона не согласна исключить рассмотрение вопроса о создании некой автономии для евреев в Палестине. Бирнс подчеркнул, что Президент не изменил своего мнения о немедленном разрешении на переселение 100 тысяч человек.

Бевин, в полной уверенности в положительном для Британии решении, согласился с требованиями американцев.

## 8

Нечего и говорить, что новое предложение было встречено в США с возмущением практически всеми еврейскими организациями. Против выступили лидеры Конгресса. Против выступили лидеры Ишува, против, в необычайно резких выражениях, выступил патриарх и моральный лидер сионистского движения Хаим Вейцман. Против выступила Элеанор Рузвельт, мнение которой Трумэн очень ценил. В своём письме Трумэну она писала: «Я очень огорчена, что Великобритания заставляет нас принять участие в ещё одном расследовании положения оставшихся евреев в Европе… Великобритания всегда найдёт кого-нибудь, кто за неё будет таскать каштаны из огня».

Но не надо забывать, что Трумэн был далеко не уверен, что создание еврейского государства в Палестине *морально* оправдано, даже если забыть об арабах и их сопротивлении. Его соображения *в те дни* были ясно высказаны в интервью Дэвиду Штерну, владельцу крупной филадельфийской газеты.

Государство, основанное на религии, расе или символах веры, по его мнению, окажется государством теократическим. Он предпочитал демократическое, плюралистическое и секулярное государство, что, *как он тогда думал*, невозможно в Палестине.

Не надо забывать, что в США параллельно с сионистскими еврейскими организациями существовали очень влиятельные *антисионистские* еврейские организации. Лидер одной из них, Лессинг Розенвальд, на встрече с Трумэном—в те же дни—вручил Президенту программу влиятельнейшей American Council for Judaism (ACJ), которая вместе с антисионистской American Jewish Committee (AJC) представляла в США очень активную и очень богатую группу евреев, еврейских организаций, влиятельной прессы во главе с Нью-Йорк Таймс и реформистских синагог. Они в основном представляли выходцев из немецкоязычных стран. В программе из 9 пунктов главным было положение о том, что в Палестине никогда не должно быть образовано еврейское государство, но территория должна оставаться «открытой страной» для всех желающих. Вопрос о судьбе ПЛ-евреев, по программе, должен был передан для решения в ООН.

В те же дни (!) на встрече Халифакса и Трумэна по просьбе Халифакса присутствовал и Вейцман. Трумэн очень огорчил Вейцмана, когда сказал, что предпочитает не Еврейское, но Палестинское государство. Одна из причин заключалась в том, что «в Америке есть множество евреев, представители которых убеждают его, что они совсем не приветствуют сионистское решение палестинской проблемы». После встречи Вейцман написал Трумэну обстоятельное письмо на многих страницах, где объяснял «историческую правду» о Палестине и взгляд сионистов на вопрос об еврейском государстве.

В те же дни, всё в те же дни, в Администрации Президента, Госдепартаменте и в Конгрессе вновь разгорелись дебаты о том, что же предлагала Декларация Бальфура, мандат Лиги Наций и различные декларации британских администраций. Как обычно и в этом чисто историческом вопросе у каждого было своё мнение. К концу 1945 года все заинтересованные стороны считали, что Президент их так или иначе обманул и все были им недовольны.

К тому же, как писал Трумэн в своих мемуарах, вышеперечисленные обстоятельства и дебаты окончательно запутали его самого.

Но существовало и второе соображение, более важное: ситуация в Европе складывалась всё хуже для западных демократий. Советский Союз не только фактически оккупировал и навязал свой режим Восточной Европе, но агрессивно втягивал в сферу своих интересов Грецию и Турцию, вёл огромную пропагандистскую обработку населения Франции и Италии. В такой обстановке США просто не могли потерять главного союзника—Англию, без которой решение греческого и турецкого вопросов было немыслимым. Взвесив множество аргументов за и против, Трумэн принял предложение Англии. В разрез с советами ближайшего окружения он решил не торговаться и даже согласился на предложенный срок работы Комитета—120 дней.

В последнюю неделю декабря 1945 года был объявлен состав Комитета. С американской стороны в него входили Фрэнк Бакстон—издатель газет из Бостона и друг Феликса Франкфуртера, что почти автоматически означало его просионистский взгляд; Джеймс МакДональд—бывший руководитель отдела по вопросам беженцев Лиги Наций; Бартли Крам (Crum)—крайне либеральный юрист из Сан-Франциско и ещё два человека. Возглавлял американскую группу личный друг Трумэна консервативный судья Джозеф Хатчесон из Техаса.

С английской стороны были представители как Рабочей, так и Консервативной партии, и несколько известных специалистов по Ближнему Востоку. Возглавлял группу сэр Джон Синглтон, член Королевского суда.

# ЧАСТЬ ВТОРАЯ: 1946 ГОД

## 1

**З**ная, к каким результатам придёт Комитет, интересно вспомнить, с каких позиций начинала каждая группа.

Англичане видели свою работу в Комитете не более, чем формальность, которая неминуемо приведёт к пониманию того, что идея еврейского государства в Палестине—это тупик, из которого Британия имеет все права выйти с чистой совестью, и что права арабов на Палестину должны будут полностью подтверждены. Показать это американцам со всей очевидностью— в этом заключалась задача английских членов Комитета.

В то же время, англичане видели свою роль в помощи найти место в Европе для расселения евреев.

Американская делегация смотрела на ситуацию совершенно по-другому. Джеймс МакДональд, в будущем первый посол Соединённых Штатов в Израиле, ещё в 1933 году после личной встречи с Гитлером понял, что планы Гитлера в отношении евреев абсолютно серьёзны и пытался убедить в этом всех мировых лидеров.

Тогда же он стал активным защитником евреев Европы и сделал больше, чем возможно кто-либо другой для того, чтобы максимальное количество евреев покинуло Европу в довоенное вре-

Члены американской делегации Англо-американского
комитета по Палестине.
*Слева* — Джеймс МакДоналд, *справа* — Бартли Крам

мя. Лой Хендерсон правильно подозревал, что МакДональд скрытый сионист и всячески сопротивлялся включению его в члены Комитета. Но есть все основания считать, что с подачи ближайшего окружения Президент знал о взглядах МакДональда и настоял на его включении.

Ещё интереснее была личность Бартли Крама, католика, единственного республиканца в Комитете.

Как крайне левый по своим политическим взглядам, он как будто не мог быть просионистом. Кроме того, как у очень известного юриста в Сан-Франциско, у него была богатая еврейская клиентура, включая известных деятелей Голливуда, в абсолютном большинстве — антисионистская. Госдепартамент из соображений национальной безопасности трижды вычёркивал имя Крама из списка членов Комитета — были серьёзные основания, позже подтвердившиеся, что Крам был членом нескольких прокоммунистических организаций. И тем не менее, Трумэн трижды снова вписывал его имя, зная его бескомпромиссность, высочайшую работоспособность и, что важно, непредвзятость. Но также, возможно, зная, что Крам всё больше склоняется к поддержке сионизма. В любом случае, по мнению МакДональда, он был «...поразительно энергичен и необычайно быстро изучал любой сложный вопрос. А с его широчайшими политическими связями в обеих партиях он будет совершенно незаменим».

Балансиром американской части Комитета должен был стать её лидер — судья Хатчесон. Он имел высочайшую репутацию честного, умного, дотошного и независимого человека. Но всем был известен его отрицательный взгляд на любое движение, основанное на национализме. До назначения в Комитет он придерживался мнения Госдепартамента, принимал аргументы англичан и был решительно против идеи сионизма.

На английской стороне надо отметить Ричарда Кроссмана, одного из лидеров, а в будущем — лидера Рабочей партии.

Во время войны он был важной фигурой в английской разведке, первым англичанином, оказавшимся в Дахау, автором важного документа о состоянии заключённых в нацистских лагерях. Он был типичным высокомерным оксфордским выпускником, имел неуживчивый характер, был догматиком в отношении политики Рабочей партии, но, как говорил один из известных лиде-

Ричард Кроссман, член английской делегации Англо-американского комитета по Палестине

ров Ишува, «голова у него работала хорошо». Его первоначальное отношение к палестинскому вопросу и сионизму, в отличие от всех остальных английских членов комитета, было только нейтрально-отрицательным. Хотя, как это ни покажется парадоксальным, он в основном соглашался с Бевиным в том, что поддерживать идею еврейского государства, то есть, продолжать исключать «европейского еврея» из дружной семьи европейских народов, лишать его возможности ассимилироваться, «быть, как все» — само по себе является антисемитизмом.

Перед началом работы американскую делегацию напутствовал Трумэн. «Нет проблемы, которая так портит мне жизнь, как проблема перемещённый лиц в Европе. Обязанность демократических государств дать этим людям, которые никому не сделали ничего плохого, шанс на нормальную жизнь. Я надеюсь, что американская делегация сделает всё возможное в её силах, чтобы найти решение».

Порядок работы Комитета был очень интенсивным. Сначала слушания с привлечением свидетелей в Вашингтоне, после этого — в Лондоне. Затем, разделившись на группы, члены Комитета должны были посетить лагеря ПМ в Германии, Австрии, Польше, Чехословакии. С конца февраля весь Комитет должен был посетить и изучить ситуацию на местах в Каире, Дамаске, Иерусалиме, Бейруте, Багдаде, Рияде и Аммане. После чего в Швейцарии предполагалось уединение и составление окончательного отчёта с выдачей рекомендаций.

Слушания в Вашингтоне удивили и возмутили англичан. Удивили потому, что они считали, что поддержка сионизма ограничена только еврейским лобби. Оказалось же, что серьёзное большинство американского общества, весь Конгресс и почти вся пресса однозначно на стороне сионистской идеи и видят абсолютно нормальным и законным воссоединение европейских евреев с Ишувом и создание еврейского государства в Палестине [23]. Возмутили потому, что слушания сразу же превратились в одностороннее осуждение Англии. «Я чувствовал себя обвиняемым в зале суда, а не членом Комитета»,— писал Кроссман. Он же писал: «В Вашингтоне было абсолютное безразличие к судьбе арабов. Арабская сторона вопроса никого не интересовала. Почему эти люди, живущие в полной безопасности за Атлантическим океаном, обвиняют мою страну за то, что она не хочет начинать войну против арабов в интересах евреев?»

Но эмоции Кроссмана остались эмоциями, а долгие разговоры со своим старым другом Дэвидом Горовцем, который специально приехал в Вашингтон из Тель-Авива, существенно повлияли на его взгляды. Горовец сумел убедить Кроссмана, что евреи Ишува имеют мало общего с американскими евреями, с американской филантропией и они не видят во вражде к Англии какой-либо смысл. Это люди другой культуры, для которых Палестина их естественная историческая родина. И на этой родине они уже практически живут по своим законам под руководством своего, пока ещё не признанного, но абсолютно нормально работающего государства. И это непризнанное государство ни в коем случае не является религиозным или не демократическим.

Два выступления на слушаниях в Вашингтоне произвели впечатление. Одним — очень сильным — было свидетельство Эрла Харрисона. Вторым — оставившим и Комитет и слушателей в растерянности — было свидетельство Альберта Эйнштейна. Эйнштейна очень долго уговаривали, он вёл себя как примадонна, но когда в конце согласился приехать из Принстона и выступить, то умудрился одновременно обвинить во всех грехах Англию, радикальных сионистов и сам Комитет. Англия была виновата во всех проблемах вообще, сионистов он осудил потому, что был в частности против сионистского государства в Палестине и национализма вообще, Комитет, по его словам, был дымовой завесой, скрывающей безответственность обоих государств. Еврейское же большинство в Палестине совершенно не важно и национализм — самое большое зло. Его решение — независимая Палестина под управлением ООН. Как писал один из современников, «от возмущения люди в зале практически выпрыгивали из своих кресел».

После Вашингтона все члены Комитета отправились на корабле в Англию. Вместе с ними было несколько сопровождающих из Госдепартамента. События на корабле развивались очень своеобразно. Сотрудники Госдепартамента, включая Ивана (Айвана) Вильсона, который был заместителем Лоя Хендерсона и одновременно официальным секретарём американской делегации, непрерывно убеждали членов Комитета, что любое решение слишком в пользу евреев будет использовано Советским Союзом для перетягивания арабов в свою сферу влияния. В том же американскую делегацию убеждал и Харольд Били, секретарь английской делегации: американцы играют на руку Сталину. Только совместная проарабская политика «санитарного коридора» против СССР может остановить претензии Сталина на Ближний Восток.

На третий день плавания произошло событие вообще из рук вон выходящее. Сотрудник Госдепартамента секретно информировал членов американской делегации о коммуникации Госдепартамента с арабскими странами, то есть, о чём велись разговоры между официальными лицами министерства и дипломатами из арабских стран. Цель информации была показать степень сопротивления арабов и таким образом ещё больше склонить членов Комитета против планов сионистов в Палестине. Но результат оказался прямо противоположный. Из текста переговоров стало совершенно очевидно, что каждый раз, когда Президентом было сделано какое-то обещание американским евреям относительно Палестины, Госдепартамент сразу же посылал арабским лидерам послание, в котором просил тех не волноваться, объясняя, что эти обещания не более, чем внутренняя политика, и что всё останется как было, то есть в пользу арабской Палестины [24]. Это, так сказать, открытие очень не понравилось делегации. Крам увидел в этом явный саботаж политики Трумэна и даже вначале думал вернуться в Америку, видя бессмысленность самого создания Комитета. Он решил проинформировать английскую часть делегации. На что британский лидер сэр Синглтон ехидно заметил: «Это всё выглядит, как не только одна Британия обещает одно и то же двум разным народам».

Слушания в Лондоне проходили по совершенно другому сценарию. Основными свидетелями были высокопоставленные представители арабских стран и арабской Палестины. Их абсолютное несогласие на самые мелкие компромиссы неприятно поразило членов американской делегации.

За пределами официальной работы Комитета произошла некая странная и до сих пор не расшифрованная трёхчасовая встреча МакДональда и каким-то американцем, которого Мак-Дональд в своих воспоминаниях назвал «самым важным американцем в Лондоне». Этот неизвестный посоветовал Комитету достичь такого решения, которое было бы в пользу неограниченной или резко увеличенной эмиграции ПЛ-евреев в Палестину, но одновременно дать ясно понять, что США не предоставит военную помощь в поддержку этого решения. Кроме этого, неизвестный сообщил МакДональду, что американская делегация находится под постоянным и эффективным надзором спецслужб Британии, что все их внутренние переговоры и депеши в Вашингтон читаются ещё до того, как попадают к Трумэну, и что делегация должна общаться с Президентом напрямую, минуя официальные каналы. Кроме того, он сообщил, что сотрудники Госдепартамента будут всячески препятствовать любому просионистскому решению. Поэтому МакДональду были переданы специальные шифры для отправки своих донесений дипломатической почтой напрямую Президенту или Госсекретарю.

Но, пожалуй, самое важное произошло 31 января 1946 года на прощальном обеде после окончания работы Комитета в Лондоне. Эрнест Бевин, явно для придания максимального эффекта и абсолютно не сомневаясь в итоговом решении, медленно произнося слова, объявил, что если решение Комитета будет *единогласным*, то он, как министр иностранных дел Британии, сделает всё возможное для выполнения рекомендаций Комитета.

У меня нет возможности детально рассказать о дальнейшей работе Комитета.

События этих четырёх месяцев, внутренние отношения и противоречия членов делегаций, дискуссии, роль лидеров и многое другое в её работе заслуживают отдельной главы. Всё же отметим потрясающую работу некоторых американских членов Комитета, прежде всего Крама и МакДональда, дружественное отношение к англо-американской делегации и готовность к компромиссам Ишува во время посещения Палестины. Отметим также впечатление, которое произвели экономические достижения евреев на фоне грязи и нищеты арабских поселений, непримиримой вражды и отказу даже в общении с членами Комитета со стороны арабов во время посещения Палестины. Можно только догадываться, что довелось членам Комитета увидеть в лагерях, что пришлось им услышать от людей в них, что они пережили когда им пока-

Члены делегаций во время отдыха на вокзале в Иерусалиме

зывали фильмы из секретных немецких архивов о программе уничтожения евреев [25], если все члены английской делегации проголосовали единогласно в поддержку репатриации ПЛ-евреев [26]. У каждого из них было своё объяснение, но точнее всех сказал Кроссман: *«Мы должны признать факт, как бы позорно он не выглядел, что Палестина сегодня единственное место, где 100 тысяч евреев могут найти убежище в ближайшее время [27]».*

Вопрос о статусе Ишува, о возможном создании некой автономии или независимого государства решён не был. У каждого члена английской делегации на этот счёт было своё мнение, но, в общем и целом, все они были против создания независимого еврейского образования, и прийти к какому-то конкретному соглашению не удалось.

В результате Комитет рекомендовал следующее:

*«Комитет рекомендует немедленную выдачу Британскими властями 100 тысяч сертификатов, разрешающих ПЛ-евреям переселение в Палестину. Комитет рекомендует отмену всех ограничений Белой Книги 1939 года по выделению и покупке земли, а также отмену иммиграционных законов 1939 года. Комитет не согласен в перспективе на создание Еврейского или Арабского государства в Палестине и предпочитает „государство, в котором все законные национальные требования евреев и арабов будут совместимы без того, чтобы любая из сторон чувствовала чьё-либо доминирование“. Детали устройства государства должны быть разработаны Организацией Объединённых Наций».*

2

Отчёт и рекомендации Комитета произвели эффект разорвавшейся бомбы. Особенно в европейских и арабских столицах, и особенно — в Лондоне и Тель-Авиве. В Лондоне — по причине неожиданного проигрыша своего, как им казалось, верного расчёта, в Тель-Авиве — в общем-то по той же причине: для Ишува вопрос ПЛ и репатриации 100 тысяч в Палестину был важным, но вторичным. Главным было отсутствие решения по будущему политическому устройству Палестины. По итогам рекомендаций Комитета Палестина по-прежнему оставалась под военно-политическим управлением Великобритании.

В результате, отчёт Комитета не понравился почти всем. Никто вначале, возможно кроме американцев, не понял самой его сути: множество компромиссов, уступок и тем, и этим, давали возможность сдвинуть дело с мёртвой точки, позволяли евреям, уже получившим большую победу в вопросе репатриации в Палестину, развить успех. Для этого надо было не прекращать, а усиливать давление на западные общества.

Но Бен-Гурион был взбешён: «Отчёт есть ни что другое, как та же Белая книга, только под другим, более красивым именем». МакДональд пытался в большом письме Бен-Гуриону объяснить, что положительный смысл отчёта и рекомендаций зависит только от того, какая из сторон быстрее и организованнее воспользуется теми уступками каждой из сторон, которые легко найти в отчёте. Но Бен-Гурион разбушевался ещё больше. «Крам и МакДональд думают они добились триумфальной победы и заслужили историческую благодарность еврейского народа. Крам требует и от меня того же — благодарственной телеграммы Трумэну».

Среди американских сионистов возникли свои противоречия. Сильвер отказался вслух выразить поддержку отчёта Комитета. Это было серьёзное решение, которое грозило распадом просионистской коалиции и потерей доверия всей идеи у советников Трумэна и у самого Президента. Крам и МакДональд срочно встретились с Сильвером и уговорили его на компромисс: было решено, что Сильвер предложит Трумэну громко поддержать решение о переселении 100 тысяч человек и призвать к немедленному выполнению решения. А остальные положения отчёта пока не упоминать. После долгих уговоров Сильвер согласился.

197

С этим Крам пошёл на встречу с Трумэном. Трумэн искренне считал, что Комитет принял настолько проеврейские предложения, о которых в начале работы Комитета нельзя было даже мечтать, и любая критика результата любой сионистской организацией подорвёт его позицию.

После встреч с Крамом и несколькими другими, после подробного разговора с Найлсом Трумэн начал понимать претензии сионистов. Не желая продолжения ссоры с Сильвером [28], Трумэн поручил именно Сильверу и ещё одному из лидеров сионистов (Ньюману) написать текст для своего официального выступления по итогам работы Комитета. При этом Трумэном было поставлено два условия: включить в текст предложение о защите «святых мест» и «что-нибудь о правах арабов». Через два дня текст был готов и с мелкими уточнениями советников Президента и лидеров AZEC ушёл на стол Трумэну. Первого мая Президент США выступил со следующим заявлением:

*«Я счастлив, что моё требование разрешить переселение 100 тысяч евреев в Палестину было единогласно поддержано членами Англо-Американского Комитета. Сама транспортировка этих несчастных людей должна быть осуществлена с максимальной быстротой. Защита и охрана святых мест в Палестине, священных для мусульман, христиан и евреев, нашла адекватное место в отчёте. Одним из важных достижений отчёта стало то, что в нём декларирована цель осуществить полную защиту арабского народа в Палестине, гарантируя его гражданские и религиозные права и всячески содействовать постоянному улучшению его культурного, образовательного и экономического уровня.*

*Я также очень рад, что Комитет рекомендовал отмену Белой книги 1939 года, включая существующие ограничения на эмиграцию и покупку земли, что позволит дальнейшее развитие Еврейского Национального Дома… В дополнение к этим немедленным действиям отчёт включает многие другие вопросы о дальнейшем политическом развитии и применении международных законов, которые потребуют моего внимательного изучения».*

## 3

Важность выступления Трумэна сразу же оценили на обеих сторонах баррикад. «Комментарий Президента был гораздо важнее самого отчёта Комитета, ибо он ясно выразил официальную политику США в отношении Палестины, в то время как отчёт Комитета был не более, чем рекомендацией»,—написал назавтра известный журналист из Нью-Йорк Таймс. К такому же выводу пришёл и Лой Хендерсон. Встретившись с Халифаксом, он сказал следующее: «Я глубоко сожалею о выступлении Президента. Госдепартамент сделал всё возможное, чтобы предотвратить выступление; я лично до последней минуты боролся и давил на Белый дом, чтобы этого не произошло… Но в Белом доме существуют силы, которые Госдепартамент не может контролировать» [29].

Бевина не удовлетворили объяснения Хендерсона. Постоянно получая противоречивые сигналы от Госдепартамента и самого Трумэна, Бевин никак не мог для себя прояснить—кто контролирует внешнюю политику в США и чьё слово важнее? Выступление Трумэна по Палестине без предварительной консультации с ним или Эттли, что как бы само собой было установлено в отношениях США и Англии, привело его в бешенство. «Я никогда не видел его в такой чёрной ярости (blackest rages)»,—писал его друг и первый биограф Фрэнсис Уильямс. На встрече с Бирнсом Бевин, не сдерживая слов, обвинил США в поддержке еврейского терроризма в Палестине. «Евреи (Палестины) приобрели огромные запасы оружия, почти всё оно куплено на деньги американских евреев. Сегодня они крайне агрессивны; Еврейское Агентство (*организация ответственная за переселение евреев в Палестину—И.Ю.*) в качестве эмигрантов в первую очередь выбирает людей, которые могут и умеют воевать… Четыре английские бригады совершенно не готовы к резкому увеличению евреев в Палестине. Решением может быть реальная помощь США, что означает отправку американских солдат в Палестину».

Эттли на встрече премьер-министров Содружества был более дипломатичен, но не менее решителен. По его словам, рекомендация Комитета, что Палестина будет ни еврейской, ни арабской, не устроит никого в самой Палестине. Незаконные военные формирования евреев Англия терпела слишком долго, не может быть и речи о дополнительной эмиграции 100 тысяч до того, как не будет полностью подавлен «еврейский терроризм». Но самое главное, в нынешних условиях Британия не в состоянии — экономическом и военном — продолжать управление Палестиной. «Настало время, когда американцы должны разделить с нами стоимость управления — как деньгами, так и военной силой».

На следующий день Эттли выступал в Парламенте. «Рекомендации Комитета Британия не будет выполнять. 100 тысяч евреев не будут отправлены в Палестину в обозримом будущем, Палестина не в состоянии их быстро абсорбировать. До тех пор, пока все еврейские незаконные армии не будут распущены и всё оружие не будет конфисковано, Британское правительство не разрешит любое значительное количество эмигрантов в Палестину».

То, что английская коса нашла на американский камень стало понятно почти сразу. Уже через несколько дней последовал частичный ответ Трумэна. В интервью журналисту Джеймсу Рестону он сказал: «Англичане глубоко заблуждаются, если думают, что мы поможем им разоружить еврейские силы в Палестине».

Естественно, не заставила себя ждать и реакция арабов. Министры пяти стран — Египта, Ирака, Ливана, Саудовской Аравии и Сирии — потребовали срочной встречи с Госсекретарём Бирнсом. От имени собравшихся выступил Махмуд Хассан, министр иностранных дел Египта. По мнению арабов, США официально не отменили своего обязательства консультироваться с арабами по любому вопросу, касающемуся Палестины. Так как они не консультировались, то рекомендации Комитета являются для арабов недействительными. Они (арабы) крайне негативно относятся к идее эмиграции 100 тысяч евреев и призывают США официально денонсировать рекомендации Комитета.

В самих арабских странах начались призывы к войне. Высший арабский комитет в Иерусалиме призвал к всеобщей стачке и к возвращению иерусалимского муфтия аль Хусейни, который, по их мнению, должен возглавить сопротивление. Муфтий находился под домашним арестом в Париже и ожидалась его передача военным властям Британии для суда как военного преступника. 19 июня муфтий сбрил бороду, перекрасился в блондина… и исчез прямо из-под носа охраны и французской разведки. Он объявился в Каире и получил там торжественный приём и полную амнистию от короля Фарука.

Трумэн был страшно раздражён, регулярно получая пустые обещания англичан, жёстко на них отвечал, но дело с расселением ПЛ-евреев не двигалось. Вместе с тем он, стиснув зубы, продолжал сотрудничество с Англией по ряду очень важных внешнеполитических вопросов. В сплошных скандалах прошёл май и почти весь июнь.

Бевин стал ещё менее популярен в Америке, но 12 июня 46 года он совершил такое, что, если можно так сказать, установило абсолютный рекорд непопулярности какого-либо английского политического лидера в США. Выступая на ежегодной конференции своей Рабочей партии, он сказал: «В США и особенно в Нью-Йорке агрессивно агитируют за то, чтобы 100 тысяч евреев были отправлены в Палестину. Я думаю, что меня правильно поймут в Америке, если я скажу, что у них самые искренние намерения по этому вопросу. *Они просто не хотят так много евреев в Нью-Йорке* [30]» (выделено мной—И.Ю.). Реакция на эти слова в Нью-Йорке была страшной. По городу прошли огромные демонстрации. Наверно, не было ни одного более-менее значимого нью-йоркского политика или лидера еврейских организаций, который не высказался бы соответствующим образом в адрес Бевина и англичан. В эти же дни решалась судьба очередного займа для Англии. Многие требовали пересмотра финансовой помощи после слов Бевина. На что Трумэн, понимая её важность для восстановления Англии, ответил: «То, что Бевин аморален, не означает, что Америка должна быть аморальной».

4

На Трумэна давили со всех сторон. Еврейские организации, члены Конгресса, пресса требовали решения вопроса с ПЛ. Вайс прилюдно сказал Трумэну, что «это вы, кого оскорбили англичане». Партийные функционеры Демократической партии требовали «большего понимания» избирателей-евреев, без поддержки которых партия могла проиграть промежуточные выборы в Конгресс в трёх важнейших штатах—Нью-Йорке, Нью-Джерси и Пенсильвании. Дошло до того, что Трумэн стал довольно грубо отшивать всех, кто каким-то образом пытался склонить его к решению проблемы ПЛ-евреев и Палестины. Когда наконец после долгих проволочек Президент принял высокопоставленную еврейскую делегацию, то был откровенно неприветлив и сказал, что «он устал от делегаций, которые требуют от него какой-то выгоды для поляков, греков, итальянцев. Кто-нибудь наконец подумает об американцах?» [31]

Трумэн запросил Генштаб предоставить ему варианты защиты Палестины в случае беспорядков и войны арабов против евреев. В подготовленном документе военные заявили, что и 300 тысяч солдат не решат проблемы. Кроме того, внешнеполитические последствия будут ужасны. И, конечно, возможна блокада нефти. И конечно, русские не преминут возможностью поставить свой сапог на Ближнем Востоке. В общем и целом, казалось, что лето 1946 года было безнадёжно потеряно для евреев.

Здесь впервые, но не в последний раз, на сцене появляется один из главных героев моего рассказа—Эдди Джекобсон, владелец небольшого магазина мужской одежды в Канзас Сити.

Его совершенно выдающаяся роль—время недалёкого будущего, пока же, в конце июня, когда Президент не принимал никого из лидеров еврейских организаций Америки, он сумел организовать встречу Трумэна в Белом доме с тремя достаточно рядовыми американцами: одним раввином из Канзас Сити, одним юристом из того же города и вице-президентом одного второстепенного профсоюза. Все они были друзьями Джекобсона и все они были просионистски настроенными евреями. Во время длительного спокойного разговора в Овальном кабинете эта четвёрка смогла не то, чтобы убедить Трумэна, но, безусловно, помогла ему глубже и более системно понять как саму еврейскую проблему, так и причину того, что евреи, как в Европе, так и в Америке, не понимают слишком осторожную позицию Президента, связанную с ПЛ и палестинским вопросом, и очень надеются, что Президент сдержит многочисленные обещания.

Ситуация в Палестине в то же самое время радикально изменилась. Англичане одним из условий выполнения рекомендаций Комитета потребовали разоружения Хаганы и других подпольных вооружённых формирований Ишува. 19 июня Ишув отверг это требование, после чего начались вооружённые выступление против английской колониальной и военной администрации. Хагана в одну ночь взорвала 8 мостов, чем полностью парализовала английские коммуникации, а Иргун захватил заложниками пять английских офицеров. Ишув фактически объявил войну Британии.

Британия, гордая Британия, этот вызов приняла. Вскоре еврейская часть Палестины сама стала напоминать концлагерь, окружённая со всех сторон английскими кордонами и полным контролем за передвижением людей и прессой. Начались полицейские рейды и аресты, в которых важную роль играли арабские отряды. 29 июня, неожиданно для Ишува, началась настоящая военная операция по подавлению еврейского Сопротивления. Военные заняли все здания, где размещались какие-либо еврейские квазигосударственные организации, редакции газет. Начались повальные обыски, Тель-Авив был объявлен «военным центром», практически закрытым для передвижения евреев. Более 2700 [32] человек были арестованы, практически все лидеры Ишува, за исключением Вейцмана. Бен-Гурион в то время жил в Париже и избежал ареста. Глава английской Администрации Ганнингем позвонил Вейцману и сказал следующее: «Если еврейское подполье не прекратит борьбу, мы сравняем Хайфу с землёй. Не думайте, что демонстрации в Нью-Йорке вам помогут... Тысячи людей убивают ежедневно в Китае, Калькутте и в других местах, *и разве мир это хоть в малой степени волнует?*» (выделено мной—*И.Ю.*)

События в Палестине вызвали возмущение среди еврейских организаций в Америке. Давление на Трумэна ещё больше усилилось. Для самого Трумэна события в Палестине были неприятной неожиданностью. Без консультации с кем бы то ни было он позвонил премьер-министру Англии Эттли и в очень резкой форме потребовал прекратить военную операцию против Ишува. Эттли, опять-таки, без консультаций позвонил министру колоний Великобритании и приказал немедленно прекратить операцию в Палестине.

Решив, что этого недостаточно, Трумэн выступил с официальным заявлением:

*«Президент выражает глубокое сожаление по поводу случившегося в Палестине. Он информировал представителей Еврейского Агентства, что Британское правительство приняло решения без какой-либо консультации с Правительством США. Он выражает надежду, что лидеры еврейской общины в Палестине будут немедленно освобождены и что ситуация вернётся в нормальное русло».*

## 5

Дипломаты с обеих сторон тем временем пытались погасить страсти. Надо вспомнить, что к этому времени произошло два существенных изменения на «персональном» уровне во взаимоотношениях дипломатов Англии и Америки. Англичане отозвали своего крайне непопулярного посла Халифакса и назначили на эту должность более мягкого и более склонного к пониманию чужого мнения лорда Инверчапела. Трумэн же своим личным посланником только для коммуникаций по палестинскому вопросу отправил в Лондон Аверелла Гарримана, известнейшего дипломата, бывшего во время войны личным посланником ФДР при Сталине. Как результат дипломатических переговоров, возникла идея, которая необычайно быстро — 19 июля — была осуществлена, о создании ещё одной комиссии. Эту очередную комиссию со временем назовут по именам старших дипломатов комиссией Моррисон-Гради. Её целью было сгладить противоречия и найти практический путь репатриации 100 тысяч ПЛ-евреев. Гради, в прошлом ассистент Госсекретаря, не имел абсолютно никакого опыта и знания истории ближневосточного конфликта. Неудивительно, что к концу июля англичане его полностью переиграли, подсунув вместо реального плана слегка переделанный старый план о разделении Палестины на две автономии под общим английским центральным контролем. И опять обусловив принятие этого как бы нового политического плана условием конкретного движения 100 тысяч человек в направлении Палестины.

Опять начались бесконечные дискуссии в Конгрессе, в окружении Трумэна и в Госдепартаменте. Опять мнения разделились — принять или не принять план Моррисон-Гради. Который, кстати, в третий раз уменьшал выделяемую площадь в Палестине для евреев.

По Декларации Бальфура евреям выделялось 45 т. квадратных миль, по решению комиссии Пиля в 1936 г. — 2600 кв миль. Моррисон-Гради план предполагал только 1500.

Джеймс МакДональд на встрече с Трумэном сказал, что это план по созданию еврейского гетто в Палестине. Напряжение в кругах «за» и «против» плана достигли совершенно невероятного уровня. На одной из встреч МакДональд в таких резких тонах разговаривал с Президентом, что присутствующий при этом Вагнер после записал, что он никогда не видел, чтобы кто-либо так откровенно противоречил Трумэну. Трумэн часто срывался. «Чёрт возьми, никто не может удовлетворить этих людей... Евреи не будут писать историю Соединённых Штатов или мою историю». Однажды он раздражённо бросил: «Сам Иисус, когда он ходил по этой земле, их не устроил. Почему кто-то может думать, что мне удастся то, что не удалось Ему?»

В Конгрессе и среди еврейских организаций было резкое несогласие с планом. В Кабинете мнения разделились примерно пополам. Сам Трумэн был готов принять предложения Комиссии. Лидеры демократической партии на местах и особенно в штатах с большим еврейским населением предупредили Президента, что это будет означать поражение демократов на промежуточных выборах 1946 года и, вполне возможно, на президентских в 1948 году. В конце концов, по совету Дэвида Найлса и после внезапного изменения мнения Бирнса—от сторонника плана к его противнику—Трумэн отозвал Гради и американских членов Комиссии «для консультации», создав ещё один дипломатический кризис, так как до этого Эттли однозначно и вслух одобрил решение Комиссии. Тем временем, арабские лидеры в очередной раз категорически отвергли все предложения Комиссии. Ситуация создалась патовая.

**6**

Лидером Всемирного Еврейского Конгресса, главной международной просионистской организации представляющей Ишув, после отстранения Вейцмана был Нахум Гольдман. В один из июльских дней ему позвонил Дэвид Найлс и сообщил, что Президент настолько устал как от англичан, так и от американских сионистов, что угрожает «умыть руки» и оставить решение полностью на совести Англии. Единственное, что может его остановить, это срочно разработанный организацией альтернативный, дельный и реальный план, который мог бы быть представлен Трумэну и англичанам вместо плана Моррисон-Гради.

За считанные дни группой во главе с Гольдманом альтернативный план был создан. Понимая, что косметические изменения в Моррисон-Гради ни к чему не приведут, был предложен настоящий альтернативный, принципиально новый план. Так впервые возникла на бумаге и после острейших дискуссий среди еврейских организаций и окружения Президента обрела реаль-

205

Нахум Гольдман,
руководитель Еврейского Конгресса

ную форму идея «*партишен*» — физического разделения Палестины на два независимых, суверенных *отдельных* государства, реальная альтернатива «одному государству для двух народов» под мудрым руководством Британских колониальных властей.

Гольдману понадобилось три встречи с заместителем Госсекретаря Ачесоном, чтобы убедить того в реальности плана. После чего Ачесон сказал, что только если Гольдману удасться убедить также министра финансов Шнайдера и министра обороны (военного министра) Паттерсона в разумности плана, то у него есть шанс изменить взгляд Трумэна. На это понадобилось время, но и это было сделано. Дополнительно, как бы сверх плана, Гольдман договорился, что Джозеф Проскоер, лидер антисионистского AJC тоже поддержит предложение. Наконец, некоторое время ушло на объяснение всех возможных деталей самому Найлсу.

9 августа Гольдман в очередной раз встретился с Найлсом: «У Найлса на глазах были слёзы, когда он сказал мне, что Президент принял план без изменений и инструктировал Дина Ачесона проинформировать о нём Британское правительство».

Англичане немедленно отвергли план, но это уже не было важным. Что было действительно важным — это начало радикального изменения взгляда Трумэна на всю кризисную ситуацию. Трумэн принял близко к сердцу идею разделения, идею, которую буквально за несколько недель поддержали почти все лидеры еврейских организаций Америки и Ишува. Только антисионистский ACJ (не путать с AJC) был против.

**7**

Наступила осень и приближались выборы в Конгресс, в ряде штатов — губернаторские выборы и выборы мэров крупных городов. Президент США — единственное выборное лицо в высших эшелонах власти, которое избирают не на партийной основе, но прямым голосованием всех избирателей. И тем не менее, он остаётся при этом формальным лидером своей и только своей партии. Интересы партии на предстоящих выборах не могут его не волновать и не могут не влиять на его политические действия. Вопрос о том, насколько внутрипартийные интересы влияли на решения Трумэна по палестинскому вопросу, не будет окончательно решён никогда, по этому поводу существует огромная и противоречивая литература. Без всякого сомнения, ситуация была сложная и неоднозначная.

Лидеры демократов в Сенате и Конгрессе, губернаторы-демократы и мэры-демократы крупнейших городов осенью 1946 года были в растерянности. Все они ожидали куда более решительных если не действий, то хотя бы заявлений в поддержку своих избирателей-евреев. По подсчётам партийных функционеров не менее чем в пяти крупных штатах именно евреи могли решить вопрос о том, будут ли вновь избранные члены Конгресса и губернаторы демократами или республиканцами.

Все эти внутрипартийные расчёты прекрасно понимали и республиканцы. Трумэна атаковали однопартийцы конгрессмены и сенаторы (особенно из Нью-Йорка, Пенсильвании, Мичигана), а республиканские кандидаты не скупились на просионистские заявления и обвиняли Трумэна в трусости, продажности и вообще — в сговоре с англичанами с целью не допустить расселение ПЛ-евреев и выполнения решений всевозможных комитетов и комиссий. «Евреи готовы массово перебежать к Дьюи (кандидат на пост губернатора штата Нью-Йорк от республиканцев) … Сегодня нет решения еврейской проблемы», — с горечью писал Трумэн своей жене. Все попытки как-то оживить дипломатические усилия наталкивались на твёрдое сопротивление Англии.

Трумэн, конечно, мог выступить с очередным заявлением, но не хотел терять лицо, зная, что все его предыдущие выступления и заявления не сдвинули решения вопроса ни на йоту.

Тем не менее, люди вокруг Президента всё время подталкивали его именно к такому заявлению. Отделить внутрипартийные соображения от идеологических или моральных сегодня невозможно, невозможно это было сделать и тогда. У каждого заинтересованного лица или группы были свои интересы, частично отличающиеся от других, но чаще каким-либо образом переплетающиеся с интересами других.

Элиаху Эпштейн был представителем Еврейского Конгресса в США. Его связи были обширными, но в то конкретное время он заручился важной поддержкой Роберта Ханнегана. Они совместно написали некие тезисы, которые 1-го октября Ханнеган передал Трумэну. Одновременно Ханнеган передал Президенту и письмо Бартли Крама. Суть совместных тройственных предложений была в следующем:

> Президент должен потребовать от англичан немедленной выдачи 100 тысяч виз на *гуманитарной* основе, на время забыв о высказывании требования к решению статуса Палестины. В то же время, внутри своей страны, во многом из партийных соображений, Трумэн должен *достаточно ясно* дать понять, что правительство склонно поддержать предложение о «партишен».

Сразу после получения предложений Эпштейна-Крама, в первых числах октября, Трумэн последовательно встретился с двумя очень интересными людьми — Максом Ловенталем и Абе Фейнбергом.

Ловенталь (Max Lowenthal) был протеже Луиса Брандайса, и как его друг когда-то в 1930-х ввёл в дом Брандайса крайне одинокого в Вашингтоне только что избранного и непопулярного сенатора Трумэна [33].

Для Трумэна общение с Брандайсом и кругом приглашённых в дом людей было одним из самых ярких впечатлений его жизни. Сам факт, что Брандайс, пользовавшийся высочайшим авторитетом в Вашингтоне, выделил его из многих других, значительно поднял самооценку Трумэна и в общем сыграл очень важную роль в его жизни. Трумэн никогда не забывал людей, которые были к нему добры, что полностью относилось к Ловенталю.

Ловенталь сам по себе был личностью совершенно незаурядной. В нём сочетались поразительные органи-

Макс Ловенталь, человек, по словам Клиффорда, сделавший больше других для признания Израиля

зационные способности, трезвый и яркий ум, огромная трудоспособность с каким-то странным до болезненности нежеланием выпячивать или даже упоминать свои заслуги и получать за свою работу достойную компенсацию. Будучи человеком со средствами, он практически все деньги жертвовал на благотворительность, но всегда делал это анонимно. Ещё в юридической школе Гарварда он выделялся своими способностями. Затем он был клерком у высокопоставленного окружного судьи. Перед Первой мировой войной на Ловенталя обратил внимание Феликс Франкфуртер и пригласил его работать под своим руководством в War Labor Board во время войны. В перерыве между войнами он работал в нескольких важных государственных комиссиях и советником или консультантом в различных министерствах. Кроме того, был советником у известных политиков, а во время Второй мировой войны и после неё был советником по юридическим вопросам у генерала Клея, заместителя Эйзенхауэра и военного губернатора оккупированных территорий в Германии. По своей последней должности он был непосредственно знаком с состоянием ПЛ-евреев.

*«Действительно ли их состояние настолько плохое, как мне докладывают?»,—спросил Трумэн. Ловенталь ответил, что психологически ПЛ-евреи чувствуют себя хуже, чем физически. «Если бы они знали, что есть выход… если бы им дали надежду, то всё было бы не так страшно». Перейдя к внутренней политике, Ловенталь заметил, что если бы удалось получить решение о выдаче виз до выборов, то у Республиканской партии не было бы шансов на победу. «Ситуация в Нью-Йорке действительно очень плохая. Нам нужна ваша помощь».*

Абе Фейнберг был из другой породы людей. Очень богатый бизнесмен, человек решительный и инициативный был представлен Трумэну, тогда ещё вице-президенту, как важный спонсор Демократической партии [34]. Они удивительно быстро нашли общий язык и стали если не друзьями, то хорошими приятелями. Когда Трумэн стал Президентом, то Фейнберг стал частым посетителем Белого дома, где «он подружился с Дэвидом Найлсом и секретарём Президента Мэттом Коннелли».

У Фейнберга была своя тайная жизнь и совсем не простая. Всё началось совершенно случайно, когда в 1945 году Фейнберга по-

Абе Фейнберг, человек «со многими лицами»

звали в числе примерно 20 «важных» евреев на закрытую встречу с Бен-Гурионом в Нью-Йорке. Лидер Ишува без лишних разговоров потребовал у присутствующих реальной помощи в снабжении оружием евреев Палестины. По его словам, в ближайшем будущем начнётся война Ишува с арабами и вооружение Хаганы это единственный шанс для Ишува не быть сброшенными в море. Бен-Гурион предложил ни больше ни меньше, как создать тайный подотдел Хаганы в США по сбору денег для закупки оружия и военного снаряжения. Далеко не все из присутствующих поддержали Бен-Гуриона, многие посчитали предложение за гранью законности, но Фейнберг был главным из тех, кто поддержал.

Глубоко потрясённый Холокостом, он с помощь Хаганы сумел посетить некоторые лагеря для ПЛ в Европе и лично убедиться в плачевном состоянии евреев в них и в твёрдом желании эмигрировать в Палестину и только Палестину. После этого он сыграл важную роль в покупке и переделке кораблей, которые тайно переправляли европейских евреев из Италии и Франции в Палестину. Во время недавних событий, когда все лидеры Ишува были арестованы англичанами, Фейнберг был в Палестине и тоже попал в тюрьму. Причём англичане выделили его из остальных и конкретно обвинили в военном шпионаже, так как у них были доказательства, что Фейнберг получал информацию о военных планах англичан через неустановленные «источники» в британской армии и передавал её Хагане. Только после того, как он смог сообщить о своём аресте в США, и англичане узнали, что он личный друг Трумэна, его освободили. После возвращения домой он немедленно передал Найлсу для Трумэна всю самую свежую информацию о репрессиях англичан в Палестине.

На встрече с Трумэном Фейнберг дал Президенту дельный совет:

*«Если Президент хочет довести своё мнение по ПЛ-евреям и палестинскому вопросу буквально до каждого еврея в стране, то лучше всего это сделать накануне самого глав-*

*ного еврейского праздника Йом Кипура… Даже нерелигиоз-
ные евреи раз в году посещают синагогу в этот день. Если
сделать заявление накануне, то раввины в каждой синагоге
Соединённых Штатов расскажут о заявлении Президента.
Вы можете забыть о газетах и прочих средствах информации, ваши слова напрямую достигнут каждого еврея».*

К счастью для сионистов, англичане сами помогли Трумэну
принять решение — 3 октября они сообщили о переносе на три
месяца объявленной конференции по Палестине с участием арабов и Ишува, что означало ещё одно, уже привычное затягивание
решения. Вечером того же дня Дин Ачесон передал английскому
послу копию заявления Президента, с которым он собирался
выступить 4 октября (как раз накануне Йом Кипура). Ачесон от
себя добавил, что сообщение о переносе конференции (в которой, кстати, Ишув не собирался участвовать) вызвало всеобщее
возмущение в рядах Демократической партии и не оставило для
Президента никакого выбора. Не желая идти на прямую конфронтацию, Трумэн послал личную телеграмму Эттли с текстом
заявления и объяснением причин. Главной причиной была «глу-
бокая симпатия американского народа к жертвам нацизма и возмущение очередной затяжкой возможного решения», что по словам Трумэна требовало немедленного объяснения его позиции.

Заявление Трумэна состояло из двух частей. В первой он сказал, что сообщение о переносе конференции заставляет его ещё
раз напомнить американскому народу о хронологии вопроса
и о предыдущих заявлениях Президента. Он с самого начала был
однозначно за немедленное перемещение 100 тысяч ПЛ-евреев
в Палестину. По его указанию американские дипломаты участвовали в такой-то и такой-то комиссиях, поддерживали такие-то
и такие-то результаты и рекомендации, но, к сожалению, решение вопроса так и не сдвинулось с мёртвой точки.

Во второй части он перешёл к обсуждению политической ситуации в Палестине. Рекомендации комиссии Моррисона-Гради
о частичной автономии евреев и арабов не получили никакой
поддержки у большинства американцев и в Конгрессе. Таким образом, Президент США также не может с ними согласиться. «Тем
временем, Еврейское Агентство предложило решение палестинского вопроса путём создания жизнеспособного Еврейского государства на части территории Палестины вместо всей Палестины.

Агентство предложило немедленную транспортировку 100 тысяч еврейских иммигрантов. Эти предложения получили широкую поддержку в США… После серьёзного обсуждения я пришёл к выводу, что решение вопроса, основанное на этих предложениях, вызовет поддержку общественного мнения в США. Я не могу представить, что некоторые неувязки предложений Еврейского Агентства настолько велики, что они не могут быть согласованы рациональными людьми, думающими о всеобщем благе. Решению палестинского вопроса в этом направлении наше правительство обеспечит полную поддержку».

«Йом Кипурское» заявление, или, как его называли—«Йом Кипурский сюрприз», стало важной вехой в отношении Америки к палестинскому вопросу. И одновременно привело к окончательному разрыву в «палестинских» отношениях Америки и Англии. По получению телеграммы, Эттли попросил Трумэна отложить выступление до консультации (Эттли) с Бевином. Трумэн немедленно ответил, что сделает своё заявление согласно прежнему плану. Эттли, которого редко видели возбуждённым или хотя бы повышающим голос, был взбешён. Последовал обмен телеграммами с Трумэном, в которых Эттли обвинял американского Президента во всех смертных грехах, в том числе, что Трумэн «не дал Бевину, который в этот день был занят реальными переговорами с арабами, даже нескольких часов для „сохранения лица“. И в том, что „вы даже не спросили, в чём была причина переноса конференции“». В конце одной из телеграмм он с чисто английской иронией задал вопрос: «Интересно было бы узнать, в чём действительно была причина такой спешки?»

На следующий день посол Англии дал ответ своему премьер-министру—спешка была вызвана предполагаемым буквально назавтра заявлением республиканца Дьюи, который своим просионистским заявлением должен был перетянуть голоса избирателей-евреев. «Он (Трумэн) так спешил это сделать, чтобы получить еврейские голоса».

Теперь уже взорвался Трумэн. В письме Эттли он восстановил все факты, начиная с отчёта комиссии Харрисона. Несмотря на самые искренние попытки понять отношение Англии к проблеме ПЛ, несмотря на всю возможную помощь Англии в этом вопросе, несмотря на тщательное соблюдение нейтралитета в отношениях Англии с арабами, несмотря на постоянное личное отношение и внимание Президента Соединённых Штатов, несмотря на всё, НИЧЕГО не сделано по существу вопроса. У него не осталось выбора, как выразить вслух своё глубокое разочарование. Это сделано в канун Йом Кипура по той простой причине, что чувство безнадёжности создавшейся ситуацией для евреев усиливается именно в этот день. «Я уверен, что вы согласитесь, что было бы совершенно несправедливо по отношению к этим несчастным (ПЛ-евреям в европейских лагерях) дать им прозябать ещё одну зиму без надежды эмигрировать в Палестину». Трумэн напомнил Эттли, что «цель Мандата была в создании еврейского национального очага, цель, в достижении которой у США есть глубокий и неизменный интерес».

Далеко не все в окружении Трумэна, особенно близкие к нему, считали, что «Йом Кипурский сюрприз» был сделан из партийных соображений [35]. Дин Ачесон, например, был уверен, что главной причиной были моральные соображения. «Трумэн никогда не совершал каких-либо политических действий (или бездействий) во внешней политики для поднятия статуса его партии. Такое поведение для него было бы прямым нарушением его представления о величайшем значении института (американского) президента, представлении, которое для него было священным». В важном для нас ответе сенатору Уолтеру Джорджу, резко критиковавшему Президента за «неосторожное высказывание по поводу Палестины, которое, возможно, не только потребует наших денег, но и наших военных в Палестине», Трумэн писал:

*«Я искренне хочу, чтобы каждый наш конгрессмен и сенатор смог бы посетить лагеря ПЛ в Германии и Австрии и своими глазами увидеть ужасное существование 500 тысяч человек, которые попали туда без всякой вины с их стороны [36]... Мы должны сделать всё возможное, чтобы они смогли найти место в мире для дальнейшей жизни. Только 20% из них евреи, остальные из Восточной Европы. Где-то должно существовать место, где они могут поселится... Не существует рациональной причины, по которой 100 тысяч евреев не могут поселиться в Палестине, а остальные не могут эмигрировать в Америку... Я не заинтересован политизировать ситуацию и мне всё равно, какой эффект это произведёт на избирателей в Соединённых Штатах. Я заинтересован в том, чтобы найти решение для облегче-*

*ния жизни 500 тысяч, находящихся в абсолютно ужасной ситуации…».*

Дальше в письме он выразил своё возмущение нежеланием Конгресса изменить иммиграционные законы в стране, и добавил:

*«Если я не ошибаюсь, ваши предки, как и мои, пришли в эту страну для того, чтобы избежать как раз подобной ситуации [37]».*

При всей неоднозначности вопроса о «партийности» заявления Трумэна даже на английской стороне не все разделяли мнение Эттли. Хью Дальтон, министр внутренних дел Великобритании, писал в октябре, что у него есть серьёзные основания сомневаться во мнении Эттли и Бевина: «Трумэн не занимается привлечением голосов, бесконечно повторяя своё требование о 100 тысячах ПЛ-евреев. То, что он говорит, является общим мнением американцев обеих партий».

В любом случае, Йом Кипурское выступление не помогло. Результаты выборов стали катастрофой для Демократической партии. Губернатор штата Нью-Йорк Томас Дьюи выиграл с огромным преимуществом в 650 тысяч голосов, нью-йоркский сенатор-еврей Леман проиграл своё место республиканцу с разрывом в 250 тысяч голосов. Нью-Йорк, как и вся страна, резко изменил своё политическое предпочтение и проголосовал за Республиканскую партию. Новый республиканский Конгресс отказался от многолетней либеральной ориентации демократов Восточного побережья и вступил в резкую, непримиримую борьбу с Президентом-демократом Гарри Трумэном.

**8**

**В**есь ноябрь и декабрь продолжались консультации англичан с арабами и представителями Ишува о проведении уже несколько раз отложенной совместной конференции по Палестине. За это время произошли некоторые важные события «на стороне». Состоялся официальный визит в Вашингтон сына короля Саудовской Аравии принца Фейсала. На встрече с Трумэном и Ачесоном он представлял единое мнение всех арабов Ближнего Востока. Суть его, естественно, заключалась в том, что

Палестина должна стать независимой, где вся власть будет принадлежать большинству, то есть, арабам. Евреи могут там жить на правах уважаемого меньшинства. До формального провозглашения такого государства не может быть никакой еврейской эмиграции. Все попытки американцев склонить Фейсала к какому-либо компромиссу были безрезультатными. Ачесон после переговоров написал, что «Фейсал будет непримиримым врагом, с которым надо будет очень серьёзно считаться».

Если у арабов было единое мнение, то у евреев, как обычно, их было множество. В Базеле прошла 22-я Всемирная сионистская конференция, первая послевоенная. Она по традиции называлась «Всемирной», но на ней по понятным причинам почти не было представителей Европы. Всеми уважаемый Вейцман призывал к мирным переговорам с англичанами, участию в лондонской конференции и был категорически против еврейского «терроризма» в Палестине. Сильвер и Бен-Гурион были настроены очень агрессивно по отношению к Вейцману, к англичанам и не менее — по вопросу будущего Палестины, вплоть до того, что вслух осудили идею «партишен». Их официальное мнение заключалось в том, что любая уступка всё равно будет отвергнута арабами, но станет новой базой, с которой продолжится давление англичан. «Отдать что-нибудь легко, получить обратно — практически невозможно». При голосовании по важнейшему вопросу участия в конференции в Лондоне фракция Вейцмана проиграла, одновременно впервые из лидеров американского отделения Еврейского Конгресса был исключён осторожный Стивен Вайс. Новым руководителем американских сионистов был избран Абба Сильвер.

Радикализация сионистского движения, однако, была не абсолютной. И Сильвер и Бен-Гурион на словах отвергая идею «партишен», на деле, в кулуарах, предполагали её единственно реальной основой в дальнейших переговорах. Противоречия конференции этим не ограничились. В исполнительный комитет Еврейского Конгресса были избраны люди, большинство которых не только поддерживало идею «партишен», но были согласны на участие в лондонской конференции.

Если читателю показалось, что в этой главе слишком много противоречий, то он совершенно прав — так оно было на самом деле. Даже в Госдепартаменте при обсуждении отчёта о базельской конференции создалось впечатление что «у евреев не сходятся концы с концами».

# ЧАСТЬ ТРЕТЬЯ: 1947 ГОД

## 1

В январе 1947 года произошло событие, важность которого в рамках обсуждаемого вопроса, была оценена гораздо позже. После отставки Госсекретаря Бирнса новым Госсекретарём стал генерал Джордж Маршалл. О нём — в своё время.

Лондонская конференция открылась 27 января. Евреи в каком-либо официальном статусе на ней не присутствовали, но англичане и представители Еврейского Агентства находились в постоянном, неафишируемом контакте. С английской стороны в конференции участвовали министр колоний, министр внутренних дел, премьер-министр, Герберт Моррисон и Хью Дальтон — весьма высокий уровень представительства.

С еврейской стороны в контакте с англичанами была не менее представительная группа, включавшая Дэвида Горовца, Моше Чертка, Бен-Гуриона, Нахума Гольдмана, Аббу Эбана и лидера Хаганы Моше Сне.

В Лондоне здания не имели электричества, лифты не работали, вся вечерняя и ночная жизнь проходила при свечах — это было время так называемого «угольного кризиса». Стояли предприятия и дополнительные миллионы англичан стали на время безработными; ситуация для правительства была крайне тяжёлая. Всё же конференция начала работу.

Палестинских арабов представлял Джамал Хуссейни, но реальным лидером всей арабской делегации был иерусалимский муфтий, руководящий из Египта. Большинство арабских лидеров не приехали в Лондон, так как не считали конференцию чём-то важным. Позиция арабов не предполагала никаких компромиссов. Вообще — никаких. Правда в отношении арабских лидеров к палестинскому вопросу появилась новая черта — нескрываемая враждебность к Англии. По необъяснимой причине среди арабов циркулировали слухи, что Англия предала их интересы и за их спиной договорилась с евреями о «партишен» Палестины.

В еврейской группе мнения опять разделились.
Сне требовал всю Палестину.
Гольдман поддерживал «партишен».

Бен-Гурион и Черток были готовы воевать с англичанами в Палестине, но только после того, как англичане отвергнут слишком большие еврейские претензии на Палестину, которые, тем не менее, не будут включать всю Палестину. Но они ни при каких условиях не хотели начинать «игру» с англичанами с согласия на «партишен».

Впрочем, особой политической игры не получилось. На тайной встрече с евреями в министерстве колоний Бевин объявил официальную стартовую позицию англичан на переговорах — никакого разделения, об идее «партишен» Ишув может забыть. Некоторые из присутствовавших были убеждены, что заявление Бевина не более, чем тактический ход, желание запугать Ишув возможностью прямой войны с арабами без всякой поддержки англичан. Другие, например, Горовиц увидели в этом скрытое желание англичан наконец избавиться от проблемы и передать решение вопроса в ООН.

Наконец, 7 февраля Бевин выступил с «окончательным» предложением арабам и евреям: план Моррисон-Гради остаётся в силе с некоторой модификацией. Палестина становится двухнациональным государством с двумя относительно автономными, самоуправляемыми провинциями. Британия остаётся в качестве мандаторной власти на следующие 5 лет. Эмиграция в течение первых двух лет будет разрешена в размере 4 тысяч в месяц, затем — только по согласованию с арабами. Но окончательное решение по эмиграции будет принадлежать специальной комиссии при ООН.

И арабы, и евреи мгновенно отвергли «окончательное» предложение англичан.

Рассчитывали ли на это англичане, или это случилось вопреки их расчётам, но на этом переговорная политика правительства Эттли закончилась.

К тому времени Англия потеряла контроль над Грецией и Турцией, её уже почти выгнали из Индии. Военная обстановка в Палестине стала по-настоящему военной. Английский оккупационный корпус был в осаде и Эттли объявил о срочной эвакуации женщин, детей и персонала, без которого можно было бы обойтись в Палестине. Наконец, англичане объявили на всей территории Палестины военное положение и практически блокировали Тель-Авив.

Всем, даже самым большим «ястребам» колониальной внешней политики Великобритании, стало ясно, что Палестина стала слишком дорогой, непомерно дорогой для английского бюджета.

18 февраля Бевин объявил на заседании нижней палаты английского Парламента, что Британия передаёт «палестинский вопрос» без какой-либо рекомендации на решение ООН. На возражение одного из парламентариев, что это отложит решение эмиграции ПЛ-евреев в Палестину, Бевин дословно сказал о судьбе ПЛ-евреев следующее: «После 2000 тысяч лет конфликта задержка ещё на 12 месяцев не выглядит слишком долгой». Палестинская политика Бевина потерпела сокрушительное поражение.

В своей боксёрской манере Бевин решил нанести последний удар. На этот раз—ниже пояса. 25 февраля, выступая с объяснением в Парламенте, Бевин в очень грубой форме обвинил во всех неурядицах и в провале английских планов конкретно одного человека—Гарри Трумэна. Это была длинная речь, в которой были повторены все прежние английские обиды, отмечена «правильная» роль Госдепартамента, но, по мнению Бевина, полное непонимание и глупое упрямство американского Президента стали причиной такого унизительного для Англии результата. В завершение он повторил, что для решения внутренних американских вопросов на выборах американцам понадобилось для своей пользы создать «английскую проблему» в Палестине [38].

Трумэн ответил. Он назвал «речь министра иностранных дел Бевина очень недипломатичной, практически—враждебным заявлением правительства Великобритании в отношении Президента Соединённых Штатов... Я категорически отвергаю его надуманные доводы, он знал мою позицию с самого начала, она была неизменной». Пресс-секретарю Президента было поручено написать официальный ответ, в котором будут факты и только факты, ответ, лишённый каких-либо персональных претензий и обид. Но на включении одной фразы Трумэн настаивал. После упоминания о 2000 годах конфликта и 12 месяцах дополнительной задержки решения, было сказано: «...бессердечность его заявления и его полное неуважение к человеческому страданию стали причиной для американского правительства требовать немедленного решения вопроса».

## 2

Не было большим секретом, что у англичан было два плана — первый вслух объявил Бевин для внешнего мира, второй — тайный, для своих.

План, никоим образом не рекламируемый, был следующий: Англия официально отказывается от Мандата, но по Хартии ООН решение об изменении системы управления в подмандатной территории должно быть принято не менее, чем двумя третями стран-участников ООН. Поскольку две трети можно получить только если просоветский блок и прозападный блок проголосуют одинаково в пользу резолюции, а это, как сказал Харальд Били (Harold Beeley), важный английский дипломат, «не может случиться и никогда не случится», то ООН будет вынуждена устраниться и решение Палестинского вопроса будет в очередной раз похоронено в борьбе Запада и Востока. Тогда, естественно, Белая книга опять станет рабочим документом, а мандаторная держава — Британия — станет единственным государством с правом управления. После чего она со всей силой, но уже при финансовой поддержке ООН, наведёт порядок в Палестине. В случае новых проблем ООН будет вынуждена прийти на помощь Англии, в том числе, и военной помощью, чтобы наконец задавить «террористов» в Ишуве.

В дополнение, англичане были абсолютно уверены, что дни Трумэна в Белом доме сочтены — это было общее мнение во всех политических кругах, включая американские. После прихода в начале 1949 года новой Администрации англичане ожидали куда более «понятливого» Президента, с которым можно будет договориться и по Палестине, и по Суэцкому каналу.

Такой был реальный план.

2 апреля Британия провозгласила себя неспособной решить проблему управления Палестиной и потребовала решения «палестинской проблемы» на осенней сессии ООН. После этого шестерёнки нашей истории внезапно закрутились очень быстро. ООН решила, что к сессии в сентябре у неё должна быть полная информация о Палестине. Конечно, для этого надо создать ещё одну комиссию или комитет. Уже 28 апреля United Nation Special Committee on Palestine — UNSCOP — был создан, а 8 мая начал работу. Некоторое время ушло на борьбу, какие страны дол-

жны в него входить (большинство было нейтральных), должны ли быть в его составе представители Ишува и Арабской Лиги (по требованию Англии — арабы вошли).

Начиная с 8 мая UNSCOP, состоящий из нейтральных и неприсоединившихся стран, должен был заслушать показания и рекомендации еврейской делегации — Бен-Гуриона и Чертка, а затем — арабской делегации. Представители UNSCOP в своём большинстве не только очень мало знали о проблемах ПЛ, о палестинском вопросе, о роли Англии, но, как выяснилось, практически ничего не знали о позиции арабских стран и муфтия Иерусалима во время недавней войны.

Эту информационную дыру заполнила Мэри Фредерика (Фреда) Кирчвей, (*Freda Kirchwey*), издатель журнала «Нейшен» (the Nation).

**3**

Кирчвей была своеобразным человеком. Издатель популярного леволиберального журнала, активная сторонница Республиканцев во время Испанской гражданской войны, антифашистка, сторонница политики СССР, резкий критик любого американского правительства. Кроме того, что ещё важнее, она была из самых известных и активных общественных деятелей своего времени. Кирчвей создала общественную организацию Nation Associates, членами которой были лидеры американского профсоюзного движения, крупнейшие левые журналисты, комментаторы и издатели, известные религиозные деятели, левые писатели и президенты крупных университетов, а также всё ещё очень популярная Элеанор Рузвельт. Немаловажно, что Фреда была дружна с Хаимом Вейцманом и большинством американских сионистских лидеров и близко к сердцу приняла идею создания еврейского государства в Палестине.

Ещё задолго до UNSCOP она начала, как назвал это один из её друзей, «вой-

Фреда Кирчвей, публицист, общественный деятель

ну одной женщины» в защиту идеи еврейского государства. Сотни выступлений, статей, отчётов, писем, как за её подписью, так и за подписью членов её комитета, шли непрерывным потоком к конгрессменам и сенаторам, членам кабинета ФДР, а потом — Трумэна, в газеты и журналы по всему миру.

Когда она узнала, что США согласились с Британией о включении в UNSCOP делегации Арабского Высшего Комитета, она начала яростную антиарабскую пропагандистскую компанию.

Прежде всего, всем 55 делегациям стран ООН была дана очень подробная информация о пронацистской активности арабов и муфтия Иерусалима во время войны. Удивительно, но большая часть информации основывалась на совершенно секретных документах Госдепартамента и других государственных институтов. До сих пор неизвестно, кто, рискуя оказаться в тюрьме, «слил» эту информацию Фреде.

В своём отчёте Фреда убедительно показала, что Арабский Высший Комитет (АВК) является не более, чем только формально независимым подотделом Лиги Арабских стран [39], который на самом деле является созданием иерусалимского муфтия Аль-Хусейни, и который им же и управляется из египетского убежища. Никто из членов делегации АВК, представленной в UNSCOP, никогда никем не выбирался, но назначались муфтием, а три члена Арабского Высшего Комитета от Палестины являются одними из самых худших нацистских преступников. Вся информация была подтверждена документами из нацистский архивов, захваченных американскими военными в Германии. На всех членов арабской делегации в UNSCOP были предоставлены фотографии и описание их встреч с Гитлером, Гиммлером, послами Германии, Италии, прочими высокопоставленными нацистами.

К полной прострации английской делегации были предоставлены подробные, документально подтверждённые доказательства их участия в организации антибританских арабских восстаний на территории Палестины и арабских стран. Все эти восстания, как было убедительно доказано, финансировались нацистскими деньгами и при личном руководстве муфтия Иерусалима. На самого муфтия было предоставлено такое полное досье, что его вполне хватило бы, чтобы посадить муфтия на скамью подсудимых в Нюрнберге.

Вторым шагом Фреды Кирчвей было создание и распространение среди всех делегаций ООН, мировой прессы и различных общественных организаций 133-х страничного отчёта «Палестинская проблема и рекомендации по её решению». Один экземпляр отчёта был послан Президенту Трумэну. В отчёте самым подробным образом описывался возможный путь создания еврейского государства, предсказывалась победа нового государства в вооружённой борьбе с арабами. Важной частью отчёта было спокойное и доказательное предсказание, что влияние возможного арабского бойкота будет минимальным и, в том числе, была глава о том, что создание еврейского государства в Палестине не приведёт к потере американских нефтяных интересов в регионе и, тем более, к остановке потока арабской нефти.

На фоне всего случившегося позже и, в частности, голосования в ООН о разделении Палестины на два независимых государств, трудно отдельно выделить влияние Фреды Кирчвей. Но совершенно очевидно, что благодаря её усилиям по распространению информации и документов об арабской стороне в конфликте, многие делегации изменили своё представление о палестинской проблеме [40].

4

Работа UNSCOP проходила на фоне резкого ужесточения борьбы между нелегальными еврейскими военизированными организациями сопротивления и Британской военной администрацией. Новый шеф английской военной полиции, полковник Грэй, создал специальную карательную организацию, в задачу которой входило внесудебное уничтожение всех заподозренных в террористической активности. Командиром «спецназа» был назначен майор Рой Фарран, который до того оставил после себя кровавый след в Ирландии и для которого убийство человека было в порядке вещей.

6 мая (1947) в Иерусалиме его подчинённые заметили безоружного школьника Александра Рубовитца, который расклеивал листовки Лехи. Фарран приказал тайно похитить мальчика и подверг его жестокому допросу, надеясь узнать по чьему заданию он работал. Не узнав ничего ценного, он со своими людьми вывез мальчика из Иерусалима в одно из пустынных мест, привязал к дереву и пытал в течение нескольких часов, а затем убил его, разбив голову тяжёлым камнем. После чего труп оставили на съедение шакалам.

Даже Черчилль, который в это время был в оппозиции, не преминул заметить, что правительство Эттли ведёт «бессмысленную, грязную войну с евреями для того, чтобы отдать Палестину арабам или бог знает кому ещё».

Этот случай, как и казни англичанами участников сопротивления, повлекли за собой резкое увеличение актов насилия со стороны евреев, что в свою очередь вызвало ещё большее насилие со стороны англичан. Все происходящее *практически на глазах UNSCOP* существенно изменило взгляды членов делегаций, они даже стали сочувствовать еврейской стороне. Во время работы уже в самой Палестине члены делегации были очень удивлены открытой враждебностью Английской администрации, арабской политической верхушки и практически всех рядовых арабов не только к самой идее еврейского государства, но и их открытым, подчёркнутым антисемитизмом.

Характерным примером может служить неформальная встреча членов UNSCOP в Ливане, (городе Sofar) с делегатами арабских стран. На встрече в министерстве иностранных дел Ливана один из самых уважаемых членов комитета, представитель Гватемалы Хорже Гранадос разговорился с руководителем ливанской делегации в ООН Камилем Шамуном. Гранадос не случайно выбрал для разговора Шамуна, он считал его самым культурным и развитым среди всех арабских делегатов. Гранадос спросил его мнение о разделении Палестины, как возможном решении. Ответ Шамуна был честным: «Достигнуть какого-либо взаимопонимания будет очень трудно, арабы никогда не согласятся на это. Они, скорее, начнут войну». «А как насчёт двух автономных регионов, за что ратует Моррисон-Гради комиссия?» «Об этом будет также трудно договориться». «Но почему бы не дать евреям развивать свою автономию на небольшом участке земли в Палестине?» «Пусть другие страны занимаются проблемами евреев и берут их к себе. Арабы никогда не согласятся принять в Палестине даже одного еврея».

Назавтра, после неформальной встречи, последовала формальная с лидерами арабских стран, но результат был однозначно отрицательным для евреев, арабы не пошли ни на какие уступки. «Палестина должна оставаться арабским государством, где евреи будут жить в качестве религиозного меньшинства». Министр иностранных дел Ливана Хамид Франже пошёл дальше и заявил на встрече, что по мнению арабов все евреи, пришедшие в Палестину после Декларации Бальфура (ноябрь 1917), являются нелегальными иммигрантами и должны быть немедленно депортированы после создания арабской Палестины. Речь шла о 400 тысячах человек.

Параллельно с работой основной части делегатов UNSCOP был создан небольшой подкомитет, который ещё раз побывал в нескольких лагерях ПЛ в Европе. Там они узнали, что американская армия, по словам её представителя, не может справиться с проблемой ПЛ ни материально, ни психологически. Число ПЛ-евреев не уменьшилось, но выросло до 225 тысяч, и у армии совершенно нет ресурсов на их содержание. Все попытки расселить часть из них в странах Европы *«показали полное отсутствие интереса, полное отсутствие результата»* (выделено мной—*И.Ю.*).

Итог деятельности UNSCOP, который по словам одного американского дипломата «если UNSCOP не представляет мировое мнение, то что тогда его представляет?» был обнародован 1 сентября 1947 года. Комитет рекомендовал забрать Мандат у Британии [41] и предложил Генеральной Ассамблее ООН два варианта плана разделения Палестины на отдельные государства. Оба плана с небольшими оговорками были приняты еврейскими организациями и Ишувом, оба плана были совершенно категорически, в самой агрессивной форме отвергнуты арабами.

24 ноября Моше Черток и Джамал Хуссейни выступили с заключительными ремарками перед делегатами ООН. Выступление Чертка было кратким. В частности, он сказал: «Право евреев на эмиграцию и жизнь в Палестине никак не менее законно, чем у арабов… Народ, который за шесть лет потерял шесть миллионов человек никто не сможет остановить в попытке жить в единственном месте на земле, которое он считает принадлежит ему».

Время между 25 ноября, когда организационный комитет ООН наконец утвердил один из планов и передал его на всеобщее голосование, и самим голосованием было наполнено надеждами, сомнениями, драмами и трагедиями. По плану голосование должно было состояться *«на следующий день»*, 26 ноября. Довольно неожиданно по ликующим англичанам и совершенно удручённым лидерам Ишува стало ясно, что необходимых двух третей голосов у евреев нет. Под сильнейшим давлением англичан и арабов несколько стран в последнюю минуту изменили своё решение и объявили, что они будут голосовать против или решат воздержатся. Среди них были Филиппины, Гаити, Греция, множились слухи о шатающихся странах Латинской Америки и некоторых других.

Времени на уговоры правительств неопределившихся стран просто не было. Или всё же было? К счастью, и тут помогла Америка. 27 ноября, в четверг, был американский День Благодарения — Генеральная Ассамблея брала выходной. Если бы удалось перенести голосование на один день, то это могло дать шанс сионистам. Было срочно решено «заговорить» делегатов до полусмерти, так, чтобы на голосование 26 ноября не осталось времени. Быстро нашли «друзей», которые согласились участвовать в представлении — обсуждать как можно дольше предстоящее голосование, находить доводы за и против, как бы убеждая делегатов и вызывая возражения.

Абба Эбан нашёл сочувствующего евреям руководителя уругвайской делегации в UNSCOP профессора Родригеза Фабрегата и уговорил его выступить. Тот в свою очередь попросил помочь своего друга, гватемальца Гарсиа Гранадаса, для которого «говорить ни о чём пару часов было сущим пустяком». Речи «за» вызвали дополнительные речи «против» от представителей арабов. Время шло, перерыв на обед несколько раз переносили. Было уже темно, когда наконец объявили перерыв на обед — на 40 минут. За это время Ньюман из Еврейского Конгресса сумел «поймать» генерала Хиллдринга, американского члена организационного комитета ООН по Палестине, и попросил срочно собрать сочувствующих евреям членов американской делегации (далеко не все были сочувствующими, большинство было представителями Госдепартамента) и от имени как бы всей делегации обратиться к Ассамблее с просьбой перенести обсуждение на следующий рабочий день, предоставив американцам свободный вечер в связи с «большим национальным праздником».

«Нужные» американцы быстро устроили обращение, и Президент Генеральной Ассамблеи ООН Освальдо Оранхо, благосклонно относящийся к евреям, поставил вопрос о переносе заседания на следующий рабочий день — пятницу — на голосование. Счёт голосования был 24 к 21 в пользу переноса. Но в пятницу утром по просьбе французского делегата Александра Пароди «следующий рабочий день» был перенесён ещё на 24 часа под предлогом необходимости дать делегатам время для согласования разногласий. У евреев Ишува и у американцев появилось нужное время для «работы» с президентами и премьер-министрами примерно 10 стран, чтобы склонить их голосовать в пользу образования еврейского государства [42]. Как и какими способами их уговаривали широко известно, но главное — дело было сделано [43].

29 ноября состоялось историческое голосование на Генеральной сессии ООН по резолюции 181. Как известно, СССР по своим сложным политическим соображениям решил голосовать за разделение Палестины. В итоге 33 страны проголосовали за раздел Палестины на два государства, 13 были против, 10, включая Англию, воздержались. Последним днём действия британского Мандата в Палестине был определён день 14 мая 1948 года.

## ЧАСТЬ ЧЕТВЁРТАЯ: 1948 ГОД, ДО 6 ВЕЧЕРА 14 МАЯ

### 1

**В**ернёмся к Гарри Трумэну и более внимательно посмотрим на его окружение, прежде всего на тех, кто сыграет роль в его решении по признанию Израиля.

**Джон Маршалл** — министр иностранных дел, Госсекретарь (68 лет в 1948 году). Бывший начальник Генерального штаба США во время войны.

Среди всех известных Трумэну в течение его жизни людей на государственной службе ни к кому у него не было такого уважения и даже преклонения, как к Джону Маршаллу. Он считал и неоднократно говорил об этом вслух, что это был Маршалл, кто выиграл Вторую мировую войну. Пожалуй, только на Маршалла Трумэн смотрел снизу вверх как на человека с незапятнанным авторитетом и как на не подверженного политическому давлению. Как на человека, который никогда не побоится высказать своё мнение в глаза любому, включая президента.

**Кларк Клиффорд** (*Clark Clifford*) — специальный советник Президента (42 года). Случайно появился в окружении Трумэна в начале лета 46 года в качестве ничего не значащего временного помощника советника по делам флота. Человек абсолютно без всяких политических амбиций, был назначен помощником советника только потому, что был земляком Трумэна и все знали, что Трумэн любит окружать себя земляками. До этого — капитан (по званию) на флоте, воевал с 44 года. Из очень интеллигентной семьи. До войны был известным юристом в Сент-Луисе. За год в Белом доме прошёл путь от никому не известного и, по его собственным словам «не знаю-

Джордж Маршалл, госсекретарь США

щего, чем заняться» на своей должности, до ближайшего советника и личного друга Президента, кем и остался на всю жизнь. Красавец-мужчина, высочайше образованный, всегда спокойный и рассудительный, невероятно трудолюбивый и организованный, при этом джентльмен английского типа. В дальнейшем, при последующих президентах будет важным советником у Кеннеди, руководителем внешней разведки, министром обороны при Джонсоне. В качестве главного советника по палестинскому вопросу примерно с середины 47 года имел возле себя Макса Ловенталя, о котором позже говорил, что Ловенталь больше других сделал для признания Израиля.

Кларк Клиффорд, советник Президента Трумэна

Его знакомство с «еврейским» вопросом произошло совершенно случайно. Бездельничая первое время в Белом доме, он попал на глаза Сэму Розенману, бывшему судье, бывшему автору речей ФДР, одному из двух оставленных при Трумэне бывших советников ФДР. Розенман попросил помочь ему в своей текущей работе и они быстро подружились. В разговорах встал вопрос о будущем европейских евреев и Розенман объяснил ничего вообще не знающему об этом Клиффорду сложившуюся ситуацию и важность создания государства, где наконец евреи могут чувствовать себя дома. «Я узнал достаточно много от судьи Розенмана… у него было твёрдое мнение об этом… Я стал на сторону евреев и стал адвокатом еврейского государства». Когда Трумэн как-то решил услышать совет Клиффорда, который к тому времени стал советником по делам флота, по какому-то поводу, он был удивлён его знаниями и сложившимся мнением. В июне 1946 года, когда Розенман решил покинуть Администрацию, Трумэн думал не заполнять освободившуюся вакансию. Но вскоре стало ясно, что просто некому писать для Трумэна речи, быть связным с министрами и работать с министерством юстиции. Совершенно неожиданно выяснилось, что лучше Клиффорда на эту работу никого под рукой нет. 27 июня Клиффорд был официально назначен на должность «специального советника» при Президенте США. Очень быстро Клиффорд стал буквально незаменимым для Трумэна, «связывая» Президента с Госдепартаментом и военными министерствами, как сам Клиффорд позже писал: «я стал главным советником по вопросам национальной безопасности».

**Дэвид Найлс**—помощник Президента по связям с меньшинствами (60 лет), второй из двух советников ФДР, которых Трумэн оставил у себя. Невысокого роста, полноватый, сын еврейских эмигрантов из России, никогда не выпячивающий своего положения, всегда преднамеренно остающийся в стороне от внимания журналистов, говоривший о себе, что менее важного чиновника в Администрации надо ещё поискать, известный тем, что практи-

Дэвид Найлс, советник президента по национальным меньшинствам и Гарри Трумэн

чески весь рабочий день разговаривает по телефону, проводящий выходные в театрах Нью-Йорка, но чрезвычайно близкий одновременно к Трумэну и к еврейским сионистским организациям Америки.

**Эдди Джекобсон** — старинный товарищ Гарри Трумена. Это отдельная история. Эдди никоим образом не принадлежал к вашингтонском истеблишменту, да и ни к какому другому. Он родился в Нью-Йорке на Нижнем Ист-Сайде в бедной еврейской семье эмигрантов из Литвы. Почти сразу после рождения Эдди семья переехала в Канзас Сити, штат Миссури, соседний город с Индепенденс, где жили Трумэны. Эдди был вынужден бросить школу после 8-го класса и идти работать «мальчиком на все руки» в местный магазин. Он впервые встретил Трумэна, когда в свои 14 лет приносил в банк чеки от хозяина магазина, а 21-летний Трумэн принимал их в окошке банка. Трумэн был банковским клерком в то время.

В 1917 они оба, каждый по себе, записались добровольцами в американскую армию и встретились в военном лагере в Оклахоме. Джекобсон был, естественно, рядовым, а окончивший среднюю школу и старше на 7 лет Трумэн — лейтенантом. С едой в лагере было совсем плохо и у Трумэна возникла идея организовать магазин-кооператив для солдат своей артиллерийской дивизии. Каждый из 1100 солдат и офицеров вложили по 2 доллара и учредили рабочий капитал. Но нужен был человек, который понимал что-либо в торговле, где и как покупать продукты, как вести хозяйство, учёт и прочие дела, которые приобретаются только с опытом. Трумэн попросил Джекобсона стать его компаньоном. К тому времени весь необходимый опыт у Эдди уже был. Магазин стал коммерческим успехом, не только в помощи прокормиться, но и в чисто финансовом смысле. Кстати, это был единственный

Эдвард Джекобсон

коммерческий успех Трумэна за всю его жизнь. Ко времени отправки на фронт каждый пайщик получил назад свои 2 доллара и ещё 5 долларов прибыли. После этого Трумэн и Джекобсон стали близкими друзьями на всю жизнь.

После войны оба они оказались без работы и без средств к существованию в то время, когда оба достаточно успешно обхаживали своих невест — Бесс и Блюму. В 1919 году оба женились, но жить было не на что. Кроме того, Трумэн пошёл в примаки к тёще, женщине недоброй, зятя не любившей, денег на жизнь не дававшей и категорически против того, чтобы порог её дома переступал еврей. Многие вечера Трумэн проводил в доме Эдди за разговорами и игрой в карты. В 1921-м году, вспомнив свой успех, они решили вместе открыть магазин. Эдди посоветовал магазин галантереи с упором на мужские товары. Трумэн занимался учётом и бухгалтерией, Эдди — закупкой, продажей — оба по очереди. По словам Блюмы, жены Джекобсона, партнёры никогда не заключали какой-либо договор, но полностью полагались на честное слово. Магазин в Канзас Сити был вначале большим успехом, но через год начался экономический спад и дело закончилось банкротством. Обанкротившиеся партнёры занялись другими делами, Джекобсон в частности стал коммивояжёром, но они никогда не теряли дружеских отношений.

В то время, когда Трумэн стал Президентом, Джекобсон был владельцем небольшого магазина в Канзас Сити.

Внезапно он стал знаменитым, но все попытки друзей, знакомых и незнакомых добиться через него каких-то привилегий от Президента, оканчивались жёстким отказом. Трумэн знал, что Джекобсон верующий еврей, но в то же время — американский патриот.

Президент Гарри Трумэн в магазине Джекобсона

Несмотря на совершенно различное положение, Трумэн глубоко уважал своего друга и ценил его мнение. Поэтому, когда Джекобсон всё же просил о чём-то Трумэна, тот слушал внимательно. Сам Трумэн после писал: «И когда пришёл день, что Эдди решил меня о чём-то попросить и появился у меня в кабинете рассказать о трагедии евреев, я был весь во внимании». Напомню, что после решения Англо-Американского комитета, когда Трумэн был крайне раздражён от непомерных требований со всех сторон и отказывался принять любую еврейскую делегацию, именно Джекобсон организовал важную встречу просионистски настроенных деятелей в Овальном кабинете. Но его роль в дальнейшей истории была гораздо важнее.

2

Расстановка сил среди людей, принимающих решение в Вашингтоне, к началу 1948 года складывалась следующая. Новый Госсекретарь Маршалл, его люди в министерстве иностранных дел (Госдепартаменте) [44], новый министр обороны Форрестал и его подчинённые — были категорически против итогов голосования в ООН и ещё более против дальнейших шагов США по признанию нового государства. Форрестал утверждал, что если даже немедленно заменить 50 тысяч английских войск в Палестине [45] на 100 тысяч американских, то арабы начнут войну и неминуемо сбросят евреев в море. Кроме того, согласно Форресталу, всё, что могла наскрести американская армия для немедленной отправки в Палестину, это не более 30 тысяч солдат и 23 тысяч морских пехотинцев.

Маршалл, именем которого назывался критически важный план по восстановлению Европы, напомнил Трумэну, что 80% нефти Европа получает из Ближнего Востока от арабов и не существует альтернативы снабжения. Кроме того, именно в эти дни произошёл коммунистический кровавый переворот в Чехословакии и существовали серьёзные опасения, что следующие на очереди Франция и Италия. Армия в любой момент могла понадобиться в Европе.

На другом полюсе, просионистском, Клиффорд, Найлс, Конгресс, две трети американского народа [46] и большая часть советников Трумэна.

Отношения между просионистским окружением Трумэна, прежде всего—Клиффорда и Найлса, и людьми Госдепартамента становились всё более враждебными. Джонатан Даниэлс, один из советников ФДР и человек очень хорошо знакомый с обстановкой в Вашингтоне, писал, что «многие в Белом доме полагают, что мнение некоторых профессиональных дипломатов основано на простом антисемитизме, не дипломатии. В свою очередь, люди в Госдепартаменте искренне полагают, что люди в окружении Трумэна больше думают об Израиле в смысле политической выгоды для партии, чем американской безопасности».

Историческое голосование 29 ноября люди Госдепартамента проиграли, но быстро перестроились и начали скрытый саботаж выполнения решения Резолюции 181. Их целью было показать, что Ишув:

- во-первых, сам является террористическим анклавом в Палестине, которому никак нельзя позволить стать террористическим государством—это была, кстати, официальная защитная линия Англии;
- во-вторых, в серьёзном военном противостоянии с арабами неминуемо быстро потерпит полное поражение и для спасения оставшихся евреев понадобиться срочная военная помощь США.

Целью стратегии Госдепартамента и «примкнувшего к нему» министерства обороны было создать впечатление, что после ухода Британии из Палестины арабы немедленно начнут успешную войну на уничтожение Ишува и тогда ООН для спасения оставшихся евреев будет вынуждена отменить «партишен» и перейти к созданию некоего международного органа (trusteeship) под эгидой ООН для прямого управления неразделённой или только формально разделённой Палестиной. И если это неминуемо случится, то почему вообще надо создавать еврейское государство?

Совершенно неожиданно для всех, включая Трумэна, под самым благовидным и лживым предлогом Госдепартамент объявил о введении эмбарго на продажу любого вида оружия евреям Ишува и всем соседним арабским странам. Сам факт эмбарго со стороны Госдепартамента весьма странен и вряд ли прошёл бы проверку на законность [47], но Трумэн не решился на конфронтацию [48]. То, что Британия резко увеличила продажу оружия, включая артиллерию и танки, арабам никем, включая Британию, не скрывалось. Англичане просто открыли для арабов все свои огромные военные склады на территории арабских стран.

Вторым неожиданным актом Госдепартамента было объявление, что отныне американцам, кроме дипломатов и людей, ведущих бизнесы в ближневосточном регионе, не будут выдаваться паспорта в Ближневосточные страны. Это решение мгновенно остановило поток евреев-добровольцев из США в Палестину для защиты Ишува, а добравшихся туда нелегально сделало преступниками [49].

И, наконец, была борьба Госдепартамента в интересах арабов выхолостить любым способом технические решения комитета UNSCOP. Среди множества указаний Госдепартамента американской делегации в ООН, непрерывно обсуждавшей с другими странами технические вопросы разделения, были:

- уступить арабам в качестве отдельного анклава Яффо, где проживало 70 тысяч арабов и только 10 тысяч евреев (есть мнение, что Яффо был первоначально включён в арабскую зону);
- уступить восточную границу Западной Галилеи, включая Цфат, где на 9500 арабов было только 2500 евреев;
- уступить арабам весь южный Негев, где на 60 тысяч арабов не было ни одного постоянного еврейского поселения [50].

Многие люди, близкие и не очень близкие к Трумэну предупреждали его, что Госдепартамент вместе с министерством обороны начали тайную войну против Трумэна и его взгляда на решение палестинской проблемы [51]. Но Трумэн искренне им не верил, полагая, что, во-первых, конституционное право на ведение внешней политики принадлежит только Президенту и никто в здравом уме не может на это право посягать, во-вторых, его вера в Маршалла, и в то, что он думает так же, как и Президент, была абсолютной.

В Госдепартаменте тем временем была сформирована «рабочая группа», которая занималась теоретическими и практическими вопросами противостояния Трумэну. Во главе её был Лой Хендерсон. В группу входили Дин Раск и Роберт Ловетт — заместители Госсекретаря, а также самый выдающийся ум Госдепартамента Джордж Кеннан.

То, что было не очевидно Президенту, было очевидно многим другим. Госдепартамент и Белый дом были завалены телеграммами с требованием уволить Хендерсона. В один из дней, в крайнем раздражении, Трумэн вызвал Хендерсона в Овальный кабинет Белого дома, где в присутствии Найлса и Клиффорда потребовал защитить его проарабскую позицию. Хендерсон позже писал, что Клиффорд и Найлс в присутствии Президента пытались унизить и оскорбить его. Хендерсон защищал свою позицию тем, что это коллективное мнение всех сотрудников посольств и консульств большого Ближнего Востока, а также — всех сотрудников министерства, ответственных за этот регион. В какой-то момент вопросы Клиффорда и Найлса стали настолько резкими и недружелюбными, что Трумэн не выдержал и со словами «О, черт возьми, это уже слишком» покинул свой кабинет.

3

Наступили решающие дни перед уходом Великобритании из Палестины, а Трумэн всё не мог для себя решить, какому из двух серьёзных и по-своему аргументированных подходов он должен следовать.

Все заинтересованные стороны прекрасно понимали, что времени убедить Президента в том или ином решении осталось очень немного. «Еврейское давление на Белый дом только увеличилось перед голосованием», — писал Трумэн в своих воспоминаниях. «Отдельные люди и группы просили меня — обычно на повышенных тонах и очень эмоционально — остановить арабов, заставить англичан не поддерживать арабов, отправить американских солдат делать то и делать это. Как мне кажется, можно сказать, что я сохранил веру в справедливость моих действий (по Палестине), несмотря на некоторых евреев». Сотни тысяч писем частных лиц были посланы в Белый дом; под давлением еврейских организаций в 33-х штатах законодательные органы приняли резолюции в поддержку «партишен» и установлению еврейского государства. 40 губернаторов и большинство в Конгрессе подписали петицию Президенту в пользу еврейского государства. Дэвид Найлс во время одной из встреч с Трумэном расплакался и сказал, что он немедленно подаст в отставку, если Трумэн не изменит своего неопределённого отношения к вопросу. Даже Эд Флинн, лидер демократов в Нью-Йорке и очень близкий к Трумэну человек, приехал из Нью-Йорка только для того, чтобы сказать, что или Президент наконец сделает что-то из обещанного евреям, или может не рассчитывать на поддержку Нью-Йорка в номинации на президентство.

В противоположном лагере тоже не дремали.

Секретный меморандум для высшего руководства Госдепартамента, написанный руководителем специальной «группы планирования» Джорджем Кеннаном, рекомендовал немедленно прекратить любую поддержку «партишен». Официальное мнение только что созданного ЦРУ заключалось в том, что «партишен» совершенно нереально, и отношение Администрации к разделению Палестины должно быть пересмотрено. Госсекретарь Маршалл на заседании Совета по национальной безопасности заявил: «Соединённые Штаты играют с огнём, не имея в наличии ничего, чтобы могло его погасить».

Лой Хендерсон в своих воспоминаниях пишет:

*«Наблюдая за Президентом, из его слов и его мимики, я совсем не был уверен, что даже в эти дни он окончательно пришёл к какому-то решению. Конечно, у меня не было возможности узнать его реальные чувства, но мне казалось, что он понимал, что Конгресс, Демократическая партия, пресса, возбуждённое американское общественное мнение выступят резко против него, если он отзовёт свою поддержку сионистам и палестинскому вопросу. С другой стороны, я думаю он был очень обеспокоен долгосрочными последствиями для США, если он будет продолжать поддерживать политику, рекомендуемую сионистами. Я думаю, что он подсознательно надеялся, что в один прекрасный день Госдепартамент скажет ему, что разделение Палестины на арабское и еврейское государства — согласно рекомендации ООН, будет в интересах Соединённых Штатов. Однако, это то, что Госдепартамент не мог сделать».*

Госдепартамент и министерство обороны не были единственными противниками сионистов и идеи «партишен». Параллельно шла серьёзная работа по созданию «правильного» общественного мнения. Три совершенно различные силы создали довольно неожиданный по составу антисионистский союз.

Во-первых, важную роль в нём играли многочисленные протестантские церкви и организации, в первую очередь связанные с зарубежными миссиями, образовательными и благотворительными проектами в арабских странах. Их лидером был известный и уважаемый президент Американского университета в Бейруте Байярд Додж, представлявший Ассоциацию учебных заведений Ближнего Востока. Агрессивно антисионистским был один из самых известных протестантских еженедельников Christian Century, а также ряд известных христианских теологов страны.

Во-вторых, не опустили руки и люди, связанные с нефтяным бизнесом на Ближнем Востоке. Существование, и очень неплохое существование нефтяного американо-саудовского консорциума ARAMCO зависело от доброй воли арабов и, прежде всего, короля ибн Сауда. Король никогда не скрывал абсолютную неприемлемость сионистской идеи. Связанные с нефтяными интересами в Саудовской Аравии люди бизнеса, так и обслуживающие их юристы, пресса, политики, были чрезвычайно обеспокоены результатами голосования в ООН и поддержкой создания еврейского государства Трумэном; будущее выглядело для них весьма мрачно. Совершенно естественно, ими была начата мощная пропагандистская антисионистская компания. Лидером и организатором кампании стал Уильям Эдди, бывший разведчик, бывший посол в Саудовской Аравии и бывший переводчик на переговорах Франклина Рузвельта и саудовского короля. Вторым человеком в этой организации, изо всех сил стараясь оставаться в тени, стал вице-президент ARAMCO Джеймс Дьюс (James Duce). Последний не только щедро оплачивал «мнение» американских политиков и прессы, но организовал в Вашингтоне некое подобие филиала Госдепартамента, с большим штатом «отдела по связям с арабскими странами». Значительные деньги ARAMCO выделял не только лоббистам и политикам, но и университетам на создание проарабских программ. Образцом антисионистской, проарабской программы была программа в Принстонском университете.

Но интереснее и важнее других была третья сила — еврейские антисионистские организации Америки.

В 1942 году, видя всё растущую популярность сионистского движения в стране и после того, как «Центральная Конференция американских раввинов» высказалась в пользу создания еврейской армии, определённые еврейские организации резко разорвали отношения с ведущими из существующих еврейских организаций и создали свою—America Council for Judaism (ACJ). ACJ практически весь состоял из евреев немецкого происхождения. Их религиозным направлением был реформистский иудаизм, а идеологией—отрицание еврейской национальной идентичности, в которой они видели прямую угрозу их американизму и все неудобства двойной лояльности. Президентом ACJ был избран Лесслинг Розенвальд *(Lessling Rosenwald)*, глава крупнейшей в то время торгово-промышленной империи Sears Roebuk, практическую работу вёл его заместитель Эльмер Бергер (Elmer Berger), раввин из города Флинта, Мичиган. Бергер вскоре нашёл существенную поддержку у очень богатого Джорджа Левисона (George Levison) из Сан-Франциско и известного раввина Морриса Лазарона. Все четверо обладали не только харизмой, умением организовать работу, почти неограниченными финансами, но и огромными связями во всех слоях американского общества. Их работа, работа всего ACJ заключалась в том, «чтобы убедить американских евреев, что сионизм фундаментально противоречит не только американским идеалам, но и универсальному, религиозному характеру иудаизма».

Объединил все три силы под единое командование интереснейший человек, история которого описана в шпионских романах («мистер „Иран“») и многочисленной исторической литературе. Человек, которого почти невозможно охарактеризовать обычными определениями, ещё труднее разобраться в его делах и в его влиянии на события. Его звали Кермит (Ким) Рузвельт, он был внуком Президента Теодора Рузвельта. Совершенно определённо, он был высокопоставленным профессиональным разведчиком— как в роли официального резидента в Сирии, Египте и позже—в Иране, так и свободно путешествующего журналиста по заданию ведущих американских журналов, одним из лучших знатоков арабской цивилизации, знавшим всех и входившим „без стука“ в любой арабский королевский

Кермит (Ким) Рузвельт—дипломат, разведчик, историк, писатель

двор и в любое высшее арабское общество, автором популярной и прекрасно написанной в 1947 году книги „Арабы, нефть и история», идеи которой до сих пор служат верой и правдой американской дипломатии.

В книге аргументировано была отвергнута вся английская колониальная система на Ближнем Востоке, которая привела к безнадёжному разрыву между правящими элитами арабских стран, на которые опирались, которые кормили и поддерживали военной силой англичане, и народами этих стран. Никоим образом КР не был антисемитом, его ближайшим другом всей жизни был Тедди Колек, легендарный мэр Иерусалима, и ещё десяток известнейших евреев [52]. В своей книге Ким Рузвельт совершенно однозначно признавал искренность мотивов сионистов, их понятное желание найти убежище от преследований, которые они слишком долго испытывали от своих христианских соседей. «К нашему стыду, антисемитизм—в той или иной степени—был определяющей характеристикой всего христианского мира, от России до Америки». Ещё более жёстко он говорит об арабском антисемитизме и пронацистском поведении арабов во время войны. Но при всём этом он был принципиальным антисионистом, считая создание еврейского государства в Палестине огромной геополитической угрозой американским интересам.

В январе 1948 он опубликовал статью «Partition of Palestine: a Lesson in Pressure Politic» (Разделение Палестины: уроки политического давления), в которой среди прочего назвал решение ООН «поучительным и тревожным». Все американцы «с дипломатическим, академическим, миссионерским или бизнес опытом работы на Ближнем Востоке категорически против сионизма». Сионистское движение, по его мнению, было таким успешным среди прессы и Конгресса только потому, что ему удалось обвинить оппонентов в нечистоплотных, антисемитских мотивах. Только в этом причина того, что и Администрация (Трумэна) стала поддерживать мнение сионистов, которое абсолютно противоречит национальным интересам в регионе. Урок случившегося, по Киму Рузвельту, состоит в том, что «разделение (*призыв к разделению—И.Ю.*) Палестины ясно демонстрирует жизненную необходимость внешней политики, которая была бы основана на национальных, а не узких партийных интересах».

Ким Рузвельт вернулся с Ближнего Востока в США осенью 1947 и немедленно начал создавать реальную и влиятельную антисионистскую организацию, единственной целью которой было убедить Администрацию Трумэна отменить свою поддержку Резолюции 181 и вместо создания еврейского государства ограничиться поддержкой некоего нового комитета под эгидой ООН по управлению неразделённой, уже не английской Палестиной. В феврале 1948 был создан «Комитет за справедливость и мир на Святой земле».

Очень важную роль в Комитете играли два человека. Одним из них был еврей Джордж Левисон. В 1944 он «работал» в американской экономической миссии Джеймса Лэндиса в Каире. Миссия была официальным прикрытием для работы разведчиков из OSS, предшественника ЦРУ. В Каире «экономический советник» Левисон жил в одной комнате с Кимом Рузвельтом, резидентом в Египте. В военные годы Левисон также служил в Госдепартаменте, где сблизился с Хендерсоном. В итоге сложился очень дружественный и влиятельный треугольник Ким Рузвельт, Левисон и Хендерсон, куда они изо всех сил пытались втянуть хорошо им всем знакомого Дина Ачесона, первого заместителя Госсекретаря Маршалла. Но если Ачесон сохранил свою независимость и лояльность Президенту, то через Левисона и Бергера Комитет получил абсолютную поддержку ACJ.

Вторым человеком была легендарная женщина, Вирджиния Гилдерслив (*Virginia C. Gildersleeve*), почти бессменный президент престижного Bernard Colledge в Нью-Йорке и основоположник современного женского образования в стране. Она была единственной женщиной в официальной американской делегации при учреждении ООН. Вирджиния Гилдерслив и стала президентом Комитета.

Она не была новичком в арабо-еврейском конфликте, скорее, была весьма известна своими антисионистскими выступлениями. Гилдерслив входила в интеллектуальный круг самых известных американских арабистов.

Вирджиния Гилдерслив

Она была дружна с дипломатом и филантропом Чарльзом Крейном (Charles Crane), воинствующим антисемитом, сыгравшим крайне негативную для евреев роль во время Парижской мирной конференции после окончания Первой мировой войны. В 1930-е Крейн восхищался Гитлером, и по поводу нацистской антиеврейской политики писал своему другу, американскому послу в гитлеровской Германии: «Дайте Гитлеру делать его дело». Ещё ближе она была с Джорджем Антониусом, известным арабистом и исследователем арабского национализма.

Как официальный лидер Комитета, она объявила его целью «помочь Совету Безопасности ООН в прекращении огня в Палестине и оказать давление на Генеральную Ассамблею ООН с целью отмены Резолюции 181 по Палестине».

Всё же Гилдерслив не была главным человеком в Комитете. Всё решал Ким Рузвельт вместе с Бергером, Левисоном и Лазароном. Три последних, представители ACJ, эффективно защищали Комитет в любом обвинении в антисемитизме. В начале марта Комитет организовал встречу Гилдерслив и ещё двух известных арабистов с Госсекретарём Маршаллом. Маршалл выслушал аргументы делегации «с большой симпатией к нашему мнению». Очень близкие рабочие отношения были установлены и с Уорреном Остином, главой американской делегации по Палестине в ООН. Остин согласился информировать Комитет о всех перепитиях внутренней кухни американской делегации и об её взаимодействии с Госдепартаментом и людьми Трумэна.

Комитет отчаянно боролся на разных фронтах против разделения Палестины, близко и согласованно работая с Хендерсоном и другими чиновниками Госдепартамента, участвуя в многочисленных дебатах в прессе, выступая во всевозможных общественных организациях. Но… особого успеха не добился. Общественное мнение страны оказалось на стороне сионистов. К тому же с самого начала Комитет сопровождали финансовые скандалы. Выяснилось, что члены Комитета получали деньги в конвертах от представителей нефтяного лобби, и эти деньги никогда не отмечались в финансовых отчётах. Сама Гилдерслив оказалась замешанной в скандале, когда стало широко известно, что по её инициативе в Бернард колледже была создана невыносимая обстановка для студентов-евреев (Гарвард и Колумбийский университет не были первооткрывателями—И.Ю.). Итог работы

Комитета лучше всех выразил Бергер. Обсуждая результат работы Комитета, он сказал Киму Рузвельту: «Быть антисионистом в конце 40-х, все равно как маршировать на параде в противоположном направлении».

<h2 style="text-align:center">4</h2>

В эти дни, в конце февраля 1948-го, в Вашингтоне разыгрывалась ещё одна драма, со стороны казавшаяся незначительной, но, может быть, оказавшаяся решающей.

В середине февраля в Вашингтон из Лондона прибыл Хаим Вейцман. Он был прекрасно осведомлён о сомнениях Трумэна и решил ещё раз лично объяснить ситуацию и аргументы сионистов. Трумэн и Вейцман были давно знакомы и искренне считали себя друзьями [53]. В глазах Трумэна Вейцман был выдающимся человеком редчайшего ума и порядочности. Вейцман, в свою очередь, несмотря на все шатания Трумэна и сложность его положения, никогда не терял веры во внутреннюю порядочность Президента и верность данному слову.

Вейцман был уже немолод (74 года) и болен. Перелёт в США дался ему тяжело, он в основном лежал в своём номере гостиницы. Все попытки через многочисленных друзей, близких как к нему, так и Трумэну, добиться приёма у Президента не привели к успеху. 20 февраля Эдди Джекобсона подняли среди ночи телефонным звонком. Один из самых известных американских раввинов попросил о срочной помощи. Только Эдди мог склонить Трумэна к встрече с Вейцманом. На срочное письмо Президенту из Канзас Сити уже 27 февраля пришёл ответ. Отвечая своему другу, Трумэн писал, что «не существует ничего нового, что Вейцман может мне сообщить. Ситуация, как она сложилась в настоящее время, неразрешима».

Холодный ответ не устроил Джекобсона. Вечером 13 марта без предварительного звонка или какой-либо договорённости о встрече Джекобсон появился в Белом Доме. Перед тем как пропустить Джекобсона в кабинет секретарь Президента успел только предупредить, чтобы гость даже не пытался затронуть палестинский вопрос. Обменявшись рукопожатием, друзья обговорили последние семейные новости и состояние бизнеса Джекобсона. Это был субботний вечер, Белый Дом был пуст, никто их не отвлекал.

После обмена новостями Эдди заговорил о Палестине. Внезапно ситуация резко изменилась. Трумэн вскочил со своего кресла, изменился в лице и наговорил много резкостей в адрес американских сионистов и лично в адрес Джекобсона. «За все годы нашей дружбы он никогда не разговаривал со мной в таком тоне или даже близким к нему», — писал Джекобсон много позже. Сам Трумэн после встречи говорил одному из своих советников, что он был раздражён вовсе не на Эдди, но на людей, которые его подставили.

Трумэн сказал Джекобсону, что он не хочет больше слышать о евреях, арабах, Палестине, англичанах. Пусть всё решит ООН, он согласится с любым решением. После этого последовали горькие слова Президента о том, как неуважительно и грубо многие евреи вели себя с ним. Эдди пытался привести контраргументы, но Трумэн насупился и перестал отвечать. В кабинете повисла тишина. Джекобсон понял, что он потерпел поражение. Или почти потерпел поражение. Его взгляд упал на бронзовую модель конного памятника американскому Президенту Эндрю Джексону. Эндрю Джексон был для Трумэна образцом выдающегося президента и личным примером. Когда-то ещё в бытность судьёй в Канзас Сити Трумэн спонсировал установку памятника Джексону у здания суда, где он работал. Тогда же он получил в подарок модель памятника, очень любил этот подарок и всегда держал в своём кабинете. Внезапно Эдди Джекобсон нашёл слова и произнёс самую главную речь своей жизни.

Указывая рукой на модель памятника, он сказал: «Гарри, всю твою жизнь у тебя был герой… У меня тоже есть герой, человек, которого я никогда не видел, но кто, я уверен, величайший еврей из когда-либо живших на земле. Я говорю о Хаиме Вейцмане. Он очень болен, почти раздавлен своей болезнью, но он проехал тысячи миль только для того, чтобы увидеть тебя и высказать тебе мольбу в защиту моего народа. Ты же сейчас отказываешься его увидеть только потому, что кто-то из американских евреев тебя оскорбил, хотя прекрасно знаешь, что Хаим Вейцман не имеет к этому никакого отношения и был бы последним человеком, кто был бы согласен с таким отношением к тебе. Гарри, сегодня ты не похож на себя…»

Трумэн начал нервно стучать пальцами по столу, затем развернул кресло в сторону окна и спиной к Джекобсону. В течение долгих минут никто не произнёс ни слова. Затем, вернув кресло

Два президента: первый президент Израиля Хаим Вейцман
с 33-м президентом США Гарри Трумэном

в прежнее положение и посмотрев прямо в глаза своему другу, Трумэн сказал: «Ты выиграл, лысый чёрт. Я его приму».

Прямо из кабинета Президента Эдди Джекобсон пошёл в первый же вашингтонский бар и напился, «как никогда в жизни».

Поздним вечером 18 марта в разгар самого серьёзного кризиса в Европе, когда многие считали, что война с СССР может начаться в любой день [54], на следующий день после обращения к Конгрессу по поводу плана Маршалла и просьбы выделения денег на оборону Европы, тайно от прессы в Белый Дом провели Хаима Вейцмана. Трумэн сделал строгое предупреждение вовлечённым людям сохранить встречу в тайне от Госдепартамента. Даже примелькавшийся корреспондентам Джекобсон должен был быть как можно дальше от Белого Дома. Встреча прошла, как говориться, на самом высоком и дружеском уровне. Главным итогом было то, что Трумэн подтвердил, что США в любом случае поддержит разделение Палестины. Интересно, что в своих воспоминаниях Трумэн писал, что на встрече присутствовал Эдди Джекобсон, хотя абсолютно точно известно, что его там не было.

# 5

А назавтра, 19 марта, случилась катастрофа: Уоррен Остин, представитель США в ООН, в речи, составленной в Госдепартаменте, объявил, что официальная позиция правительства США заключается в том, что оно отказывается от поддержки разделения Палестины и предпочитает временное управление всей неразделённой Палестиной неким органом, подчиняющимся ООН.

Разразился грандиозный скандал. Виновными были обе стороны. Госдепартамент, который ещё 3 марта так обтекаемо представил тезисы заявления представителя в ООН, что Трумэн в обычной спешке их одобрил, и сам Трумэн, который потребовал на утверждение окончательный текст, но забыл проследить за выполнением своего требования [55]. Трумэн так верил Маршаллу, что не мог даже представить закулисной борьбы против него и то, что заявление в ООН будет обнародовано без его окончательного утверждения. Кроме того, в случившемся была явная вина Трумэна — он не поставил Госдепартамент в известность о встрече с Вейцманом и о данных ему обещаниях.

Кошмар ситуации усиливался ещё и тем, что Трумэн узнал о заявлении в ООН из утренних газет. «Я сейчас выгляжу лгуном и предателем. Я никогда не чувствовал себя так плохо в жизни», — записал он в это утро на своём календаре. Кларк Клиффорд вспоминает, что первый раз он видел Трумэна таким расстроенным. *«Я не понимаю, как это случилось. Я обещал Вейцману. Сейчас он считает меня полным дерьмом».*

Вся ситуация с выступлением Остина, в котором он как бы от имени Администрации объявил о поддержке идеи временного управления (trusteeship), бесконечно запутана и, на мой взгляд, содержит правду и ложь с обеих сторон. В специальной статье для American Heritage, написанной через много лет, Клиффорд утверждал, что Трумэн утвердил речь, как запасную — как заранее подготовленное объяснение официального изменения американской политики по Палестине — если будут соблюдены три условия: Совет Безопасности признает невозможность согласовать позиции сторон, Совет Безопасности затем предложит альтернативу разделения, Совет Безопасности проголосует за отмену разделения. Только *после* соблюдения всех трёх условий — по Клиффорду — Трумэн соглашался с изменением позиции США.

Госдепартамент, в свою очередь, держался позиции, что если даже существовала вина министерства, то только потому, что указания Трумэна были такими неопределёнными, что его просто неправильно поняли. Ловетт, в свою очередь, утверждал, что существовало общее понимание что идея разделения уже мертва и американцам нужно было предложить наилучший выход из создавшейся ситуации. Выход, который, по версии Ловетта, Трумэн на словах поддержал. Хотя и он соглашался, что окончательный вариант речи Остина Трумэну не показали [56].

Последующая неделя была попыткой найти выход, но его не было. Трумэн не мог вслух признать то, что Госдепартамент вышел из-под его контроля, для себя самого он не мог признать, что во всём замешан Маршалл. В заговоре против себя он по-прежнему винил только бюрократов министерства. Газеты, не зная закулисных интриг Госдепартамента, винили Трумэна во всех смертных грехах. Демократы в Конгрессе угрюмо предсказывали разгромное поражение на осенних выборах и поражение лично Трумэна любому из возможных кандидатов-республиканцев. Его рейтинг упал до 36. Элеанор Рузвельт в знак протеста объявила о выходе из состава американской делегации в ООН. Маргарет Трумэн, дочь Президента, писала: «Это было самое тяжёлое время в карьере моего отца, и он ничего не мог поделать, как только страдать». Джекобсон считал «чёрную пятницу» 19 марта самым тяжёлым днём его жизни. «Люди звонили мне непрерывно. Как могло случиться, что твой друг предал интересы еврейского народа? Никто из звонивших не высказал никакой веры в порядочность Трумэна».

В понедельник Джекобсону позвонил Вейцман. Тон разговора был совершенно другой. Вейцман поблагодарил Джекобсона за всю помощь, попросил не переживать из-за случившегося и сказал, что он лично не сомневается в порядочности Президента и в том, что он сдержит слово. Он напомнил, что его друг Гарри по-прежнему является самым влиятельным человеком планеты и попросил Джекобсона держать двери Белого дома открытыми.

9 апреля Вейцман написал письмо Трумэну. После благодарности за «персональную доброту, которую Вы так часто оказывали мне и за постоянный интерес к судьбе нашего народа», он написал следующее:

*«Выбор для нашего народа, господин Президент, есть выбор между признанием нашей государственности и полным уничтожением. История и Всевышний предоставили этот выбор Вам, и я абсолютно уверен, что ваш выбор будет определяться духом нравственного закона».*

Субботним вечером 11 апреля Джекобсон опять незамеченным проскользнул в Белый Дом. На этот раз Трумэн уверил Джекобсона, что он призна́ет еврейское государство. «Он сказал, что это решение он принял от чистого сердца».

Президент Соединённых Штатов наконец сделал свой выбор.

На 12 мая в четыре часа вечера в Овальном кабинете Белого дома было назначено решающее совещание по согласованию стратегии США по Палестине. За неделю до этого Президент попросил Кларка Клиффорда подготовить аргументы в пользу немедленного признания нового государства. «Пожалуйста, отнесись к этому поручению крайне серьёзно. Представь, что ты выступаешь перед Верховным судом и тебе надо убедить его членов. Конечно, ты будешь выступать перед всеми участниками совещания, но что я действительно хочу, чтобы ты в первую очередь убедил одного человека—Джорджа Маршалла».

Убедить Маршалла не удалось. Даже больше, совещание закончилось громким скандалом, правда в то время оставшимся известным только на нём присутствующим.

Во вступительном слове Президент сделал несколько общих замечаний, ничего не сказав о признании еврейского государства. Затем по поручению Маршалла выступил его заместитель Роберт Ловетт. Ловетт представил официальную позицию министерства о необходимости создать переходное правительство под эгидой ООН. Маршалл лишь однажды прервал Ловетта и сообщил, что на днях разговаривал с Моше Чертком и предупредил его, что с военной точки зрения евреи Ишува затеяли слишком рискованное предприятие и что в случае неудачи им нечего рассчитывать на помощь США.

Затем выступил Клиффорд, который впервые заявил о необходимости признания Государства (ещё без названия) и важности сделать это до признания его СССР. По мере выступления Клиффорда все заметили, что лицо Маршалла покраснело и он едва сдерживает себя. В какой-то момент он не выдержал:

— Всё, что слышу, это чистая политика. Я вообще не понимаю, что Клиффорд здесь делает. Это не политическое совещание.

— Генерал, — мягко ответил Трумэн, — он здесь потому, что я попросил его быть здесь.

Клиффорд продолжал ещё 15 минут, Маршалл становился всё багровее. Все эти 15 минут он, не отрываясь смотрел на Клиффорда. Клиффорд, тем временем, спокойно и рассудительно обозначил все причины — моральные, политические, исторические, религиозные, по которым еврейское государство заслуживает своего постоянного места на земле и именно в Палестине.

— Нет реальной альтернативы разделению Палестины или признания такого разделения Соединёнными Штатами ещё и потому, что любая проволочка, вроде предлагаемой Госдепартаментом, никогда не будет принята евреями. Отдельное еврейское государство — неизбежный факт, который произойдёт на наших глазах через несколько дней. Неважно что Госдепартамент или кто-либо другой думает, мы находимся перед реальным событием — фактическим провозглашением еврейского государства.

После этого выступил Ловетт, который снова привёл аргументы, по которым только ООН должна была решить вопрос создания нового государства и его формы. По его словам, решение признать новое государство подорвёт престиж США в ООН, так как все понимают, что такое признание будет сделано только для того, чтобы получить еврейские голоса на президентских выборах 48-го года. На этом месте Маршалл прервал своего заместителя. Говоря тяжёлым голосом, едва сдерживая злость, он сказал:

— Аргументы Клиффорда ошибочны. Внутренняя политика не должна определять внешнюю политику. На кон поставлена репутация Президента, самого престижа института американского Президента. Таким образом, — сказал он, глядя прямо на Трумэна, — если Президент последует совету Клиффорда, и если на ноябрьских выборах он — Маршалл — будет голосовать, то он будет голосовать против Президента.

На этом совещание прервалось. Наступила тишина, как пишет Клиффорд, абсолютная, жуткая тишина. Маршалл и его люди покинули кабинет. Когда разошлись все, Трумэн сказал Клиффорду: «Да, это было грубо», и несколько секунд позже: «Не переживай». «Я проигрывал дела в суде до этого, мне не привыкать», — ответил Клиффорд. «Не думаю, что ты проиграл», — заметил Трумэн.

На следующий день и в Белом доме, и в Госдепартаменте была паника, почти все считали, что Маршалл подаст в отставку и это будет огромным ударом по репутации Президента. Кроме того, это были ключевые дни Берлинского кризиса, которые требовали согласованной работы Президента и Госдепартамента. Клиффорд весь день был в личном контакте и на телефоне с Ловеттом, пытаясь вместе с ним найти аргументы—несмотря на совершенно разные взгляды на палестинскую проблему они был в дружеских отношениях—и довести их до внимания Маршалла, чтобы предотвратить его отставку. Но Маршалл не согласился ни с одним аргументом Ловетта-Клиффорда. Вечером, докладывая Трумэну о результатах дня, Клиффорд был весьма пессимистичен. На что Трумэн сказал: «Маршалл тугодум. Ему просто надо дать больше времени». Утром 14-го, не зная, что произойдёт в течение дня, Клиффорд и Ловетт заперлись на квартире Ловетта и стали на всякий случай готовить текст для официального признания еврейского государства, всё ещё оставляя прочерк в его названии. Напряжение в информированных кругах достигло своего предела. Но сразу после полудня Ловетт позвонил Клиффорду и передал слова Маршалла, что хотя он не поддерживает позицию Президента по Палестине, но не будет высказывать её публично [57].

«Это всё, что нам нужно»,—сказал Трумэн Клиффорду.

До выступления Бен-Гуриона, объявившего о создании государства Израиль, слава Богу, оставалась ещё уйма времени—чуть больше четырёх часов.

## ЧАСТЬ ПЯТАЯ: 14 МАЯ 1948 ГОДА И ПОСЛЕ

### 1

Вышесказанным, конечно, не ограничивалось происходившее вокруг еврейского вопроса и Палестины. Все эти три года происходили многочисленные встречи, переговоры, обсуждения, обмены письмами и телеграммами, множество всевозможных событий, выступлений, резолюций, которые тогда считались важными для понимания и решения палестинского вопроса—всё это не вошло в текст этой главы по вполне понятной причине.

Вопрос о создании еврейского государства решался не только в переговорах США, Англии и арабских стран. Важную роль начиная с лета 1947 года играл СССР, у которого были свои интересы и который весьма искусно вставил клин между позицией англичан и американцев, после чего позиция Госдепартамента до и после резолюции 181 выглядела в глазах «мирового сообщества» не более, чем попытка сохранить старую колониальную систему. С заменой слова «английская» на «англо-американская».

Политика Бен-Гуриона и военных организаций Ишува также была весьма противоречивой, во всяком случае, с точки зрения Трумэна и его советников. В вопросе о методах вооружённой борьбы Ишува с Англией Трумэн всегда был на стороне Вейцмана, а не Бен-Гуриона.

Очень сложная, крайне агрессивная борьба развернулась в ООН уже после голосования по Резолюции 181 между делегациями стран, пытающихся успеть провести новую резолюцию о создании переходной комиссии по надзору —«trusteeship»— за неразделённой Палестиной и сторонниками жёсткого разделения. Вейцман, и с его подачи люди Всемирного Еврейского Конгресса в ООН (о результатах встречи Вейцмана и Трумэна знали только считанные люди: Черток, Эбан, может быть, Эпштейн—это был секрет для остальных), прекрасно понимали, что если резолюция о «trusteeship» будет принята, то Трумэн не посмеет её не признать. У Госдепартамента были очень серьёзные сомнения в своевременности объявления независимости Израиля. Маршалл попытался в последний раз убедить лидеров Ишува в своих аргументах. За несколько дней до «исторического» заседания 12 мая в Овальном кабинете Белого дома состоялась встреча Маршалла, Ловетта и Раска с Чертком, она продолжалась около 2 часов. Как позже говорил Черток, аргументы Маршалла были настолько убедительны, что он сам впервые засомневался в необходимости объявления государства через несколько дней.

Кстати, насчёт последней встречи. Маршалл в Овальном кабинете обмолвился о ней всего одной фразой, сказав, что «на днях разговаривал с Моше Чертком и предупредил его, что с военной точки зрения евреи Ишува затеяли слишком рискованное предприятие и что в случае неудачи им нечего рассчитывать на помощь США». Информация и советы, доходящие до Первого лица в государстве, обычно представляют из себя выжимку, сбалансированное решение, часто—одну главную фразу из многочисленных дискуссий, обсуждений, решений на более низких уровнях, где, как правило, и происходит настоящая борьба мнений, противоречивых интересов, проявление человеческих амбиций. Но на этих обсуждениях более полно осознаётся сложность обсуждаемого вопроса и прорабатываются, и отбрасываются возможные варианты решения. При всём внешнем идеологическом и личностном различии участников таких дискуссий они не могут не быть частью одного общего дела, в данном случае—защиты интересов своей страны. Они не могут не испытывать определённого уважения друг к другу, к позиции оппонентов. За совместные годы работы у многих из них возникают определённые личные дружеские отношения и доверие друг к другу.

Всё сказанное в полной мере относится к происходящему между 12 и 14 мая, когда Ловетт, Клиффорд, Найлс, Ловенталь, Раск и даже Хендерсон и Кеннан работали вместе, чтобы как-то согласовать казавшиеся невозможным согласовать позиции Маршалла и Трумэна. За эти два дня было опробовано и отвергнуто несколько более мягких, более неопределённых объявлений о признании Израиля. Были предложены и после обсуждения не прошли попытки «не обидеть» американскую делегацию ООН, не выставлять в плохом свете предыдущую позицию Госдепартамента, отложить на несколько дней признание, объявить о признании с определёнными оговорками, решить вопрос о де факто и де юре признании или только *де факто* и так далее. Как писал много позже Ловенталь: «О, это были весьма интересные 24 часа!». Одновременно с «идеологическими» расхождениями необходимо было сверхсрочно решить множество чисто технических, канцелярских проблем, подготовить ряд документов, хотя никто толком не знал каких документов и как их оформлять, ибо, как заметил Клиффорд, «не каждый день мы занимаемся признанием совершенно новых государств».

Для оформления документов необходимо было поддерживать непрерывную связь с лидерами Еврейского Конгресса и его делегацией в ООН. Мобильных телефонов ещё не существовало и нужно было по многу раз звонить пока очень занятые люди наконец смогли ответить или разыскать ещё более занятых людей. Например, после того как 14 мая в 4 часа дня по тель-авивскому времени лидеры Ишува сообщили о том, что в 12 ночи будет объявлено о провозглашении государства, выяснилось, что совершенно необходимо официальное, *формальное* обращение нового государства в адрес Госдепартамента США с просьбой о признании. Кто может срочно составить такое обращение, было абсолютно неясно.

Клиффорд решил узнать мнение Найлса, но не мог его найти. Затем он попытался найти Ловенталя—и тоже безуспешно. А время шло! Наконец, почти отчаявшись, он вспомнил о Бенни Коэне (*Ben Cohen*—друг Франкфуртера, важный советник ФДР) и позвонил ему. Коэн нашёл телефон Элияху Эпштейна, руководителя делегации Еврейского Конгресса в ООН (Нью-Йорк), тот позвонил юридическому советнику Еврейского Конгресса в Вашингтоне Дэвиду Гинзбургу. Гинзбург срочно приехал в Белый дом, где уже после 9 вечера по тель-авивскому времени он и Клиффорд успели написать прошение, затем передали его телеграммой в Вашингтон, где его утвердил Эпштейн, затем уже он сам позвонил в Тель-Авив Бен-Гуриону, там прошение о признании утвердили на заседании правительства, вернули с визами (по телефону) Эпштейну в Нью-Йорк и уже Эпштейн от имени временного правительства своего государства официально, но тоже по телефону с последующей телеграммой передал его в Госдепартамент **[58]**. И всё это надо было сделать меньше, чем за 8 часов!

Можно только повторить вслед за Ловенталем—это были совершенно сумасшедшие два дня.

Не сказано и, может быть, важное—в чём был такой уж смысл срочного признания нового еврейского государства? Ведь в Палестине к 15 мая уже существовало реальное, полностью функционирующее государство, которое благодаря военной помощи СССР (через Чехословакию) **[59]** вполне могло за себя постоять.

Во-первых, арабы и правительства других стран должны были немедленно понять *кто* поддерживает Израиль. Трумэн и его советники думали, что это поможет избежать большой войны. Во-вторых, необходимо было опередить СССР, иначе роль США оказывалась на уровне второй скрипки в дополнение к очевидному падению престижа самого Трумэна. Но были и более земные вещи, прежде всего—для евреев. Смысл для Ишува де факто признания суверенного государства именно Соединёнными Штатами заключался в том, что только после признания государства Израиль мог получать денежные кредиты в американских банках, через которые оформлялся государственный кредит от имени США. Это относилось не только к американским кредитам, но и к любым другим. Только признание *законности* государства давало возможность выдавать государственные гарантии под кредиты. Наконец, были персональные причины. Например, через одну минуту после объявления о признании Израиля Трумэн позвонил Найлсу и сказал, что «он звонит ему первому, так как понимает, как важно для него услышать это именно от Президента».

## 2

Сообщение о признании Соединёнными Штатами государства Израиль потрясло многих. В том числе — американскую делегацию в ООН, которая всё ещё боролась против идеи разделения. Дин Раск, заместитель Маршалла по связям с ООН, просто до последних минут не имел возможности сообщить делегации о решении Трумэна; он сам узнал новость от Клиффорда за 15 минут до сообщения. Всё, что он успел — немедленно позвонить Уоррену Остину в Нью-Йорк. Остин в это время выступал перед ООН и должен был извиниться и сойти со сцены, чтобы ответить на телефонный звонок. Узнав новость, он в полной растерянности, не сказав никому ни слова и не вернувшись на трибуну, просто ушёл домой. В полном замешательстве американская делегация, как и другие в зале ждали несколько минут пока на подиум не поднялся посол США в ООН Фрэнсис Сайр и не объявил о решении Трумэна. Большинство в американской делегации восприняло это как шутку. В других делегациях разыгрались нешуточные страсти. Лидер кубинской рвался к трибуне, чтобы объявить о выходе Кубы из ООН — его физически удерживали два американца. Примерно через 15 минут после сообщения о признании, Маршалл позвонил Дину Раску: «Раск, срочно лети в Нью-Йорк и любым способом не допусти отставку нашей делегации en masse».

Что последовало дальше, широко известно.

17 мая Вейцман был избран на церемониальную должность Президента Израиля. Он сразу же предложил Джекобсону быть его неофициальным представителем в Белом доме.

24 мая, через 10 дней после провозглашения независимости Израиля Президент Вейцман нанёс официальный визит в США.

Несмотря на резкий протест Госдепартамента, его торжественно встретили в Белом доме. Вейцман подарил Трумэну свиток Торы. Трумэн был растроган и даже слегка прослезился. Как потом вспоминала Вера Вейцман, они встречались, как два друга. «Когда Трумэн сказал Хаиму, что он (Трумэн) президент многих миллионов американцев, Вейцман ответил, что он (Вейцман) президент многих миллионов президентов». Трумэн долго смеялся.

Были решены и серьёзные вопросы. Для обустройства планировавшегося переселения в Израиль 15 тысяч ПЛ-евреев в месяц нужны были деньги — Трумэн твёрдо пообещал кредит. Было решено быстро обменяться послами. Вейцман спросил мнение о возможном назначении Элияху Эпштейна, Трумэн не возражал.

После отъезда Вейцмана Госдепартамент предложил в качестве посла Чарльза Нокса, известного арабиста. Трумэн резко возразил и назначил Джеймса МакДональда — абсолютно неожиданно для самого МакДональда, — тот должен был немедленно дать ответ, даже не имея времени согласовать предложение с женой.

Когда первые страсти слегка улеглись, пришло время для оргвыводов.

В своих воспоминаниях Трумэн писал:

*«Серьёзная проблема со многими чиновниками в правительстве (career officials — людьми, работающими при разных президентах — И.Ю.) заключается в том, что они воспринимают себя людьми, которые реально определяют политику и управляют государством. Они видят в избранных представителях только временное начальство. Каждый президент в истории сталкивался с этой проблемой: как не дать важным чиновникам управлять собой и определять политику Президента… Я хотел дать ясно понять, что Президент Соединённых Штатов, а не второй и третий эшелон в Госдепартаменте ответственны за политическую программу».*

Маршаллу было сказано немедленно уволить Хендерсона. Официальной причиной была неверная, лживая, как сказал Трумэн, информация Хендерсона по поводу возможности Израиля выстоять в войне с арабами. Маршалл заметил Трумэну, что существует закон, по которому люди статуса посла и выше не могут быть уволены из Госдепартамента. Решено было отправить Хендерсона с глаз долой как можно подальше, в результате чего Хендерсон был назначен послом в Индию [**60**].

Америка официально не сняла эмбарго на поставку оружия в Израиль, но по указанию директора ФБР Гувера смотрела «с пониманием» на покупку оружия в других странах и транспортировку его через американские порты.

Израилю был дан громадный по тем временам кредит в 100 миллионов, первый кредит молодой страны [**61**]. Через год Америка признала Израиль де юре, после чего Израиль был принят в ООН. На официальной церемонии присутствовал Эдди Джекобсон и несколько его близких друзей.

3

А потом наступило время потерь.

В мае 1951 Найлс, уставший и больной, ушёл в отставку. Трумэн уговаривал его остаться: «Вы были для меня опорой и источником силы последние 6 лет. Я не могу найти слов, чтобы выразить вам мою признательность». Найлс мечтал посетить Израиль, но его здоровье резко ухудшилось и в сентябре 1952 года он умер.

Меньше, чем через два месяца умер Хаим Вейцман, которого Трумэн искренне считал своим другом. В ноябре 1948 года он писал Вейцману: «У нас удивительно много общего. Мы оба были отвергнуты так называемыми экспертами-реалистами, которые считали наши идеи безнадёжными и потерянным делом. Но мы оба не сдавались, делали своё дело, которое считали правильным, и оба оказались правыми… Я должен сказать вам, как я счастлив и восхищён удивительным прогрессом, который сделан новым государством Израиль. То, что вы получили от враждебного мира, было гораздо меньше, чем вы заслуживали. Но вы сумели из этого малого сделать так много, что я просто любуюсь результатом».

Самый тяжёлый удар Трумэну принесла смерть Эдди Джекобсона. Его роль и его влияние на Трумэна то время понимали немногие. Среди них были Хаим и Вера Вейцман. В 1952 году Вера Вейцман писала Джекобсону: «Только самые близкие друзья знают о вашей роли в те времена, когда отношение к нашему делу могло в любой момент оказаться враждебным для нас». Джекобсон с женой посетили Израиль в 1949 году по личному приглашению посла МакДональда и жили в его доме. В Израиле он встречался с Бен-Гурионом и другими лидерами страны. После ухода Трумэна из политики он и Джекобсон были очень близки и часто прогуливались, и обедали вместе. В 1955 Трумэн начал планировать совместно с Джекобсоном «путешествие своей мечты» — посещение Оксфорда для получения почётной степени, визит к королеве, встречу с Черчиллем, затем визит в Голландию, Париж, Рим, где он и Джекобсон должны были встретиться с папой Римским. После чего планировалось кораблём из Рима плыть в Хайфу и завершить путешествие самой яркой точкой — визитом в Израиль.

Но в октябре 1955 Эдди Джекобсон внезапно умер от инфаркта. Трумэн отменил путешествие и никогда так и не побывал в Израиле. На похоронах Джекобсона бывший президент сказал: «Я не думаю, что вне моей семьи был человек, о котором я думал бы так часто. Он был достойным человеком… я не думаю, что на земле было много людей подобных ему. Эдди был одним из тех, о которых сказано в Торе… если прочесть Бытие о двух праведниках (Энох и Ной), то это написано об Эдди». Вечером после похорон Трумэн сказал дочерям Эдди: «Ваш отец был ближе всех для меня, кроме моей семьи». В сообщении для прессы он сказал: «Эдди Джекобсон был моим лучшим другом в этом мире. Ему можно было абсолютно доверять во всём. Я не знаю, как я буду жить без него».

В октябре 1959 Трумэн узнал о тяжёлой болезни Маршалла. Он сразу же позвонил жене генерала и сказал, что немедленно выезжает в Вашингтон чтобы попрощаться. «Не надо, господин президент, — ответила Кэйт Маршалл, — он всё равно вас не узнает». 19 октября 1959 года «человек, который выиграл Вторую мировую», бывший Госсекретарь и во время Корейской войны — министр обороны в кабинете Трумэна, лауреат Нобелевской премии мира, человек, который никогда не боялся высказать своё мнение любому из вышестоящих, умер. На похоронах бывший президент и Президент настоящий — Эйзенхауэр — сидели плечом к плечу, но не обмолвились ни одним словом; по вине Эйзенхауэра между ними были отвратительные отношения.

После окончания второго президентского срока в январе 1952 года Гарри Трумэн вернулся на родину, в маленький городок Индепенденс, штат Миссури. У него никогда не было своего дома, и он с женой Бесс продолжали жить в доме матери Бесс. Его финансовое состояние после потери зарплаты президента было примерно таким же, как и до, то есть очень тяжёлым. Старые друзья помогли ему выкупить небольшой участок земли, который по завещанию матери Трумэна должен был отойти детям, но был весь в долгах. На многие годы это был его единственный источник небольшого дохода. Он писал мемуары и занимался строительством президентской библиотеки в Канзас Сити рядом с Индепенденс. В 1957 году в частном разговоре с тогдашним лидером большинства в Конгрессе Джоном МакКормаком он сказал: «Если бы я не продал часть земли, которую я, мой брат и моя сестра унаследовали от матери, я должен был обратиться за программой помощи бедным. Но, слава богу, теперь у меня есть на что дожить жизнь». В следующем году Конгресс принял закон о выплате бывшим президентам пенсии в размере 25 тысяч долларов.

После этого Трумэн с женой много путешествовали, были гостями нескольких глав государств Европы, встречались с бывшими политиками послевоенного времени, в том числе, с Черчиллем. С двумя из упомянутых героев моих заметок у Трумэна на всю жизнь сохранились очень тёплые и постоянные дружеские связи — с Клиффордом и Ачесоном. Его переписка с Ачесоном — бесценный материал для историков, которые хотят лучше понять послевоенные годы и суть повседневной работы президента Соединённых Штатов.

В конце 60-х здоровье бывшего президента начало сдавать. Несколько раз он был госпитализирован с серьёзными заболеваниями. 5 декабря 1972 года после осложнений тяжёлого воспаления лёгких его положили в одну из клиник Канзас Сити, где он умер 26 декабря. Ему было 88 лет. Жена пережила его ровно на десять лет.

**4**

В первые дни президентства Трумэна перед ним встал вопрос о «перемещённых лицах-евреях» в Европе. Удивляет разброс в оценках их количества — от 100 тысяч до 350, в зависимости от источника. Данная мной в начале статьи цифра 150–250, не более, чем самая популярная. Что же в конце концов с ними произошло?

Согласно информации американского «Музея Холокоста» в Вашингтоне, около 100 тысяч были нелегально перевезены в Палестину в 1945–48 годах. После провозглашения государства Израиль американский Конгресс в 1948 году принял «Закон о перемещённых лицах», по которому разрешалась эмиграция 200 тысяч ПЛ в США. В первой версии закона для ПЛ-евреев существовало много несправедливых ограничений. В исправленном законе от 1950 года ограничения и препятствия были сняты. К 1952 году около 80 тысяч ПЛ-евреев эмигрировали в США. Их финансовое обеспечение взяли на себя еврейские организации страны. Ещё 20 тысяч эмигрировало в Канаду, ЮАР и несколько других стран. Всего в Израиль — нелегально и легально — из Европы эмигрировало 136 тысяч евреев.

К 1952 году проблема ПЛ-евреев в Европе перестала существовать. С сегодняшней точки зрения то, что на решение проблемы расселения заключённых нацистских лагерей после войны ушло целых 7 лет, выглядит безумием.

На мой взгляд, без огромных усилий Гарри Трумэна и ряда людей в США, это безумие могло продолжаться ещё многие годы.

Мне кажется маловероятным, что и государство Израиль могло возникнуть без искренней поддержки Трумэном сионистской идеи. Его поддержка, основанная на глубоком сочувствии к трагедии еврейского народа, вместе с его редкой для политического деятеля такого масштаба порядочностью, его политическая смелость и независимость сыграли очень важную роль в возникновении независимого суверенного еврейского государства. Во всяком случае, очень маловероятно, что это случилось бы 15 мая 1948 года.

* * *

Замечание об именах действующих лиц и официальных организаций в этой главе.

Все упомянутые и неупомянутые сионистские и антисионистские организации, комитеты, союзы и агентства в течение описываемого времени не раз меняли или уточняли свои названия, связи, подчинения. Например, Еврейское Агентство часто путают со Всемирным Еврейским Конгрессом, который в свою очередь до 1936 года существовал под названием Американский Еврейский Конгресс плюс ещё одна европейская организация со сложным французским названием. Поэтому в некоторых местах главы возможны не точные соответствия названий и конкретного описываемого времени. То же можно сказать о фамилиях действующих лиц. Например, Черток был известен и под фамилией Шарет, Эбан под фамилией Эвен. Возможно, я упустил «переименование» некоторых других.

Вышесказанное относится и к следующей главе.

**P.S.** Уже после того как вариант этой главы вышел в «Заметках по еврейской истории» Е. Берковича я узнал о выпущенной в 2011 году книге «MI-6. The Secret Intelligence Service, 1909–1949» шотландского историка Кейта Джеффри (*Keith Jeffrey*), которому разрешили ознакомиться с только что открытым для публики архивным документам МИ-6 (вариант американского ЦРУ). В книге, основанной на реальных документах, среди прочего рассказано о том, что тайные операции по дискредитации Ишува по поручению правительства Великобритании начались с конца 1946 года. Наиболее последовательной и длительной была операция Embarrass, целью которой было запугать капитанов и экипажи судов, перевозящих ПЛ и военную помощь для Ишува в Палестину из Европы. Для этого кроме компании лжи в прессе и прямой обработки капитанов и членов экипажа планировались и осуществлялись действия по порче запасов пресной воды и продуктов, порче двигателей и сжиганию судов в портах. МИ-6 для этого создала фиктивную террористическую организацию «Защитники арабской Палестины», под прикрытием которой осуществлялись операции. Основная практическая деятельность началась после того, как Британия уже отказалась от мандата и передала все решение проблемы вновь организованной ООН. Среди актов саботажа заслуживают внимание два. По английскому плану на борту корабля *Pan Crescent*, который должен был выйти из порта Венеции и в одном из румынских портов забрать несколько тысяч ПЛ, должен был раздаться взрыв на переходе в Румынию. Но то ли по ошибке, то ли по небрежности «разведчиков» таймер сработал ещё в порту Венеции. Корабль получил серьёзное повреждение, на обоих бортах появились большие трещины. Если бы это случилось в море, могли быть серьёзные человеческие жертвы. Второй случай более известен. Он связан с кораблём «Президент Уорфилд», более известный под именем «Эксодус». Только в последнюю минуту что-то пронюхавшая французская разведка смогла предотвратить операцию по взрыву корабля с пассажирами после выхода из порта Сет: французское правительство категорически запретило англичанам любые тайные операции в своих портах.

В начале 1948, после грандиозного скандала, связанного с захватом английскими военными корабля «Эксодус», британская разведка свернула операцию Embarrass.

## ПРИМЕЧАНИЯ

[1] В этой главе рассказывается о решении «палестинского вопроса», как его понимали в XX веке. Поэтому политический термин XX века «Палестина» в рамках статьи эквивалентен общепринятому географическому термину «Палестина».

[2] «Государства духа» — по другому определению.

[3] Данные по «Истории евреев в Европе», т. 3, стр. 178, С. М. Дубнов.

[4] Подробнее в главе 3 настоящей книги

[5] «Меня интересовала не только библейская часть (истории) Палестины. Общая история этого района мира, возможно, самая сложная и самая интересная в сравнении с любым другим» — Г. Трумэн.

[6] Клэр Бут Люс, конгрессменша, писательница, дипломат, известный общественный деятель 1930–60-х годов, выступая в 1944 году на национальной республиканской конвенции обвинила ФДР в том, что он практикует «дипломатию одного человека» (one-man diplomacy) и заявила, что американская демократия превратилась в «диктаторский bumbledom». Слово bumbledom означает манеры, характерные для напыщенных, высокомерных или претенциозных чиновников.

[7] Данные на начало лета 1945 года.

[8] Незначительное количество лагерей ПЛ было в Италии. Там ситуация для евреев была существенно лучше.

[9] Генерал Паттон записал в своем дневнике 15 сентября 45 года: «Некоторые считают ПЛ человеческими существами, но это не так. Особенно это касается евреев, которые хуже животных». «Евреев надо держать за колючей проволокой и под охраной иначе они разлетятся по стране (Германии), как саранча, и нам придётся ловить их и расстреливать после того, как они начнут убивать и грабить невинных немцев».

[10] О некоторых практических действиях Паттона в лагерях для перемещённых лиц можно узнать из статьи Richard Cohen. *What Bill O'Reilly ignored about George Patton/* Washington Post, September 10, 2004

[11] Нигде я не нашёл объяснения этой «круглой» цифре. ПЛ-евреев в европейских лагерях было никак не меньше 150 тысяч. Возможно, Харрисон пришёл к этой цифре после осмотра только того количества лагерей, где ему и членам комиссии удалось побывать.

[12] Эту резолюцию среди прочих подписал сенатор от штата Миссури Гарри Трумэн.

[13] Большинство американских «арабистов» искренне считало, что именно они и создали эту элиту — эрудированную, секулярную и не радикальную.

[14] Евреи составляли значительный про-демократический блок избирателей во многих штатах и являлись крупными финансовыми донорами Демократической партии.

[15] Трумэн познакомился с Эттли и Бевином 28 июля 1945 года в Потсдаме. Они оба произвели на него удручающее впечатление. В письме дочери Трумэн назвал их *sourpussed* — всегда всем недовольными, обвиняющие во всем других, людьми с постоянными «кислыми» лицами.

[16] Эдди подал в отставку в 1947 году в знак протеста против просионистской политики Трумэна. Сразу после этого он стал высокооплачиваемым консультантом ARAMCO (арабо-американской нефтяной компании, работающей в Саудовской Аравии), в 1948 году играл ключевую роль в различных организациях, борющихся за отмену разделения Палестины на два государства. Завещал похоронить себя в Бейруте.

[17] Трумэн немедленно приказал командующему американскими войсками в Европе генералу Эйзенхауэру принять самые срочные меры по наведению порядка. Как показала жизнь, Эйзенхауэр провёл лишь шумную пиар кампанию, но, по существу, было сделано очень немного.

[18] Как раз во время работы Конференции по учреждению ООН.

[19] Достаточно вспомнить обещания ФДР ибн Сауду поддерживать борьбу за независимость Сирии и Ливана.

[20] Исторические, ещё античные районы этих двух городов были почти полностью разрушены, было убито около 400 человек, в том числе карательными отрядами уже после бомбардировки.

[21] Бен-Гурион в то же время пытался провести в жизнь обе трудно совместимые программы, которые были как бы продолжением его знаменитого тезиса времён войны: «Бороться против Белой книги, как будто нет Гитлера, и бороться против Гитлера, как будто нет Белой книги».

[22] Напомню, что абсолютное большинство ПЛ-евреев не рассматривало как вариант эмиграцию в другие страны.

[23] Ещё совсем недавно, в 44 году, американское общество в своём большинстве было антисемитским. Надо различать отношение рядовых американцев, их представителей в Конгрессе и отношение прессы к своим — американским — евреям и к чужим — европейским. Последние, после всех страшных жертв времени нацизма и в борьбе за независимое государство, ассоциировались в глазах американцев с колонистами, боровшимися за независимость от Англии. Арабы в их глазах были похожи на нецивилизованных американских индейцев, которые стояли на пути прогресса.

[24] Это была далеко не единственная «самодеятельность» Госдепартамента, резко противоречащая указаниям Президента. В те же годы высокопоставленные сотрудники Госдепартамента втайне от Администрации напрямую участвовали в переправке высокопоставленных нацистских преступников по так называемой «крысиной линии» из Европы в страны Южной Америки и Ближнего Востока. Это было прямым нарушением федерального закона «О Пособничестве Врагу», по существу — государственной изменой. Основными участниками этой многоплановой и многолетней операции были Ватикан и английская разведка.

[25] После просмотра некоторых секретных фильмов и документов, изобличающих арабских лидеров в помощи нацистам, Крам, несмотря на резкое сопротивление людей Госдепартамента, собрал большую пресс-конференцию для американских журналистов, на которой заявил, что если лагеря беженцев немедленно не будут расчищены и люди не отправлены в Палестину, то в самое ближайшее время начнутся массовые самоубийства евреев в этих лагерях. Это произвело сильное впечатление в Америке.

[26] Кросман, Крам и ещё один член английской делегации посетили несколько лагерей в зоне 3-ей американской армии. Они нашли жизнь ПЛ-евреев только незначительно лучше, чем было сказано в отчёте Харрисона. Их посещение лагеря произошло

уже после прямого приказа Трумэна генералу Эйзенхауэру навести порядок. Паттон к тому времени уже давно был снят с командования. Он погиб в автомобильной катастрофе в конце 45 года. Кросман, вспомнив слова Эттли о том, что «негуманно ставить евреев впереди очереди», сказал: «Это могло произвести впечатление в Лондоне. В Бельзене эти слова звучат как сказанные садистом антисемитом».

[27] Комитет провёл опрос 18311 ПЛ-евреев. Только 13 хотели остаться в Европе, остальные требовали отправки в Палестину. То, что ни одна страна Европы не хотела принять «чужих» евреев, было широко известно.

[28] Существует миф, что на одной из встреч Сильвер начал кричать на Трумэна и даже несколько раз ударил кулаком по столу, усиливая свои аргументы. Во всяком случае, так рассказывал Трумэн. Сегодня почти наверняка доказано, что этого не было.

[29] Весной 1948 года Ким Рузвельт, один из лидеров «Комитета за справедливость и мир на Святой земле», огромной организации, объединяющей различные антисионистские силы в США в борьбе против «партишен», писал Лессингу Розенвальду, руководителю главной еврейской антисионистской организации ACJ, буквально то же самое: «Ключ ко всей ситуации был в том, чтобы найти вход в Белый дом, но это оказалось невозможным».

[30] В принципе он был прав. Во время войны и в последующие годы вопрос увеличения иммиграционной квоты для евреев поднимался несколько раз, в том числе — Рузвельтом и Трумэном, но каждый раз встречал резкое несогласие Конгресса и американского народа.

[31] Грубость Трумэна задним числом очень раздражала его самого. В письме сестре Мэри Джейн он писал: «Я так устал и измучен, что перестал уважительно относиться к людям».

[32] По другим данным — около 2000.

[33] По мнению демократического истеблишмента в Вашингтоне Гарри Трумэн, младший сенатор от штата Миссури, был навсегда запятнан репутацией Пендергаста, своего партийного босса в штате, ставленником которого, по общему мнению, был Трумэн. В определённой степени он был «нерукопожатный» в Вашингтоне. У Брандайса после первого же разговора с Трумэном сложилось совершенно положительное мнение о нем. Трумэн стал бывать «на посиделках» у Брандайса чаще многих других

приглашённых в дом. Для Трумэна это было невероятно важно на персональном и политическом уровне.

[34] Их познакомил Роберт Ханнеган.

[35] Группе конгрессменов из Нью-Йорка, которые пытались убедить Трумэна в необходимости более агрессивной про-еврейской политики в интересах нью-йоркских демократов, Трумэн сказал: «Я не нью-йоркец. Вы все выражаете „специальные“ интересы. Я—американец».

[36] Посещение лагерей ПЛ действительно резко изменяло мнение многих политиков и журналистов. Примером может быть посещение в апреле-мае 45 года по приглашению Эйзенхауэра группы из 4 сенаторов, 6 конгрессменов и примерно десяти американских журналистов нескольких бывших лагерей смерти.

[37] Используя свои конституционные президентские полномочия ФДР несколько раз в обход Конгресса и существующих квот разрешал эмиграцию небольшого количества евреев в США во время войны. То же делал и Трумэн. В декабре 45 года Президент издал «Директиву Трумэна», устанавливающую правило, по которому ПЛ получали первоочередное и преимущественное рассмотрение в рамках существующий квот. В течение следующих двух лет по «Директиве» в США было выпущено около 23 тысяч ПЛ, из которых две трети были евреями.

[38] Бевин, безусловно, был политиком, то есть, человеком, который для разных аудиторий говорит нужные в этот момент для этой аудитории слова. Двумя месяцами раньше Трумэн принимал Бевина в Овальном кабинете Белого дома. Встреча прошла на обоюдном очень доброжелательном уровне, включая длительное обсуждение палестинского вопроса.

[39] Лига была создана англичанами во время войны для продвижения британских интересов в регионе.

[40] Фреда Кирчвей и в 1948 году, когда в ООН развернулась жестокая борьба за и против разделения уже после голосования в ООН, была очень активна в разоблачении антисионистских планов.

[41] Пять стран-членов Комитета высказали свои возражения и сомнения в некоторых частях резолюции. Это позволило Госдепартаменту в дальнейшей борьбе против резолюции утверждать, что решение было принято не единогласно и подлежит дальнейшему рассмотрению и дискуссии всей Генеральной Ассамблеи ООН.

[42]  Когда 25 ноября стало ясно, что резолюция может не набрать 2/3 голосов, то Трумэн, до этого хранивший нейтралитет в отношении решения других стран, дал жёсткое указание «применять давление» на страны, зависимые от США с целью заставить их проголосовать за резолюцию. Из стран, с которыми «работали» дипломаты и разведка США, не подчинились только Куба и Мексика. Против плана проголосовали: Афганистан, Египет, Греция, Индия, Ирак, Иран, Йемен, Куба, Ливан, Пакистан, Саудовская Аравия, Сирия, Турция. В этом списке удивляет Греция, которая была главным получателем американской политической и экономической помощи согласно «Доктрине Трумэна».

[43]  Эдди Джекобсон в своём дневнике записал: «Он (Трумэн) сказал мне, что он один, сам по себе, склонил несколько стран изменить свою позицию».

[44]  За известным исключением первого заместителя Маршалла — Дина Ачесона.

[45]  Почему Форрестал называл цифру 50 тысяч — загадка. По всем данным англичане держали в Палестине примерно 100 тысячный гарнизон. Прогноз и предоставленные Форресталом цифры кажутся крайне сомнительными. Джон Лофтус и Марк Ааронс (источник 7) утверждают, что министр обороны Форрестал был одним из главных организаторов тайной программы по саботажу указаний Трумэна, касающихся Палестины.

[46]  Английский посол лорд Инверчапел писал Эттли, что поддержка евреев почти абсолютна на побережьях и особенно на северной части Атлантического. Чем дальше в центр страны и на юг, тем она меньше, пока не исчезает совсем. Юг и Средний Запад, по его мнению, по-прежнему населён антисемитами.

[47]  Обычно это функция принадлежит Конгрессу и министерству финансов.

[48]  Трумэн узнал об эмбарго из утренних газет! В очередной раз он не решился на открытое противостояние с Госдепартаментом. Идея эмбарго принадлежала Хендерсону.

[49]  Их общее количество было от 2 до 3 тысяч. Желающих воевать на стороне Ишува был на порядок больше, но путь для них был закрыт.

[50]  Удивительно, но ни одна страна не поддержала это, по крайней мере, странное предложение. Оно под давлением американцев всё же было почти включено в решающий технический доку-

мент, определяющий границы разделения. В самую последнюю минуту об этом узнал Трумэн (от Вейцмана) и настоял на отмене.

[51] Причины саботажа были различными. Свою роль сыграл тот факт, что многие в Госдепартаменте и министерстве обороны боялись разоблачения их роли в торговле с нацистской Германией и спасения нацистских преступников после войны. Источник 9 утверждает, что самоубийство Форрестала в 1949 году было вызвано боязнью разоблачения. По поводу самоубийства или убийства Форрестала существует множество версий, одна из них связана с работой израильской разведки.

[52] Дети Кима Рузвельта вспоминали, что в детстве и юности их окружали сплошь еврейские друзья семьи.

[53] Несмотря на то, что во время их первой встречи Трумэн, не зная, как правильно произнести имя Хаим (Chaim), называл его Хам. Это очень развеселило Вейцмана, для которого родным языком был русский.

[54] 3 марта Трумэн писал дочери: «Россия не соблюдает ни одного соглашения. Мы сейчас стоим перед тем самым выбором, который стоял перед Британией и Францией в 38–39 годах в отношении Гитлера». 5 марта в Белый дом поступила «совершенно секретная» телеграмма от командующего оккупационными войсками США в Европе генерала Люциуса Клея: «Мы наблюдаем внезапное резкое изменение в поведении каждого советского военного, с которым мы имеем дело… Война может начаться в любое время совершенно внезапно».

[55] На проекте резолюции сохранилась ремарка Трумэна — «Прислать окончательный вариант текста Остина на моё рассмотрение — 22 февраля 48 года. очевидно речь шла о самом первом варианте резолюции. На проекте от 3 марта никаких записей Президента нет».

[56] Генеральный секретарь ООН норвежец Трюгве Ли был обескуражен речью Остина не меньше, чем Трумэн. Буквально за несколько дней до выступления он встречался с Остином и информировал его о том, что вопрос о trusteeship не находит поддержки у делегатов и будет снят с повестки обсуждения. Ли считал изменение позиции США прямым предательством, сговором с Британией и связанным с нефтяными интересами США.

[57] По другой версии Маршалл лично позвонил Трумэну.

[58] Даже Эпштейн ещё не знал имени нового государства, вместо имени государства стоял пропуск.

[59] Помощь в основном оплачивалась деньгами американских евреев.

[60] Хендерсон показал себя с самой лучшей стороны в Индии. В своих воспоминаниях он очень высоко отозвался о Трумене, сказав, что ни при каком другом президенте не было такой деловой атмосферы и эффективной работы в Госдепартаменте. Роберт Каплан в источнике 8 утверждает, что Хендерсон был образцом американского дипломата, в частности сыгравшем огромную роль в разработке стратегии противостояния агрессивной политики СССР.

[61] Ещё около 50 миллионов в 1948 году собрала в США Голда Меир. Это была самая массовая и самая неожиданная для Израиля финансовая поддержка со стороны американских евреев. Посылая Меир в США, Бен-Гурион надеялся на 25, в самом лучшем случае — на 30 миллионов.

*Глава пятая*

# РЕЗОЛЮЦИЯ ООН № 181,
## БОРЬБА ДО ПОСЛЕДНЕЙ СЕКУНДЫ

*«В который раз — Давид против Голиафа. Евреи!
Я прошу — купите камень для его пращи»*

*Бен Гехт, 1947 (?),
писатель и сценарист*

Голосование Генеральной Ассамблеи ООН по Резолюции № 181 произошло 29 ноября 1947 года. Итоги голосования и непримиримая борьба сторон «за» и «против» Резолюции известны во всех деталях. Формально эта борьба развернулась вокруг предложений, которые Генеральная Ассамблея получила от созданной ООН Комиссии UNSCOP — Специальной Комиссии ООН по Палестине. Работа и результаты этой Комиссии как бы остались в тени, особенно в сравнении с той драмой, которая произошла в ООН в последние дни ноября 1947 года. Но без UNSCOP и её рекомендаций не было бы Резолюции № 181. Поэтому интересно вспомнить, что происходило весной и летом 1947 года.

* * *

В апреле-ноябре 1947 в кулуарах недавно созданной ООН, в городах и в столицах нескольких государств, и на территории подмандатной «британской» Палестины происходили события, которые, возможно, оказались решающими для голосования в ООН по Резолюции 181. Эти события были связаны с учреждением, работой и результатами работы Комиссии UNSCOP — Специальной Комиссии ООН по Палестине. Комиссия работала с 28 апреля по 31 августа, посетила и тщательно изучила все аспекты жизни в еврейских и арабских анклавах Палестины, работала в нескольких арабских странах, обследовала лагеря для пере-

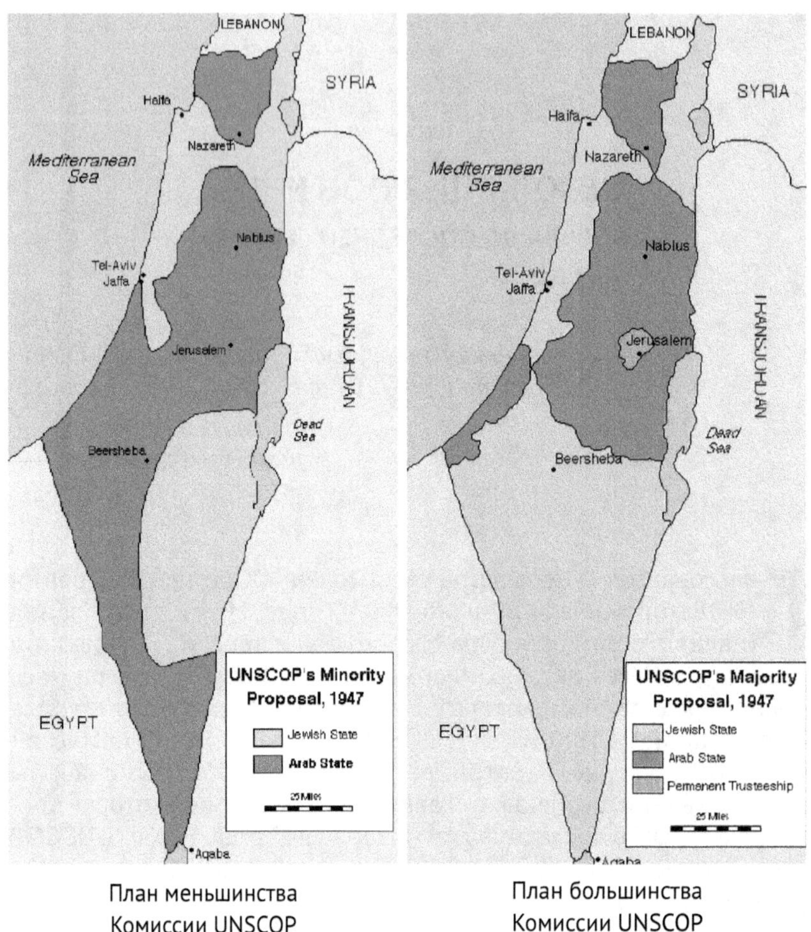


План меньшинства          План большинства
Комиссии UNSCOP          Комиссии UNSCOP

мещённых лиц в Германии и Австрии, заседала в Женеве и в последний день своей работы представила Генеральной Ассамблее ООН свои рекомендации — два различных плана.

Первый, так называемый план меньшинства, предлагал создание Палестинского федерального государства с двумя относительно автономными провинциями — еврейской и арабской, со столицей в Иерусалиме. На создание федерации отводилось три года. За такой план проголосовали Индия, Иран и Югославия.

Второй план, план большинства (существовавший в двух незначительно отличающихся вариантах), предлагал создание на территории Палестины независимых суверенных арабского и еврейского государств. На создание государств по плану отводилось два года, в течение которых управление Палестиной передавалось специальной комиссии ООН. Иерусалим должен был стать независимым городом под международным управлением. За этот план проголосовали Канада, Чехословакия, Гватемала, Нидерланды, Перу, Швеция и Уругвай. Австралия проголосовала против обоих планов.

Американец Ральф Банч* *(Ralph Bunche)*, специальный помощник Генерального Секретаря ООН по связи с UNSCOP, человек, который и написал в ночь с 27 на 28 августа оба плана, был недоволен обоими и писал жене, что «этот тип проблем не имеет удовлетворительного решения».

Ральф Банч

Представители Еврейского агентства, ответственного за эмиграцию европейских евреев в Палестину, и Всемирного Еврейского Конгресса не приняли план меньшинства, который был аналогичен отвергнутому ранее плану Гради-Моррисона, но с минимальными возражениями одобрили оба варианта плана большинства. Арабы отвергли оба, причём их принципиальное несогласие на любые компромиссы дошло до того, что Арабский Высший Комитет под угрозой смерти запретили любые контакты арабов с членами Комиссии. Надо вспомнить, что работа Комиссии совпала по времени с трагедией «Эксодуса». Всё случившееся в порту Хайфы произошло на глазах нескольких членов Комиссии. Огромную роль, согласно воспоминаниям Голды Меир, сыграли слушания полным соста-

---

* Ральф Банч, американский дипломат (и разведчик), активный участник работы UNSCOP. В дальнейшем, после убийства в сентябре 1948 года членами «террористической» организации Лехи шведского дипломата Фольке Бернадотта, представителя Совета Безопасности ООН в воюющей Палестине, занял его место и помог добиться прекращения военных действий между Израилем и арабами во время войны за Независимость. В 1950-м получил Нобелевскую премию мира за свою деятельность 1947–1949 годов в Палестине. Первый афроамериканец, удостоенный Нобелевской премии мира)

Джон Гроэл

вом Комиссии свидетельских показаний американского протестантского священника — первого свидетеля не еврея, лидера американских христиан-сионистов — Джона Гроэла* *(John Stanley Grauel)*, который был членом экипажа «Эксодус». Именно после этих слушаний, по мнению Голды Меир, у большинства членов Комиссии созрело решение в пользу «партишен» (Разделения). Всего с еврейской стороны перед Комиссией выступил 31 человек, включая евреев-антисионистов из Коммунистической партии Палестины и партии Ихуд. (Подробно о реальной истории корабля «Эксодус» можно узнать, например, из статьи «Исход из Европы 1947» https://dona-anna.livejournal.com/949421.html

В ООН после предоставления отчёта UNSCOP подошли к проблеме прагматично. Во-первых, общим мнением было, что эту затянувшуюся проблему надо было наконец решить. Неожиданное выступление 14 мая 1947 года советского представителя в ООН Громыко о принципиальной поддержке образования Еврейского государства создало уникальное «окно» возможностей для совсем недавно учреждённой и ещё сравнительно небольшой ООН, *относительно* свободной от «клановой» борьбы наших дней. Во-вторых, стало совершенно ясно, что если опираться на «исторические» и «религиозные» основания сторон, то проблему не решить никогда. В-третьих, стало понятно, что при любом решении будут недовольные с двух сторон. Собственно говоря, в таком подходе Ассамблея ООН просто следовала предложениям плана большинства UNSCOP:

1. В основе предложения в пользу «партишен» (разделения на два суверенных государства на территории Палестины) лежит понимание того, что невозможно привести к общему согласованию законные претензии как арабов так и ев-

---

* Джон Гроэл, протестантский священник, лидер американских христиан-сионистов, с 1944 года тайный член Хаганы, журналист — член экипажа «Эксодус», давший решающие показания Комиссии UNSCOP. Похоронен в 1986 году в Иерусалиме с государственными военными почестями

реев на землю в Палестине, и что среди всех возможных предложений «партишен» будет представлять наиболее реалистичное и практическое решение, которое наиболее вероятно явится рабочей основой для частичного удовлетворения претензий и национальных амбиций двух сторон.

2. Никем не отрицается факт, что оба народа имеют исторические корни в Палестине и оба народа внесли свой важный вклад в экономическую и культурную жизнь Палестины. Решение в пользу «партишен» в обязательном порядке учтёт этот факт.

3. Основа конфликта в Палестине заключается в претензии двух непримиримых национальных движений (в оригинале — «национализмов»). Вне зависимости от исторического происхождения конфликта, законности или незаконности многочисленных обещаний данных двум сторонам и международного вмешательства согласно Мандата, сегодня фактически в Палестине живёт 650 тысяч евреев и 1 миллион 200 тысяч арабов, которые по-разному смотрят на жизнь и в течение длительного времени разделены политическими интересами, что не даёт никакого основания на полную и эффективную политическую кооперацию.

4. Только фактическое разделение может привести к реализации этих конфликтующих национальных устремлений и обеспечить двум народам полагающееся им место среди суверенных народов в международном сообществе и в ООН.

Во многом план большинства UNSCOP в 1947 года повторял более ранние предложения английской Комиссии Пиля 1937 года, но в заметно худшем для арабов территориальном варианте [1]. Даже само слово «партишен» (Разделение) вместе с детальной разработкой конкретных границ разделения (конечно, отличных от варианта 1947 года) пришло впервые из отчёта Пиля. Если бы Британия согласилась с предложениями Пиля и провела бы их в жизнь, что в 1937 году было абсолютно в её силах, то евреи получили бы своё микрогосударство, пусть разорванное на две части и без Иерусалима, но до начала Холокоста.

При условии, что новое государство смогло бы защитить себя (в то время, очевидно, только с помощью Британии), Разделение

Лорд Уильям Пиль, руководитель Королевской комиссии по Палестине (1936–37 годы)

по плану 1937 года привело бы к совершенно другой истории спасения европейских евреев, возможно, к спасению большинства из них. Аргументы Комиссии Пиля, кстати, учитывали неограниченную иммиграцию в новое еврейское государство как реальную и единственно возможную помощь евреям Европы. Ссылаясь на мнение одного высокопоставленного палестинского араба о том, что «нет ни одного порядочно мыслящего человека, который не хотел бы сделать все возможное в человеческих силах для уменьшения страданий этих людей (евреев), имея в виду, что облегчение их страдания не вызовет соответствующий перенос несчастий на других людей», в отчёте Комиссии Пиля сказано:

*«Принимая во внимание возможность убежища в Палестине для многих тысяч страдающих евреев (Европы), мы не можем представить, что „перенос несчастий“, даже, возможно, серьёзный, вызванный „партишен“, будет большим, чем арабское великодушие и благородство может вынести».*

Конечно, великодушия и благородства не оказалось прежде всего у Британии, и должно было пройти 10 лет и погибнуть 6 миллионов евреев, прежде чем теперь уже перед «мировым сообществом» встал тот же самый вопрос о разделении Палестины на два государства.

Справедливости ради надо сказать, что в 1937 году никто не мог предполагать самой возможности «окончательного решения», поэтому, кроме привычного категорического несогласия арабов, англичане не получили существенной поддержки и от Ишува. Инициатива после вооружённого протеста арабов просто заглохла из-за отсутствия интереса со стороны Англии и Ишува.

Но вернёмся в 1947 год.

Вооружённое сопротивление подпольной израильской «армии», особенно её ревизионистской части (Иргун и «банда Штерна», более известная вне США под названием—Лехи) британскому мандатному режиму к весне 1947 года измотало моральный дух оккупационной (так её видело всё большее число стран) британской 100 тысячной военной группировки. По существу, в чисто полицейском смысле контроля территории, «война» с евреями была проиграна. Финансовые и материальные возможности Британии после Второй мировой войны в усилении или даже в простой поддержке своих военных в Палестине были исчерпаны. Политическое давление единственного реального союзника и кредитора—США—только усиливалось. Общественное мнение в западных странах после нескольких заявлений Трумэна и—особенно—после фиаско «Эксодуса» было всё более антибританским. СССР в своей послевоенной политике, желая поссорить Англию и США и ошибочно полагая, что Еврейское государств на Ближнем Востоке станет советским сателлитом, уже весной 1947 года решил выступить заодно с США.

Евреям Палестины чрезвычайно повезло, что все эти факторы совпали в очень удачное время. Уже через год, после начала дикой антисемитской кампании в СССР, позиция Сталина претерпела существенное изменение. Уже к концу 48 года совершенно новая динамика Холодной войны заставила бы Трумэна более внимательно прислушаться к антисионистским доводам Госдепартамента и министерства обороны [2]. Именно это невероятное по одновременному совпадению таких различных факторов стратегическое преимущество, хотя и полностью заработанное непрерывной тяжёлой дипломатической, военной и террористической борьбой против Британии, стало фоном, на котором происходила тактическая борьба между странами, Ишувом, еврейскими организациями Запада.


К подробному описанию событий вокруг «Палестинского вопроса» в предыдущей главе можно добавить несколько интересных деталей.

Свою первую тактическую схватку Ишув и представляющий его Еврейский Конгресс, а также американские сионистские организации проиграли вчистую. Речь идёт о составе UNSCOP. По предложению сионистских организаций в состав Комиссии должны были войти «реально» заинтересованные страны, а не второстепенные, независимые, никак не вовлечённые в исторический конфликт в Палестине. Сионисты ожидали, что решение такой неавторитетной Комиссии будет чисто академическим, приведёт только к затяжке времени, а практическое решение все равно придётся принимать американцам, англичанам и другим «серьёзным» странам. Столкнувшись с решительным несогласием США, которые были убеждены, что только решение независимой Комиссии будет иметь авторитет в ООН и получит поддержку мирового общественного мнения, Всемирный Еврейский Конгресс совершил вторую серьёзную ошибку.

Не ожидая решения в пользу «партишен», Конгресс предложило для обсуждения на Генеральной Ассамблее резолюцию, обязывающую Британию полностью выполнять положения Мандата. Это были старые требования убрать ограничения иммиграции и продажи земли в Палестине. Опять США категорически не согласились. Дин Ачесон, зам Госсекретаря США, терпеливо объяснял Моше Чертку (Моше Шарету) и другим представителям Ишува, что США бесконечно долго пытались добиться от Британии того же, но Британия никогда не соглашалась и никогда не согласится с этими требованиями. Положительное решения для сионистов, по мнению Ачесона, возможно только если полностью вывести Британию «за скобки» любой резолюции.

Сами англичане очень скоро подтвердили мнение Ачесона. После утверждения состава Комиссии, в которую вошли 11 человек из нейтральных стран на территориальной (географической) основе, представитель Британии в ООН Кадоган *(Cadogan)* выступил с заявлением: Британия не будет проводить в жизнь любое решение Комиссии, которое она (Британия) не согласует, которое не будет соответствовать её национальному сознанию (conscience). Кроме того, Британия не будет участвовать в любом «силовом» решении, которое не устроит евреев или арабов.

К счастью, предложение Конгресса потеряло всякий смысл после выступления Кадогана, но ещё в большей мере после совместного заявления арабских стран, в котором арабы потребовали в качестве решения Комиссии немедленное прекращение условий Мандата и принятия ООН Декларации Независимости Палестины, то есть, создания арабского Палестинского государства. США в очень резкой форме заявили протест, после чего арабы отказались от какого бы то ни было сотрудничества с Комис-

Члены Комиссии (UNSCOP) во время посещения Вены

сией. В такой нервной обстановке 1 мая 1947 года UNSCOP начала работу, предписанную ей ООН.

Интересно на полях дипломатической истории вспомнить о сложных отношениях между еврейскими организациями Америки из-за различного отношения к вооружённой борьбе против Англии в Палестине и всё более ухудшающихся в то время отношениях между американскими евреями и Англией.

В Палестине 1947 год был пиком активности Иргуна и «банды Штерна» (Лехи), двух ревизионистских групп, которые боролись с англичанами... террором, если называть вещи своими именами. Несмотря на призыв Бен-Гуриона и других руководителей Ишува, Менахем Бегин, руководитель Иргуна, решил не прекращать активность организации во время работы UNSCOP. Его друг и почитатель — Бен Гехт* *(Ben Hecht)*, один из самых известных голли-

---

* Бен Гехт, родители, которого были из Минска, писатель — автор 25 книг, с 17 лет известный журналист двух чикагских газет (он бросил учебу в университете Висконсина через три дня занятий!), в том числе послевоенный (Первой мировой) корреспондент из Берлина, самый известный и уважаемый сценарист 30–50- годов — более 70 сценариев и пьес, в том числе автор сценария культового фильма «Унесенные ветром», активнейший сионист и спонсор Иргуна (ревизионистов), партнер по сбору денег для Иргуна с Питером Бергсоном, друг Бегина. Он активно собирал деньги для Иргуна с 1940 года и открыто выступал против равнодушия политики Бен-Гуриона по поводу судьбы европейских евреев и соглашательства с такой политикой «важных» американских евреев. В своей автобиографии «A Child of the Century» он написал: *«The Americanized Jews who ran newspapers and*

Бен Гехт и Страница в «Нью-Йорк Пост» с его
«Письмом к террористам Палестины»

вудских сценаристов 30–40-х годов, журналист, писатель, яростный сторонник американской радикальной сионистской группы Питера Бергсона (которого по рождению звали—Хилель Кук, он был племянник известного рава Кука) [3], купил целую страницу для рекламы во влиятельной нью-йоркской газете *New York Post*. 14 мая 1947 года (случайное двойное совпадение—в этот же день А. Громыко выступил с речью в ООН в поддержку суверенного еврейского государства, а ещё ровно через, 14 мая 1948 года было провозглашено государство Израиль) газета вышла с рекламной страницей «Письмо к террористам в Палестине». Частичное содержание «письма» было таким:

*«Мои бравые друзья, евреи Америки с вами… Каждый раз, когда вы взрываете британский арсенал, или взламываете*

---

*movie studios, who wrote plays and novels, who were high in government and powerful in the financial, industrial and even social life of the nation, were silent.»* Один из кораблей, нелегально перевозивший евреев в Палестину, был назван «Бен Гехт», корабль стал флагманом израильского военного флота. Гехт умер в апреле 1964 года, на его похороны из Израиля прилетел Менахем Бегин и выступил с большой прощальной речью.

*стены британских тюрем, или посылаете к небесам очеред-
ной британский состав, или грабите британский банк, или
просто уничтожаете британских предателей и захват-
чиков вашей земли — каждый раз это праздник сердца для
американских евреев…».* (Обычно на этом заканчивают
цитирование «письма», но дальше, после «праздник сердца для американских евреев» шло следующее: *«Не для всех
евреев, конечно. Многие совершенно безразличны к происходящему. Среди них, к сожалению, практически все богатые
евреи Америки, все важные и влиятельные, почти все руководители еврейских организаций, которых американские
газеты называют „еврейскими лидерами“. Они — против…
Братья, не вешайте нос, наши деньги уже идут к вам»)* **[4]**.

Англичане были вне себя. Английский посол протестовал в заявлении Госдепартаменту, утверждая, что это «письмо» прямо
призывает к убийству английских солдат.

Не меньше шума в Америке и Англии произвёл один случай
добровольно-принудительного сбора денег в пользу Иргуна. Это
было знаменитое событие в популярном ночном клубе Slapsy
Maxie's на голливудском бульваре Wilshire, где собралась странная компания еврейского бомонда, людей «андерграунда», игроков, жуликов, политиков, голливудских звёзд и других «важных»
людей Лос Анджелеса. Инициативу на этот раз — в помощь Гех-
ту — взял известнейший лос анджелесский гангстер Микки Коэн
*(Mickey Cohen)*, рождённый в религиозной еврейской семье выходцев из Киева, убийца, рэке-
тир и прочее **[5]**.

Дело происходило так: после
яркой 45-ти минутной речи Гех-

Микки Коэн, нью-йоркский,
кливлендский, чикагский,
лос-анджелесский боксёр, гангстер,
убийца, рэкетир, игрок, спонсор
Иргуна, узник тюрьмы «Алькатрас»,
бизнесмен, общественный деятель,
приятель многих кинозвезд,
телевизионная «персона»..

та в поддержку Еврейского государства, Иргуна и вооружённой борьбы с «оккупационными силами» в Палестине начался сбор денег. Приятные голливудские девушки обнесли всех собравшихся корзиной, куда сбрасывали наличные деньги или записки с обещанием заплатить. Когда процедура была закончена, из-за кулис вышли люди Коэна и «предложили» каждому из сидящих в зале, а их было больше тысячи человек, удвоить сумму. За один вечер было собрано 230 тысяч долларов. Англичан особенно разозлило то, что все собранные деньги на «еврейский терроризм в Палестине» по американским законам освобождались от налогов [6].

Коэн, как и Меир Лански, ещё один знаменитый гангстер, были важными спонсорами Бегина и его вооружённой группы Иргун. Но главную роль как в сборе денег, так и пропаганде дела Ишува в послевоенное время играл, конечно, Гехт. В эти годы по театрам Америки с триумфом прошла просионистская пьеса «A Flag is Born» (1946 год), написанная Гехтом и поставленная Билли Роузом. Во время представлений спектакля в различных театрах был организован сбор денег в помощь Менахему Бегину и его делу. Всего было собрано около 400 тысяч долларов, огромные деньги в то время. Пьесу спонсировала Лига за свободную Палестину, «дочерняя» группа Бергсона. В программе спектакля совершенно открыто было сказано: «…Спектакль написан для сбора денег—для сбора денег, чтобы снарядить корабли и доставить евреев в Палестину… и создать общественное мнение в Америке в поддержку борьбы за свободу и независимость, которым сегодня препятствуют в Палестине». Общественное мнение, несомненно было на стороне евреев. Спонсора-

Официальная афиша спектакля; на заднем плане красным цветом выделены фигуры борцов за независимость Соединенных Штатов, связь с событиями 1776 года проходила красной нитью через весь спектакль

ми спектакля стали многие знаменитые люди—Леонард Берн-штейн, Лион Фейхтвангер, Элеанор Рузвельт, мэр Нью-Йорка О'Двайер. На один из спектаклей—в Балтимор—специальным поездом из Вашингтона приехал в почти полном составе американский Конгресс!

Одну из трёх главных ролей—Дэвида—играл 22-летний никому не известный Марлон Брандо, активный сторонник группы Бергсона. По ходу пьесы, когда не добравшись до Палестины умирают двое других главных героев—пожилые евреи, пережившие Холокост (их играли суперзвёзды нью-йоркской сцены Селия Адлер и Пол Муни), и когда у Дэвида, в прошлом узника нацистского концлагеря, возникают сомнения в том, что и он когда-либо доберётся до Палестины, к нему приходят три ангела, олицетворяющих Хагану, Иргун и Лехи. Они обращаются к Дэвиду со словами:

*«Разве ты не слышишь, как стреляют наши ружья? Мы сражаемся с англичанами, коварными и могущественными англичанами. Мы разговариваем с ними на новом еврейском языке, языке нашего оружия. Мы больше не вымаливаем своё и не проливаем слёз перед миром. Мы бросаем ему в лицо пули... Мы обещаем вырвать нашу родину из британских когтей».*

400 тысяч долларов были большие деньги и очень многие в Ишуве были весьма недовольны тем, что они идут в поддержку воинственному Иргуну, несмотря на решение Бен-Гуриона прекратить вооружённую борьбу против англичан во время работы UNSCOP. Бен-Гурион совершенно справедливо предполагал, что Администрация Трумэна и сам Президент крайне недовольны «террористическими» (по его определению) методами борьбы против англичан. По его указанию Моше Черток (Шарет), глава дипломатического отдела Еврейского Конгресса, обратился к еврейскому истеблишменту США с просьбой начать контрпропаганду внутри еврейских организаций и даже среди «простых» евреев. «Простые» евреи, в свою очередь, были целиком и полностью за продолжение вооружённой борьбы. Лидером «антитеррористической» пропаганды и главным действующим лицом в сборе денег для «легальных» организаций Ишува был Рудольф Соннеборн *(Rudolf G. Sonneborn)*, американский бизнесмен. Через несколько возглавляемых им организаций было собрано для

Хаганы, то есть в основном для помощи в нелегальной иммиграции в Палестину, около полумиллиона долларов. Летом 47 года Соннеборн выступил с опубликованным в газетах резким осуждением Иргуна и «банды Штерна» — «подпольными группами в Палестине, которые своими идиотскими акциями подрывают усилия и жертвы трёх поколений».

Борьба лидеров Ишува против «ревизионистов», как мы видим, была зеркально отражена и в борьбе различных течений поддержки Ишува в Соединённых Штатах.

Конечно, приведённые выше истории, как и поддержка вооружённой борьбы с англичанами, не занимала центральное место в отношении американских сионистских еврейских организаций к ситуации, сложившейся в Палестине. Основная работа была направлена на лоббирование американского Конгресса, прессы и напрямую — Трумэна и его кабинета министров. Целью лоббирования было добиться активного и ясного просионистского участия США в работе ООН и склонить UNSCOP к принятию решения о «партишен». Надо признать, что успех был только частичным, Госдепартамент и Госсекретарь Маршалл отчаянно сопротивлялись такой роли, в основном придерживаясь одновременно антибританской (антиколониальной) и проарабской позиции. Реакция самого американского Президента тоже была неоднозначной, еврейские террористические акции он искренне отвергал, но не меньше его раздражала чрезмерная настойчивость и отсутствие субординации со стороны американских евреев. В своём дневнике где-то в 20-х числах июля, в самом начале событий, связанных с кораблём «Эксодус», он записал:

*«Евреи, как я вижу, очень, очень эгоистичны. Им всё равно, какое количество эстонцев, латышей, финнов, поляков, югославов или греков убито или страдает в лагерях перемещённых лиц, им важно только получить преимущества для себя. Когда же они получают власть, материальную помощь и доступ к деньгам, ни Гитлер, ни Сталин не сравнятся с ними в жестокости и плохом обращении с теми, кто оказывается внизу. Стоит только „нижним“ подняться наверх и всё равно как их назвать — русскими, евреями, неграми, бизнесом, рабочим движением, мормонами, баптистами — все становятся наглыми. Я знаю совсем*

*немногих евреев, которые разбогатев помнят, с чего они начинали».*

Раздражение Трумэна, отражённое в дневнике, вышло наружу через несколько недель, когда ситуация с «Эксодусом» стала известна всем и вызвала большое недовольство в американском обществе и государственных структурах, включая Госдепартамент (!). Трумэн ответил на чрезвычайно резкое и ставшее широко известным опубликованное в газетах антибританское письмо Элеанор Рузвельт. Трумэн в своём письме Э. Рузвельт, слегка смягчив своё раздражение, писал:

*«Ситуация, с какой точки ни посмотри, чрезвычайно затруднительна. Проблема в том, что корабль был загружен беженцами и отправлен в Палестину с американской помощью и на американские деньги — и они прекрасно знали, что нарушают закон… Действия некоторых американских сионистов в конце концов приведёт к прямо противоположной реакции той, которой они пытаются добиться. Я боюсь, серьёзно боюсь, что евреи, как все долго бывшие внизу, когда оказываются наверху становятся нетерпимыми и грубыми, как люди были по отношению к ним, когда они были внизу. Я сожалею о случившемся, потому что **моя симпатия всегда была на их стороне** (выделено Трумэном)».*

В итоге, ситуация в «верхах» американской политической системы летом 1947 года сложилась крайне неопределённая. Конгресс, еврейские организации, и, говоря штампом, — международное сообщество, не понимали, чего же, собственно, хочет Президент от Комиссии и предстоящего решения ООН.

Ещё одно соображение волновало многих. Если США в очередной раз не покажут миру своей заинтересованности в практических результатах работы ООН, если США не возглавят работу ООН или хотя бы не сфокусируют её работу с бесконечного и бесплодного «процесса» на «результат», то, вполне очевидно, ООН ждёт печальная судьба Лиги Наций. Сенатор-республиканец Оуэн Брюстер *(Owen Brewster)*, выступая на конвенции сионистских организаций Америки напомнил, что Соединённые Штаты только что в Греции и Турции уже показали пример принятия важных внешнеполитических решений без всяких консультаций с ООН. И это не могло остаться незамеченным в ООН и в отношении к ООН.

30 сенаторов-республиканцев написали резкое письмо Госсекретарю Маршаллу, требуя ясности в отношении Госдепартамента к работе UNSCOP и в ещё большей мере — ясности в отношении к созданию независимого еврейского государства в Палестине. В противном случае «Соединённые Штаты оставят ООН в полном неведении, будут ли её предложения по Палестине одобрены Соединёнными Штатами». Письмо не дало никакого результата; Маршалл привёл множество аргументов в свою пользу и не предпринял какого-либо действия. В основе его объяснений был весьма противоречивый тезис о том, что «США не хотят влиять на независимое решение Комиссии». В конце концов рекомендации UNSCOP, как и опасались сионисты, были доложены Генеральной Ассамблее без «понимания последней, чего же хотят Соединённые Штаты».

* * *

Генеральный Секретарь ООН *(Trygve Lie)* в самом начале работы UNSCOP предложил арабам и евреям назначить по два представителя в качестве «офицеров связи» между UNSCOP и заинтересованными сторонами. Арабы, как обычно, категорически отказались, а информационный отдел Еврейского Агентство выбрал из своих рядов одного ветерана — ведущего экономиста Еврейского Конгресса Дэвида Горовца и сравнительного новичка, восходящую звезду, 32-летнего британца Обри Эбана, в дальнейшем известного дипломата и государственного деятеля, который в совершенстве знал 10 иностранных языков и который немного позже поменял имя на сегодня всем известное Абба Эбан. Им были даны инструкции «работать в интересах создания Еврейского государства на подходящем месте в Палестине».

31 августа 1947 Горовиц, Эбан и Дональд МакГилливрей, офицер связи со стороны Британии, получили указание к 9 вечера явиться в штаб-квартиру ООН (в то время она находилась на Лонг-Айлэнд города Нью-Йорка) для получения на руки копий, подписанных членами UNSCOP официальных рекомендаций Генеральной Ассамблее. И евреи, и англичане знали предварительное содержание рекомендаций, но редакция текста непрерывно продолжалась до последней минуты и только окончательный,

подписанный документ мог расставить все точки над «i». Потянулось томительное ожидание, все трое нервно сновали по коридору, но никто не спешил выйти к ним навстречу. Где-то после 11 вечера в дверях появился один из членов Комиссии, воскликнул: «О, я вижу отцов ожидаемого ребёнка», и исчез. Наконец, точно в полночь из комнаты вышли все 11 членов Комиссии и передали офицерам связи официальный документ. У нескольких членов Комиссии на глазах были слёзы. Профессор Энрике Фабрегат, представитель Уругвая, обнял Горовца со словами: «Это самый важный момент моей жизни».

С 1 сентября все дальнейшие решения по Палестине перешли к Генеральной Ассамблее, где в течение следующих трёх месяцев и происходила борьба «не на смерть, а за жизнь» Еврейского государства, за жизнь 650 тысяч евреев Палестины и многих миллионов евреев других стран мира, которые выберут для себя и своих детей жизнь в первом со времён античности суверенном Еврейском государстве.

## ПРИМЕЧАНИЯ

[1]  Разделение «по Пилю» предполагало две отдельные, не связанные друг с другом части для еврейского государства. Негев по плану уходил к арабскому государству.

[2]  Повторилась редкая временная ситуация совпадения многих благоприятных для сионистов факторов во время написания Декларации Бальфура

[3]  Группа Бергсона была главным спонсором и пропагандистом Иргуна в США. Менахем Бегин возглавил Иргун в декабре 1943 года и через несколько месяцев объявил войну британской администрации в Палестине. Лехи была крайне радикальной группой, которая считала Иргун недостаточно эффективной военной организацией и в Палестине боролась любыми радикальными методами с Британией, а не британской администрацией, как Иргун. Только 1 октября 1945 года Бен-Гурион решил объединить Хагану и Иргун в Еврейское Сопротивление для совместной борьбы с английскими военными в Палестине. Но даже в 1947 году Иргун и Хагана понимали эту борьбу по-разному. Также по-разному относились к ним и различные еврейские организации в США.

[4]　Полностью «Письмо…» можно найти здесь:
https://www.politicsforum.org/forum/viewtopic.php?t=74300

[5]　Летом 1947 Коэн получил приглашение на обед в дом Бена Гехта, до этого они не были знакомы. На обеде кроме Гехта и телохранителя гангстера был ещё один человек — представитель Иргуна. «Этот парень рассказал о борьбе (в Палестине) и сильно повлиял на меня, после чего я решил заняться сбором денег для Иргуна», — писал Коэн в автобиографии.

[6]　Как ни странно, точная дата этого собрания неизвестна. Скорее всего, оно произошло в июне 1947 года. Но есть не менее авторитетное мнение, что в мае 1948-го.

# Глава шестая

# ЕВРЕЙСКИЙ ВОПРОС В АМЕРИКЕ
## ОБ ОДНОЙ ЗАБЫТОЙ ДИСКУССИИ

*[Еврейский вопрос]… конечно, не единственная проблема нашего времени, но… может считаться пробным камнем зрелости нашей цивилизации и её желания служить Добру.*

**Томас Манн [1]**

Этнические, религиозные, национальные, идеологические разногласия и противоречия являются нормой в любом обществе. Время от времени такие противоречия могут привести — и часто приводят — к социальному взрыву. История очень многих стран полна подобными примерами. Это не только сравнительно редкие революции, включая революции религиозные, радикально изменяющие всё общество, но часто менее известные, менее заметные медленно усиливающиеся государственные притеснения этнических или религиозных меньшинств, которые, не будучи остановленные или ограниченные обществом, обычно заканчиваются кровью. Реформация и контрреформация в позднесредневековой Европе дали нам множество свидетельств подобных конфликтов. Ничего не изменилось и в новейшей истории: этнические чистки в Малой Азии — греков, армян, ассирийцев; частичное истребление индейцев в США (хотя в данном случае притеснения часто переходили в «нормальную» войну); инквизиция — вплоть до конца XVIII века, осуществляемая католической Церковью в Европе и Америках; геноцид в Перу, Мексике (Апачи против белых), Гаити (чёрные против белых), Австралии, Франции (Вандея — до полумиллиона жертв); африканский этнический и религиозный геноцид; сталинские этнические чистки (включая Голодомор) и идеологические погромы; еврейские погромы; этнические преступления и геноцид германского нацизма; балканский геноцид двадцатилетней давности, арабские мусульманские погромы против арабов-христиан—подобным примерам нет числа. Тем не менее, различные общества существенно отличаются отношением к таким разногласиям и особенно—степенью допускаемого в обществе антагонизма. Честное и открытое обсуждение подобных разногласий часто является главным фактором в их сглаживании и недопустимости кровопролития. Данная глава рассказывает об одном из таких обсуждений.

Настоящая глава состоит из трёх неравнозначных частей.

*В первой*, приводится мой перевод статьи из известного американского журнала «The Atlantic» [2]. Статья стала заметной вехой общественной дискуссии о причинах и возможных последствиях американского антисемитизма в предвоенных Соединённых Штатах. Это была не единственная и, возможно, не самая известная из дискуссий на эту тему. К примеру, двумя годами раньше в том же журнале прошло серьёзное обсуждение крайне противоречивого вопроса о межрасовых и межрелигиозных браках (в основном речь шла о браках евреев и неевреев) [3]. Но особую значимость дискуссии, о которой я хочу рассказать, придало имя автора статьи; в начале первой части я познакомлю читателя с её автором.

*Вторая часть*, существенно более короткая, коснётся развернувшейся критики позиции автора статьи. В этой же части *очень коротко и схематично* автор выскажет свои замечания о статье, ни в коей степени не пытаясь опровергнуть или поддержать основные тезисы автора. Причина такого ограниченного подхода следующая: я считаю, что сегодня несправедливо вступать в дискуссию по данному вопросу с абсолютно честным и ясно выраженным мнением более чем 70-летней давности. Мы знаем путь истории этих 70 лет, мы знаем, как история и судьба американских евреев опровергла многое из опасений и объяснений автора статьи. И уж тем более, он не мог предвидеть источник сегодняшней волны антисемитизма в Америке. Автор этого не знал, но тем более, удивительно, что многое, из им сказанного, актуально и сегодня.

И, наконец, в *третьей* части, которая вынесена в отдельное Приложение, я коротко коснусь истории антисемитизма в англоязычном мире. Главной целью третьей части, которую информированный читатель может пропустить, является попытка объяснить, почему дискуссия, начатая статьёй, была действительно актуальной и в чём фундаментальное, на мой взгляд, различие американского и европейского антисемитизма.

## ОБ АВТОРЕ СТАТЬИ И САМА СТАТЬЯ

В июньском 1941 года номере респектабельного американского журнала *The Atlantic Monthly* появилось начало статьи писателя, критика и политического философа, очень известного в 1910–1940 годах. Публикации было предпослано следующее предисловие:

*В этом и следующем номерах The Atlantic начинает дискуссию по проблеме чрезвычайной важности. Мы попросили господина Нока начать эту дискуссию, и мы приглашаем высказать своё мнение евреев и неевреев в надежде, что свободный и откровенный обмен мнениями поможет уменьшить напряжение [в обществе], в настоящее время до крайности высокое, и приведёт нас к осмысленному и более трезвому пониманию человеческой природы, лежащей в основе проблемы.—Редактор*

Имя Альберта Джея Нока *(Albert Jay Nock)* сейчас почти забыто. но в 1910–1940-х годах он был одним из лидеров либертарианского движения в США и Европе, возможно, самым последовательным и бескомпромиссным. В редактируемом им журнале «Свободный человек» *(The Freeman)* [4] печатались многие знаменитые интеллектуалы своего времени и, пожалуй, все важнейшие теоретики того направления либерального капитализма, которое получило название либертарианства. Даже выборочный список авторов впечатляет: Чарльз Бирд, Уильям Г. Чемберлен, Томас Манн, Бернард Рассел, Торстин Веблен, Джон Дос Пассос, Линкольн Стеффенс, Г. Л. Менкен. Когда однажды один из авторов заметил, что, по его мнению, журнал является лучшим образцом либерального издания, Нок возразил, что *The Freeman* «является радикальным изданием, он занимает место в девственно новой сфере, вернее, в длительное время заброшенной и пустынной сфере американского радикализма» [5]. Журнал стал серьёзным явлением в литературной и политической жизни Америки, настолько серьёзным, что, дважды умирая, возрождался под тем же названием в последующих поколениях, нынешний является «внуком» журнала Нока.

Альберт Джей Нок
(1870–1945)

Журнал Нока закрылся через четыре с лишним года из-за финансовых трудностей, но несколько богатых спонсоров предложили редактору определённую стипендию для того, чтобы он занялся делом по своему усмотрению. Нок выбирает работу журналиста и в 1920–1930-е годы работает и живёт попеременно в США и в своём любимом Брюсселе, печатается в лучших журналах Америки и Европы. Все эти годы он одновременно продолжает свою писательскую деятельность. Одна за другой выходят книги об Артемисе Уарде (предшественнике Марка Твена), Франсуа Рабле (любимом герое Альберта Нока), Генри Джордже (важном политическом философе конца XIX века). В 1928 году он публикует биографию Томаса Джефферсона; многие считают, что до сих пор никто не написал лучшую биографию одного из основателей США.

В начале 1930-х Нок уделяет все больше внимания вопросам влияния государства на жизнь общества и, в частности, влияния государства на образование (крайне негативное, по его мнению). В различных известных журналах появляются статьи, сделавшие его очень популярным. Одна из них, опубликованная в *The Atlantic Monthly* — «Стоит ли работать Исайей?» («*Isaiah's Job*») [6], регулярно переиздаётся в наши дни. Ещё одна популярная статья называлась очень характерно: «Наш враг — государство». Другая, основанная на курсе лекций, прочитанных в Бард колледже, называлась «Криминальное государство». Эта статья, позже расширенная в книгу, была написана под впечатлением идей немецкого социолога Франца Оппенгеймера. Основная идея книги Оппенгеймера, «*Der Staat*», заключалась в том, что существует только два пути накопления богатства — работа и грабёж, причём государство монополизировало второй способ. В своей книге, соглашаясь с Оппенгеймером, Нок тщательно разъясняет различие между управлением (правительством или администрацией) и государством: «первое возникло из насущной необходимости общества; его функция состоит в защите прав отдельных граждан, прав, данных им фактом самого их существования; единственная задача управления—администрирование правосудия. С другой стороны, государство является антисоциальной организацией, возникшей вместе с идеей и практикой захвата чужих территорий и, соответственно, с конфискацией частной собственности».

Незадолго до смерти (он умер в августе 1945 года) Нок написал свою самую известную книгу—«Воспоминания лишнего человека» (*Memoirs of a Superfluous Man*)—явно перекликающуюся с понятием, введённым в культурный оборот русской литературой; в конце 1940-х книга становится одной из самых читаемых по обе стороны океана. Это была очень необычная книга воспоминаний. «Единственная достойная цель автобиографии—запечатлеть ту или иную философию, которую автор приобрёл в течение жизни. Если при этом он находит необходимым показать, как его конкретный жизненный опыт привёл к определённой форме мысли, тогда допустимо нагрузить читателя некоторыми жизненными деталями; но устраивать перед публикой демонстрацию всего, что её не касается, является пошлостью». Книга, как писал его друг, «стала замечательной автобиографией идей» [7].

В последние годы жизни Нок был связан дружбой с нефтяным миллионером Уильямом Бакли-старшим и сыграл большую роль в формировании жизненных принципов его сына, Уильяма Бакли-младшего, известного консервативного писателя и публициста, редактора самого известного консервативного журнала послевоенного времени—«Национальное Ревью» (*National Review*). Нок оказал большое влияние на многих консервативных деятелей Америки, включая Эйн Рэнд. В современной Америке самым близким по духу к политической философии Нока является движение *Tea Party*.

Альберт Нок, скорее всего, был вундеркиндом. Он родился в 1870 году в семье рабочего-сталевара (который был одновременно священником Епископальной церкви, такое странное сочетание), пошёл в школу только в 13 лет. Но в доме было много книг, он прочёл их все ещё до школы; любимой, которую он выучил наизусть, был большой словарь Вебстера [8]. После нескольких лет в частной классической школе он поступил и закончил Бард колледж (сегодня—часть Колумбийского университета). Нок одинаково свободно говорил и писал на пяти языках—английском, французском, немецком, латыни и греческом, свободно читал на иврите; со времён колледжа «мёртвые» языки оставались любимыми. Знание им античной литературы поражало современников. Он мог с любого места цитировать Платона, Сократа, Плутарха, практически любого известного древнего автора или философа, включая в их число философов средневековья, например, Монтеня или Эразма, любил декламировать отрывки из пьес и поэм античности. Считая себя музыкантом-любителем, он был одним из самых известных знатоков своего времени в музыкальном и оперном искусстве — «знал всех великих певцов и следил за их выступлениями в Неаполе, Санкт-Петербурге, Лондоне, Брюсселе и Вене. Знал все великие оркестры от Чикаго до Турина… и посетил бóльшую часть европейских университетов… Он знал Ветхий завет на иврите» [9].

Нок был самым крайним и, исторически, одним из последних известных американских индивидуалистов, хотя сам себя в разное время называл то философом-анархистом, то радикалом, и с одинаковой яростью боролся с любым проявлением тоталитаризма: фашизмом, коммунизмом, марксизмом, большевизмом, гитлеризмом и так далее, считая их одинаковыми в главном — для них «государство — всё, человек — ничто». В сложившемся политическом курсе демократических правительств Запада Нок тоже не находил ничего хорошего, все они, по его мнению, стремились к усилению власти государства за счёт свободы человека. «Практическая причина необходимости свободы заключается в том, что свобода является, кажется, единственным состоянием, при котором могут возникнуть существенные моральные принципы. Человек перепробовал всё возможное… Идя наперекор опыту и логике, мы пробовали закон, принуждение и авторитарность всех оттенков, но так и не получили результата, которым можно было бы гордиться». Из всех возможных свобод он отдавал предпочтение свободе экономической, считая, что без экономической свободы все другие не могут удержаться в обществе долгое время, но если экономическая свобода достигнута, то невозможно лишить людей всех других свобод. Поскольку война автоматически усиливает роль государства и ограничивает свободу, то Нок уже в самом начале своей известности стал принципиальным противником любой войны и непримиримым противником участия в войне США. Это привело его в лидеры антивоенного движения ещё перед Первой мировой и сделало его, возможно, ведущим интеллектуальным лидером движения изоляционизма в конце 1930-х — начале 40-х, когда Франклин Делано Рузвельт всё больше склонялся к помощи Англии. И раньше невысокого мнения о политике ФДР, Нок в предвоенные годы становится его личным и очень влиятельным оппонентом. В отличие от большинства американских консерваторов, Нок оставался противником войны и во время войны.

В этом была пикантность ситуации, когда *The Atlantic* предложил Ноку написать статью об угрозе роста антисемитизма в США. Как широко известно, по мнению изоляционистов и, в более широком плане, противников вступления в войну, именно евреи (и англичане) активно толкали ФДР и страну к войне. Тем не менее, Нок взялся за предложенную тему. Причины своего решения он объясняет в статье, но сегодняшнему читателю только из статьи и развернувшейся после неё дискуссии будет совершенно не ясно, почему, по мнению журнала и Альберта Нока, проблема антисемитизма стала чрезвычайно важной. Буквально — неотложной. Чтобы не отвлекать читателя от заявленной в заглавии темы, я расскажу об американском антисемитизме в довоенной Америке в Приложении к этой главе.

## АЛЬБЕРТ ДЖЕЙ НОК: ЕВРЕЙСКИЙ ВОПРОС В АМЕРИКЕ
### Часть первая

Замечание переводчика (статья и цитаты во второй части — мой перевод из трёх номеров журнала The Atlantic Monthly, июнь – июль – август 1941 года):

*Статья Нока называется «The Jewish Problem in America». Английское слово «problem» редко переводится словом «проблема». Переводчик-профессионал пишет: «Слова „проблема“ и „problem“ не точно соответствуют друг другу по всем оттенкам смысла. На обоих языках это слово может означать вопрос, или дилемму, требующую решения. Но в определённом контексте эта русская „проблема“ приобретает иное значение, и тогда ей гораздо более соответствуют issues или questions»* [10].

*Мне кажется, что в данном случае, в контексте статьи, вполне возможно слово «problem» переводить русским словом «проблема» хотя бы потому, что во время написания статьи «еврейский вопрос» уже явно превратился в «еврейскую проблему». Я буду пользоваться обоими вариантами. В названии статьи, тем не менее, я использовал традиционный перевод названия из Вики—«Еврейский вопрос в Америке»*

*Альберт Нок в своей статье пользуется некоторыми ключевыми выражениями, которые необходимо предварительно объяснить.*

***Modus vivendi***—*образ жизни, способ существования (сосуществования), иногда предполагающий предварительное, часто—временное, соглашение.*

***Occidental people***—*люди европейского происхождения. Люди европейского (западного) мышления и стиля жизни.*

***Oriental people***—*люди восточного (азиатского происхождения). Люди не европейского (восточного) мышления и стиля жизни. В Oriental people не включают арабов, индусов и некоторых других. Сегодня этот термин в США приобрёл совершенно другой, оскорбительный смысл для американцев, выходцев из Юго-Восточной Азии. Существует дополнительная путаница между понятиями Oriental народами и Oriental культурой, в последнюю включают всю культуру Азии).*

*Статья Нока на английском языке снабжена рядом ссылок и пояснений в сносках—в переводе они опущены.*

## I

Мои читатели заслуживают объяснения, почему я взялся писать на тему, которая так очевидно далека от меня. Подобные темы, как правило, разрабатываются журналистами и публицистами, а не профессиональными писателями. Я с этим согласен, но, насколько я знаю, наши публицисты хранят полное молчание. Одна из причин, возможно, заключается в том, что публика ожидает от них слишком многого. От американского публициста ждут быстрого решения любой современной проблемы, что в данном случае очень трудно сделать. Читатели ожидают от него не только информации и просвещённого мнения, но и конкретного указания. Если он скажет: «Проблема заключается в том-то и в том, но понятия не имею, как её решить»,—то читатели будут им недовольны и даже почувствуют себя обманутыми.

В случае с писателем дело обстоит по-другому. Жизнь медленно обтекает его; взгляд писателя на текущие изменения кажется более ясным и отстранённым, не подвластным привычкам времени и, возможно, существенно более разумным, чем у публициста, который находится в самом центре событий и ощущает на себе всё давление обстоятельств текущего дня. С другой стороны, поскольку писатель по определению не является человеком действия, никому даже в голову не приходит спросить его о программе действий, а если он и предложит такую программу, то люди инстинктивно отвергнут её, посчитав его чудаком, копающим чересчур глубоко.

Итак, основная причина, по которой я берусь за эту проблему, заключается в том, что, как я знаю, никто другой за неё не взялся. Никто не пошёл дальше частных, местных и временных аспектов, чтобы показать во всем многообразии, в чём заключается еврейский вопрос, как он серьёзен и всё более важен, и—особенно—показать какие обстоятельства делают его таким. У меня нет решения проблемы, возможно, её вообще не существует, я не знаю. Всё, что я хочу сказать, если решение будет найдено, его найдут куда более способные мыслители, чем я; но перед тем, как решить проблему, они обязаны осознать всю её важность и узнать все её особенности—об этом я и собираюсь писать. В этом состоит моя единственная задача.

Еврейский вопрос, если сказать предельно коротко, заключается в том, чтобы сохранить *modus vivendi* между американскими гражданами-евреями и окружающими их гражданами, который оказался бы достаточно прочным выдержать любые потрясения экономического характера, возможно, ожидающие нас в будущем.

Ещё два года назад я не имел ни малейшего представления о существование вопроса. Никогда даже не задумываясь на эту тему и прожив много лет за границей, я думал, что в высшей степени удовлетворительный *modus vivendi* ранних лет моей жизни сохраняет свою силу и поныне. Когда я был ребёнком и жил в городке на Среднем Западе, отношение к тем нескольким местным евреям было совершенно таким же, как и к другим; на персональном уровне они были уважаемыми в городе людьми. Поскольку их стандарты характера и поведения были существенно выше среднего, то на них обычно смотрели снизу вверх. Что касается социальной дискриминации евреев как евреев, то этого не было даже среди детей. Мои близкие детские друзья, к примеру, были из двух больших еврейских семей и одной ещё большей семьи франкоговорящих канадцев. Возвращаясь в мыслях в то время, и вспоминая старого М. и его многочисленную семью, строго соблюдающую традиции сефардских евреев, и людей во всех смыслах замечательных, я вспоминаю, как все наши девушки соревновались за право танцевать с его двумя сыновьями, Натом и Моше, харизматичными молодыми людьми, хорошо воспитанными и самыми лучшими танцорами в округе. Позже, во время моей молодости в другом городке Среднего Запада, я видел подобное отношение к евреям. Один или два еврея там были не популярны, но это было связано с их мелким жульничеством и никаким образом не перебрасывалось на остальных евреев городка.

Я определённо не имею в виду, что смесь евреев и неевреев в нашем обществе была химической смесью. И те, и другие меньше всего думали о таком смешении или желали его. Отношение с двух сторон было основано на достоинстве и самоуважении. Евреи относились к нам как к *Occidental people*, среди которых они выбрали жить, и с уважением относились к любым нашим достоинствам и особенностям, как *Occidental people*; они видели в нас то, чем мы были, жили среди нас абсолютно свободно, относились дружелюбно и уважительно, ни в коей мере не стараясь представить себя самих в качестве *Occidental people*. Мы видели в них первоклассных представителей *Oriental people*, с великой историей и великой традицией, которые заслужили наше уважение и доброжелательность, исходившее от нас совершенно искренне. Смесь была механической, но всё работало замечательно: никто не пытался доминировать или дискриминировать кого бы то ни было, хотя суть фундаментального различия широко признавалась. Когда я вспоминаю те годы, то думаю, что это был самый верный *modus vivendi*, который только можно было придумать. Позже в жизни я был свидетелем другого, может быть, менее значительного примера. Я был членом ассоциации, в которую входило некоторое количество евреев, и в ней превалировали те же отношения, как и в общинах моего детства и юности.

Однако, когда два года назад я вернулся в Америку, я совершенно случайно—и в достаточно болезненных и оскорбительных обстоятельствах—обнаружил, что *modus vivendi* больше не существует. Случившееся заставило меня вникнуть в суть дела, чтобы узнать как можно точнее, что происходит сегодня.

Я прочёл всё, что возможно, интересовался крайними мнениями, приставал с вопросами к множеству терпеливых слушателей—евреев и не евреев. Я пришёл к убеждению, что проблема существует исключительно в тех рамках, о которых я сказал. Это не подлежит никакому сомнению. Даже больше, я не понимаю, как остальные могут не видеть, что оставленная сама себе проблема неминуемо приведёт к трагедии.

II

Еврейские руководители полностью осознают случившееся. Один из них говорил мне, что неприятное открытие силы и размаха антисемитизма в этой стране оказалось для евреев такой же неожиданностью, как и для меня. Есть серьёзные свидетельства, что это открытие для них случилось почти так же поздно. У евреев сейчас существует 18 национальных организаций, сутью которых является оборона общин и защита их членов, 13 из них созданы в последние 10 лет. Кроме этих организаций существуют и аналогичные местные в наших десяти крупнейших городах, все созданные в последние годы. Я не знаю, есть ли подобные организации в других городах, информацию о них трудно найти, возможно из нежелания себя объявлять, возможно из-за их временного характера, связанного с обстоятельствами в каждом конкретном месте. Многие другие еврейские организации, без сомнения, обычно заняты другими делами—религиозными, социальными, благотворительностью—и вынуждены заниматься борьбой с антисемитизмом только при необходимости, от случая к случаю.

Крайне желательно, чтобы представители не еврейских общин были так же хорошо информированы о накале антисемитизма, как и евреи. У меня есть основания полагать, что этого не происходит; я думаю, что большинство из них находятся в неведении, подобно тому, как был и я. Например, мой друг, успешный глава большого бизнеса, получил письмо от своего представителя на Западном побережье, в котором тот пишет, что в связи с антиеврейскими демонстрациями на Западе он очень обеспокоен, что в Нью-Йорке ситуация наверняка ещё хуже. На что мой друг ответил, что это какая-то ошибка, ибо он ничего не знает о проблемах в Нью-Йорке и уверен, что ничего подобного здесь не происходит. Эта переписка случилась в конце лета 39 года, когда массовые антиеврейские демонстрации и провокации в Бруклине, Бронксе и Джексон-Хайтс происходили с частотой от 50 до 60 в неделю. Мой друг ни в коей мере не был исключением в своём невежестве. Надо всегда помнить, что в общем случае негативное отношение к любому меньшинству всегда пролетарского и люмпенского происхождения; свидетельства такого отношения медленно доходят до более образованных и состоятельных слоёв. Я остановлюсь на этом позже.

Именно к этим последним слоям я хочу обратиться и убедить их в первоочередной важности еврейской проблемы, ибо им более вероятно предстоит найти её решение, если оно когда-либо будет найдено. Гёте принадлежит красивая фраза—*Die Ziet ist unendlich lang* (время бесконечно длинно), но если это и верно в масштабах истории человечества, то маловероятно, что у нашей цивилизации впереди бесконечно много времени в решении этой практической проблемы, весьма ограниченной текущими обстоятельствами. Об этом также хорошо осведомлены еврейские лидеры, в то время как все остальные, похоже, вообще не думают о проблеме в таких временных понятиях. Последний отчёт Американского еврейского комитета, одной из самых влиятельных и серьёзных национальных организаций борющихся с антисемитизмом, говорит об этом очень осторожно, не напрямую, но очевидно осознанно. В отчёте обращено внимание «на необходимость постоянной бдительности», а далее следует: «Мы не должны терять из вида тот факт, что здесь, в этой стране существуют экономические и социальные факторы, которые во время стресса и национального разлада могут побудить отдельных людей и группы из своих эгоистических интересов эксплуатировать невежество, нетерпимость и предрассудки, с тем, чтобы содействовать недоверию и враждебности среди американских граждан».

В этой фразе ясно сказано более чем достаточно для официального документа. Надо также отметить чувство меры в выборе слов, когда мнение меньшинства, выраженное ясно и определённо, всё же согласуется с интересами этого меньшинства в конкретных обстоятельствах. Проблема, однако, в том, что усилия подобного рода пропадают впустую, когда речь идёт о необходимости довести тревоги евреев о фактическом положении дел или о будущем возможном их развитии до нееврейского большинства.

Имеется огромная литература, в большинстве своём, разного типа памфлеты, описывающая различные подходы—за и против—к тому, что принято называть антисемитизмом. Я прочёл тонны подобной литературы и не нашёл ничего полезного как для себя, так и для людей того типа ума, которых я сейчас надеюсь заинтересовать. В абсолютном большинстве случаев литература такого типа рассматривает некие местные условности проблемы, её отдельные части; *ex parte* (односторонние), противоречивые и в основном радикальные. Если некоторые аспекты при таком подходе могут быть справедливы в определённых географических и временных условиях, они должны быть дополнены чем-то более существенным. Излияния преподобного отца Кафлина и литература, распространяемая Христианским фронтом, не достигают тех, кто лучше других подготовлен к решению проблемы в целом; точно так же они ничего не знают и об отповедях, в большом количестве исходящих от многочисленных еврейских организаций. Даже если какая-то часть всей этой массовой полемики становится известной таким людям, она получает только мизерное внимание, потому что информация в ней содержащаяся настолько же незначительна, насколько и неверно подана.

Читатели могут мне напомнить, что очень многие значительные не-еврейские религиозные деятели открыто и ясно высказывались против различных аспектов антисемитизма, и что организации, их представляющие, неоднократно и регулярно поддерживали их официальными резолюциями, декларациями и заявлениями. Это так. Я сам могу напомнить, что существует организация *The Council Against Intolerance in America*, сформированная в последнее десятилетие, в которой религиозные деятели, профессора, гражданские лидеры и некоторые публицисты (хочу отметить моего старого друга Уильяма Аллена Уайта) играют ведущую роль. Кроме того, существует *National Conference of Christians and Jews*, в которой ведущие роли играют представители религиозных организаций. Эти две большие организации занимаются в основном образовательными программами, распространяя идеи толерантности в наших школах и колледжах.

Это замечательно и заслуживает высокой оценки, но совершенно очевидно каждому—недостаточно. Если бы мы не находились в состоянии острого кризиса, если бы у нас впереди было несколько столетий спокойного утверждения и созревания *modus vivendi,* мы могли бы сказать больше добрых слов и уделить больше внимания всем подобным попыткам. Но то, что подходит как решение во время традиционного медленного развития событий, не годится во время землетрясения.

Говоря только от своего имени, я вполне убеждён, что люди, стоящие за подобными самыми благими движениями, или не понимают фундаментальных основ проблемы, или по каким-то причинам не желают открыто сказать о них думающим людям в нашем обществе. Создаётся впечатление, что они не подходят к вопросу с глубоким пониманием порядка и метода, целесообразных с точки зрения любого проекта социальной инженерии. Первый вопрос можно сформулировать так: «Что конкретно вы хотите сделать?» Второй—«В чём конкретно выражены различия и осложнения, которые должны быть преодолены?» До тех пор, пока на эти вопросы не будет дан удовлетворительный и полный ответ, вы не можете даже приступить к решению; если ответ на первый вопрос достаточно прост и по нему существует консенсус, то всё, что я знаю о работе многочисленных примирительных движений, говорит о том, что по второму вопросу лидеры движений его только нащупывают.

Мой собственный, скорее тревожный взгляд на последствия игнорирования фундаментальной основы проблемы, может быть, слишком радикален, поэтому я должен обозначить его откровенно и однозначно; не для того, чтобы обратить кого-либо в своё мировоззрение—упаси Бог—но для того, чтобы более ясно показать причины, по которым я пишу в этом незнакомом мне направлении. Уже в течении многих лет я наблюдаю чередование экономических теорий в этой стране, теорий настолько фантастических, какими могут быть только фасоны женских шляпок. Помнит ли кто-нибудь «новую экономику», необычайно популярную во времена президента Кулиджа, которая демонстрировала со всей «научной» убедительностью, что не только мы можем одновременно съесть наш пирог и иметь его на столе нетронутым, но что он автоматически будет становиться всё больше и больше—и всё бесплатно и без каких-либо усилий? Глядя в ближайшее будущее, я могу ожидать инфляцию кредита, инфляцию денег, аннулирование долгов и, возможно, массовое гражданское неподчинение.

Хотя я, скорее всего, представляю крайне правый фланг современной экономической теории, но я ещё не встретил никого, вне зависимости от их направления мысли, кого бы не преследовали нелёгкие мысли о том, что Соединённые Штаты на пути к серьёзным экономическим потрясениям; возможно, не к таким катастрофическим, какие ожидаю я, но достаточно плохим. Я могу понять их беспокойство. Миллиарды, которые не достигают двузначных чисел, сейчас не больше, чем карманная мелочь для Федерального правительства. Предполагают, что к концу года наш национальный долг достигнет 56 миллиардов долларов, а все наши государственные обязательства (федеральные, штатные и муниципальные) обойдутся нам в 212 миллиардов долларов в год. Я с интересом наблюдаю, что даже те из моих друзей, кто считает себя принадлежащими в экономике к левым центристам, осознают, что только надежда на чудо позволяет им сохранить своё мужество перед лицом разворачивающихся событий.

Хорошо. Допустим, что, когда придёт время платить по счетам, осуществляется только 10% всех моих опасений. Даже больше, пусть это будет только 10% от того, что ожидают мои друзья из экономического центра. Дальше допустим, что во время ожидаемых экономических событий антиеврейские настроения сохранятся на пропорциональном уровне, какой мы наблюдаем сегодня. При этих допущениях, вполне разумных, давайте спросим себя, какое будущее ожидает американских евреев в ожидаемых обстоятельствах? Обращение к истории, я боюсь, даст только один ответ. Без малейшего сомнения, такие обстоятельства аккуратно укладываются в историческую картину, уходящую вглубь веков, достигая времени шумеров и аккадцев; понимание этого является причиной, по которой я придерживаюсь правых экономических воззрений. Есть все основания опасаться, что американских евреев ожидает типичная истерическая реакция, неизбежно повторяющаяся при ухудшении экономической ситуации на протяжении более чем десяти столетий. Внезапный всплеск антиеврейских настроений в нашей стране, о которых я упоминал, был прямо связан с началом Великой депрессии 1929 года и только благодаря случайно совпавшей по времени огромной волне сочувствия к евреям в Европе, подвергнутым бесчеловечному обращению, оказался относительно компенсированным. Но пламя не было полностью погашено; его распространение было временно остановлено, и, как мои наблюдения показывают, угли продолжают тлеть. Но если отбросить это случайное совпадение, совершенно невозможно сказать, насколько сильно сжата пружина антиеврейских настроений, и какой величины разрушающие силы готовы высвободиться в любую минуту.

Как бы любому добропорядочному гражданину не понравилось услышать, но нет сомнений, что если дать этим скрытым силам освободиться в обстоятельствах, о которых мы говорили, то последствия будут ужасными в своей продолжительности и амплитуде, подобными тем, что регулярно случались, начиная со Средних веков. Американская толпа имеет мрачную репутацию бесчеловечной жестокости, сравнимую с подобной у революционной толпы Парижа. В самом начале преследования евреев германским правительством один американец спросил герра Гитлера о причинах такой беспощадности. Рейхсканцлер ответил, что идея пришла от нас. Американцы, по его словам, самые лучшие в мире «специалисты» по линчеванию (rope and lamppost artists). Он использует те же методы, которыми пользовались мы против роялистов 1776 года, американских индейцев, китайцев на Западном побережье, негров, мексиканцев, филиппинцев — всех беззащитных народов, которым не повезло оказаться у нас на пути. В этом может быть некоторое преувеличение, но сути дела не меняет. Я вспоминаю ещё один случай, который всякий знакомый с нашей историей сразу опознает, как характерный. Чтобы лучше понять всю неординарность моего примера, читатель должен иметь в виду, что его герой был человеком абсолютно серьёзным, совершенно не способным к какой-либо аллегории или юмору. Он говорил скучным языком, каким говорят о серьёзных и очевидных вещах. Два или три года назад мой товарищ, проезжая по Миссури, остановился в одном городке и разговорился с местным жителем, человеком с некоторым положением в городке. Этот человек был очень недоволен определёнными коммерческими делами одного из местных евреев. «Я скажу тебе, придёт день, когда мы достанем этих людей, и когда мы это сделаем, мы не будем с ними так снисходительны, как Гитлер».

III

В течение последних двадцати лет у нас было достаточно возможностей видеть своими собственными глазами, что государственная защита меньшинств зависит от силы народных предрассудков и пропаганды; история убеждает, что это утверждение никогда не было настолько очевидным, как сегодня. Государственная защита в нашей стране негров и индейцев была, как известно, совершенно неадекватной, и остаётся такой. В случаях, когда «силы порядка и закона» активно симпатизировали угнетателям, как в Калифорнии, преследующей китайцев, положение меньшинств только ухудшилось. В *Roughing It* (1872 год) (русское название — «Налегке») Марк Твен ясно и однозначно показал, что происходит с любым меньшинством в условиях чрезвычайной ситуации. Хваля китайцев, как «счастливо удалённую, благонамеренную расу», в чём мы не сомневаемся, он говорит о том, что китайцы неизменно уважаемы и в добрых отношениях с «высшим классом» на всём Тихоокеанском побережье. Только отбросы населения подвергают их насилию, «они и их дети; и, естественно и постоянно — полицейские и политики, поскольку последние являются сутенёрами и рабами, вылизывающими задницы у отбросов — там, как и везде в Америке».

Легко увидеть, что при существовании общенациональной агитации, даже отдалённо напоминающей нынешнюю, непризнанное меньшинство, которое опирается на защиту государства, легко может оказаться в положении человека, опирающегося на подгнившие перила. Замечательное наблюдение Твена олицетворяет всю историю преследования евреев. Любой изучающий историю евреев с удивлением замечает, что их преследование никогда не было инициировано высшими слоями общества или государством; характерно и то, что государство всегда очень медленно и непоследовательно предпринимало шаги по борьбе с преследованиями. Последнее замечание станет понятным после того, как читатель вспомнит, что государство всегда предпринимает какие-либо действия только в своих интересах и выступает в интересах людей, только если их интересы случайно совпадают. Преследование евреев в России не было предпринято государством, оно имело народную основу. Однако после того как оно началось, Российское государство видело или думало, что видит, что в его интересах возглавить движение, слегка снизив накал и организовать определённую систему управления, что оно и сделало. Государственные деятели, подобные выдающемуся и обладающему реальной властью премьер-министру и идеалисту Сперанскому и либеральному властителю Александру Второму, пытались изменить государственную политику в этом вопросе, но быстро обнаружили, что на их пути лежат непреодолимые «государственные интересы».

Когда сила и престиж государства ставятся во главу угла, они накладывают ограничения на возможности не только властного премьер-министра чем-то помочь непопулярному меньшинству, но даже на возможности абсолютного монарха. Когда за рулём дьявол, лучше уступить дорогу.

На другой стороне Европы принц фон Бисмарк пришёл к аналогичным результатам. По отношению к немецким евреям он был сторонником незадекларированной политики ассимиляции и межрасовых браков. Многое было сделано в этом направлении в Германии с середины XVIII столетия, и, анализируя результат, Бисмарк пришёл к выводу, что Германии выгодна такая политика. Если бы спящую собаку не будили, такая политика могла бы успешно продолжаться. Но собака никогда не засыпала. Она слегка притихла после грандиозной антиеврейской пропаганды, последовавшей за Наполеоновскими войнами, и долгие годы молчала, но никогда не заснула опять. Антисемитизм проснулся после того, как послевоенный экономический бум 1871 года закончился крахом, то же произошло в 1929 году. Бисмарк не смог ничего сделать ни попыткой примирения сторон, ни репрессиями. «Интересы государства» были против него; после этого правительство могло только подтереться всеми своими планами по созданию нового Германского Рейха.

Но нам надо обратить взгляд на Испанию пятнадцатого века, чтобы найти самый убедительный пример того, что можно ожидать от правительства в аналогичных обстоятельствах. Положение евреев в Испании более чем где-либо во времени и пространстве напоминает их положение в Америке. В Испании, как и в Америке, они были свободны исповедовать свою религию, организовывать социальную и культурную жизнь по своему усмотрению, а также вступать в любые по своему выбору отношения с нееврейским обществом вокруг них. В течение семи столетий евреи чувствовали себя очень хорошо, также, как последние два столетия здесь. И там, и здесь они оказали огромную пользу в развитии национальной промышленности, торговли, финансов. И там, и здесь у них была выдающаяся роль в развитии национального прогресса в культуре, литературе и науке. И там, и здесь у них было огромное влияние на политику и гражданскую администрацию. Евреи занимали самые высокие позиции при королевских дворах, были близкими советниками королей и королев.

Мы должны понимать, что ничто не могло более остро противоречить желаниям королевской четы, чем уступка давлению толпы и утверждение инквизиции. Они сопротивлялись изо всех сил, пока не были вынуждены предпринять половинчатые решения, продолжая всевозможные уловки в течение двух лет, в надежде, что агитация ослабнет или вообще прекратится. Но силы, вырвавшиеся наружу в результате популярной демагогии, оказались слишком властными над ними; «интересы государства» вынудили их следовать желаниям народа. В 1479 году инквизиция начала свою работу и уже через 13 лет евреи были изгнаны из Испании.

Если читатель соблаговолит обратить внимание, то даже очень пунктирное следование истории покажет ему множество примеров, когда неумолимые «интересы государства» заставляли колеблющихся правителей осознать (с точки зрения государственных интересов, которым они отдавали первостепенное значение), что согласие на преследование меньшинства, во всей его совокупности, является меньшим из двух зол. Такое пристальное следование истории может привести читателя к более глубокому пониманию причин отношения правителей к различным национальным меньшинствам в их настоящее время. Читатель увидит, к примеру, что каким бы дальновидным не был император Адриан, мягким и чувствительным Траян, глубокомыслящим Антонин Пий и несравненным Марк Аврелий — как бы они не хотели видеть население Рима более разумным и мудрым, чем оно было, они знали, что никогда не смогут этого добиться прямой контратакой на их фанатизм без риска уронить престиж Империи. Понимая это, следование истории, возможно, приведёт читателя к осознанию того, что и правители нашего времени не всегда освобождены от необходимости этого тяжёлого выбора и должны быть судимы согласно тому, как будет судить их история, с должным пониманием существующих обстоятельств.

Приведённых примеров достаточно, чтобы понять суть того, что можно ожидать от любого правительства, чьим единственным политическим активом является интенсивная эксплуатация пролетарских и люмпенских интересов. Случаи антиобщественной деятельности во время сидячих забастовок убедительно показали, что силы «закона и порядка» подчиняются политическому давлению, «государственным интересам». Когда придёт день экономической расплаты, когда обманутый и обнищавший пролетариат и аналогично нуждающийся средний класс почувствуют невозможность выдержать экономическое давление времени и объединятся вместе в демонстрациях против всего, что будет выглядеть как общий враг, когда высший класс останется угрюмым и апатичным, когда демагоги-пролетарии по всей стране поднимутся со старым лозунгом *Der Jud ist schuld* (еврей виноват) — правительство окажется перед беспрецедентным искушением воспользоваться плодами агитации, как громоотводом. Если я, как большинство в моей семье, проживу достаточно долго, то не думаю, что таким уж невероятным допущением будет увидеть Нюрнбергские законы, введённые в этой стране, и исполняемые со всей строгостью.

## IV

Я твердо придерживаюсь принципа не ремонтировать что-либо пока не сломается. Я полагаю, что большинство наших проблем, особенно тех, над которыми так упорно бьются наши политики, могут быть решены наилучшим способом простым терпеливым невмешательством. Но к одной проблеме это не относится. Такое отношение не надо путать с праздной верой в несвязанную договором добрую волю верховного Провидения, тем более с не интеллигентным подходом «это не может случиться здесь». Мог ли в 1910 году обыкновенный венгр представить себе кровавые погромы, происходящие сегодня в его стране? Для него это было совершенно невозможным. Для оптимизма должна быть рациональная основа, иначе оптимизм становится пустословием. При всём разнообразии случившегося в прежние времена, я уверен, что сейчас у нас нет рациональной основы для оптимистического предположения, что оставленная без внимания еврейская проблема безопасно разрешится сама собой. Время, как я пытался показать, работает против такого предположения; совокупность определённых специфических трудностей и осложнений также не на стороне евреев. Во второй части статьи я покажу, в чём заключаются эти трудности и осложнения.

*Между первой и второй частью прошёл месяц. За это время редакция получила огромное количество писем-откликов; после опубликования второй части из шквала писем прорезались ответы в виде статей. Мы поговорим о них после того, как читатель прочтёт вторую часть статьи Альберта Нока.*

## Часть вторая

### I

В первой части статьи я определил еврейскую проблему следующим образом: это проблема «сохранения *modus vivendi* между американскими гражданами-евреями и окружающими их американскими гражданами, который оказался бы достаточно прочным, чтобы выдержать любые потрясения экономического характера, возможно, ожидающие нас в будущем». Я предоставил причины, почему это должно быть сделано, если мы хотим избежать экстремально негативных последствий; затем я предложил показать в этой части статьи те специфические трудности и осложнения, которые нас ожидают на этом пути.

В первую очередь и в этом главная трудность, мы должны определиться с тем, чтобы не стать жертвой неправильного употребления термина. Проблема, нами рассматриваемая, не исключительно еврейская, не исключительно семитская — это проблема *Oriental people*. Еврейская только до тех пор, пока *Oriental people*, вовлечённые в неё, оказываются евреями, а не сирийцами, персами или некоторыми другими. Чтобы понять вышесказанное, надо рассмотреть практическую разницу между проблемой этих народов и внешне похожими проблемами других народов. Например, после Гражданской войны орды нищих ирландцев прибыли в нашу страну, и экономический эффект их присутствия, усиленный их чрезвычайной предрасположенностью к грязной политике, привёл к серьёзным волнениям, распространённым от одного берега страны до другого. «Ирландцы — не обращайтесь» (No Irish need apply) стала настолько общей фразой, что превратилась в сленг, характеризующий любое сильное чувство, обращённое к чему-либо. Читатель найдёт, возможно, классический пример использования этой фразы в эпизоде похорон Бака Фэншоу в *«Roughing It»* Марка Твена. В стране существовала самая настоящая серьёзная ирландская проблема, но она была ирландской, не более и не менее, проблемой *Occidental people*. По этой причине, со временем, возможно, через двадцать лет или что-то около этого, экономические неприятности как-то разгладились сами по себе, и ирландцы были признаны как *Occidental people*, живущие среди *Occidental people*; и являются их частью с тех пор.

Особенности нашей проблемы станут яснее, если мы осознаем, что евреи — единственный из *Oriental* народов, который когда-либо селился среди *Occidental* цивилизации в значительных размерах и активно участвовал в жизни *Occidental* народов. Общее выражение, что евреи везде чужаки, не вполне верно. Как беженцы, они везде были чужими, но не везде в одинаковом смысле. Среди *Oriental* народов они были чужими только в том смысле, в каком были чужими среди нас ирландцы и гугеноты, или в будущем могут оказаться британцы, скандинавы и французы.

Еврейский писатель сказал, что к концу Средних веков «евреи стали европейцами». Да, но только в географическом смысле; по своей природе они не стали *Occidental*, возможно, никогда не станут. Поэтому, хотя евреи были приемлемы в различных частях *Occident*, они были приемлемы и признаны на других условиях, чем другие *Occidental* народы. Условия могли быть достаточно удовлетворительными, при некоторых обстоятельствах даже хорошими, но они не были и по своей природе не могли быть равными условиям признания *Occidental* народов. По моему мнению, в этом заключается сама суть универсального «различия» евреев и *Occidental* народов, о чём надо помнить в дискуссии, которая ведётся среди авторов не-евреев, отметим особо *M. de Madariaga*, и даже некоторых еврейских авторов в вопросе об историческом месте евреев.

Я здесь не углубляюсь в какую-либо из конкурирующих антропологических доктрин о расе, во-первых, потому, что ничего о них не знаю, во-вторых, потому, что они кажутся мне практически не важными в описываемых обстоятельствах. Я утверждаю, что наша проблема должна иметь дело только с обыкновенной, регулярной, легко заметной социальной реакцией между одной группой людей и другой группой людей. Должны ли эти две конкретные группы людей объединится в химическую смесь или смесь всегда должна остаться механической, и если да, то почему; будут ли постоянными определённые границы, определяющие взаимную реакцию, или они со временем сотрутся совместными делами, межрасовыми браками или любым другим способом и в любом варианте, почему — всё это мне не дано знать. Эти вопросы будут рассматривать другие, те, кто будет пытаться найти решение проблемы, и я оставляю их им. Всё, что относится к нашей дискуссии, это то, что смесь всегда была и есть механической, и что границы, определяющие взаимную реакцию, всегда существовали и существуют сегодня. Эти два факта настолько очевидны, что не требуют дальнейшего доказательства.

То, что проблема создания удовлетворительного *modus vivendi* является *Oriental*, а не еврейской, можно показать на мысленном эксперименте, если представить, что другой *Oriental* народ появился здесь в равных количествах и подобных обстоятельствах. У нас в стране есть небольшие вкрапления армян, замечательных людей, достигнувших больших успехов в основном в небольших городских бизнесах; окружающие люди относятся к ним с уважением. Армяне не ассимилируются в значительных количествах, предпочитая жить социальной жизнью своих общин, и не претендуют на участие в общественной и политической жизни. Существует мнение, что в торговле армяне значительно превосходят умением евреев; в Леванте известно высказывание — «два еврея равны одному греку, два грека равны одному персу, два перса равны одному армянину». Положение армян в нашем обществе сегодня примерно такое же, какое было у евреев, скажем, примерно 70 лет назад.

Сейчас предположим, что вместо небольших вкраплений в нескольких больших городах у нас живёт 5 миллионов армян и что Нью-Йорк является центром всего армянского мира — культурного, торгового, финансового. Предположим, что с 1881 по 1929 год в Америку прибыло 2 314 668 армян (только в 1906 году более 150 тысяч), практически все из них беженцы, подверженные самому кошмарному преследованию и угнетению; загнанные и изгоняемые; бедные, отчаявшиеся, деградировавшие в результате многолетнего принуждения жить хуже, чем живут бесполезные собаки у приличных людей; с беспрецедентным рвением согласные на любые условия, на соревнование с любым и каждым на любых условиях — только бы остаться в живых. Предположим, что там, где пятьдесят лет назад вы видели одного армянина, сейчас видите двадцать, и большинство из них в силу обстоятельств не очень приятные в вашем понимании люди. Предположим, что вы видите с каждым годом всё большее проникновение армян в высшие сферы нашей политической жизни. Какой бы выглядела возникшая проблема в ваших глазах — армянской или *Oriental*? Была бы естественная инстинктивная реакция взаимодействия между двумя народами такой же, если бы армяне оказались *Occidental* народом? Оказалась бы в результате смесь химической? Параллельно рассматриваемый «ирландский» эксперимент с абсолютной уверенностью позволяет сказать — нет. И «китайский» эксперимент только подтверждает наш вывод.

Существенно также и различие исторического опыта проживания евреев среди *Oriental* и *Occidental* стран. Во время вавилонского изгнания поколение изгнания и одно-два последующих были подвергнуты тяжёлым испытаниям, но затем отношение к ним изменилось, и многие евреи достигли высоких постов и значительного влияния. Те евреи, что избежали персидского плена, ушли в Египет. Похоже, что в Египте они быстро нашли своё место. Еврейский историк пишет, что в великом городе Александрия «евреи занимали высокие официальные позиции, впитали греческую культуру наравне с еврейской, и в то же время составили серьёзную конкуренцию греческим торговцам». Это правда, что евреев Александрии не любили из-за их очевидного предпочтения римлян в борьбе с греками, но это очень похоже на Америку, где евреи или неевреи могут сегодня оказаться нелюбимыми в определённых общинах, например, из-за их явного предпочтения Англии в борьбе с Германией, особенно, если они слишком громко будут об этом трубить. Другой еврейский автор сказал: «Нет ничего общего между тем, как развился антисемитизм здесь и в Европе». Некоторые вкрапления евреев в Индии и Китае, возникшие, возможно, в одно и то же время, существуют до сих пор без каких-либо известных случаев неприятия евреев. В исламских странах, где евреи на религиозной основе не слишком популярны, они определённо не страдали от исламского фанатизма, в отличие от христиан из *Occidental* стран. Когда евреев изгнали из Испании в 1492 году, Султан удивился глупости Фердинанда, «который послал ему так много своих лучших людей».

Когда национальная независимость евреев прекратила существование в 70-м году под ударами армий Веспасиана и Тита, евреи двинулись на запад вдоль средиземноморского побережья в сторону атлантического и одновременно — на север, пока к Средним векам они не распространились на всю Европу. Я уже говорил, что они оказались единственным *Oriental* народом, когда-либо добившимся подобного распространения. Здесь, в Европе, их опыт оказался другим, не таким, как в *Oriental* странах, с существенным исключением опыта тех, кто поселился на Иберийском полуострове, который всегда — и сейчас — имел сильный *Oriental* привкус, что позволило Виктору Гюго сказать:

«Европа заканчивается на испанской границе». Со дней финикийских торговцев, которые, кстати, были намного более предприимчивыми и активными коммерсантами, чем евреи, *Oriental* народы нашли себе на Иберийском полуострове новый духовный дом—арабы, цыгане, евреи, все люди подобного типа. Из шести цивилизаций, которые расцвели на полуострове, две были *Oriental*. В первой части я уже говорил о положении, которого достигли евреи в Испании, и этого достаточно.

Первая еврейская иммиграция в Америку была очень малочисленной, это были испанские и португальские евреи, сефарды, говорящие на ладино. Русские и польские евреи, известные как ашкенази, говорящие на еврейско-германском (*judish-deutsch*) языке или, по-другому, идиш, пришли позже в больших количествах. Интересно отметить глубокий социальный раскол между двумя ветвями одного народа. Выйдя сравнительно поздно из цивилизации, в которой они, по большому счёту, чувствовали себя своими и были глубоко уважаемы соседями, евреи-сефарды в Европе ощущали своё превосходство над менее удачливыми евреями-ашкенази, превосходство вполне доброжелательное и, по их мнению, честно заработанное. Подобное отношение было чем-то похоже на отношение культурных южан дореволюционных дней к бедной городской голытьбе. Ашкенази, особенно добившиеся большого успеха, ответили сефардам на всю катушку и с процентами, вплоть до того, что браки между двумя группами не приветствовали на обеих сторонах, считая их «межрасовыми». Потомки сефардов-пионеров по-прежнему живут в стране, но они почти незаметны среди огромного количества ашкенази.


## II


Таким образом оказывается, что в силу своего особого положения в *Occidental* обществе, евреи всегда являются ущербными в сравнении с любой *Occidental* группой и не в состоянии встать вровень, кроме как на особых условиях признания. (Автор здесь и дальше широко пользуется словом **invalid**, *которое шире общепринятого русского значения и, возможно, в английском языке несёт несколько другой смысл. Я не нашёл соответствующего эквивалента в русском языке, остановившись на слове «ущербный»*—Примечание пер.) Это не делает еврея *Untermensch*, как иногда утверждают, потому что *Occidental* находится в совершенно том же положении, если поменять их местами: *Occidental* никогда не в состоянии стать равным еврею, его собственная ущербность заключается в том, что он тоже не может стать равным еврею, как «von unsere Leute» (одному из нашего народа), кроме как на особых договорных условиях. Существование такой двойной взаимной ущербности является фундаментальным фактом, который должен быть учтён при разработке договора о *modus vivendi* между двумя народами. Непонимание этой простой истины лежит в основе мизерных результатов, которых добились в попытке создать *modus vivendi* мистер Эш из Национальной Конференции и мистер Уайт из Совета против нетерпимости. Они не учли, что евреи и *Occidental* народы являются продуктом отличной друг от друга и очень специальной истории. Они не следовали замечательному высказыванию Эрнеста Ренана о том, что «человек не придумывает себя». Я не еврей и не мне анализировать «ущербность» евреев, но как *Occidental* я могу спокойно анализировать свою собственную «ущербность», которую я разделяю с себе подобными.

Недавно я обсуждал эти проблемы с одним из моих друзей, весьма образованным раввином. Наконец, в конце разговора он сказал: «Ты прав. Из этого следует, что ты хороший человек и ты мне нравишься, но я не верю тебе, и ты не веришь мне». Потом он ещё подумал и добавил: «Да, это так». Понятно, из этого не следует, что нельзя верить тому, что говорят евреи, или им надо следить за карманами, общаясь с нами; сказанное совершенно не несёт каких-либо этических последствий. Это, однако, означает, что значительная часть сознания в каждом из нас, возможно, недоступна другому, не говоря уже о невозможности до конца понять и исследовать чужое сознание. Из этого следует, что не могут быть сделаны удовлетворительные предположения о содержании этих областей сознания или о реакции, вызванной в этих областях при определённых внешних воздействиях. Один из моих друзей, говоря о евреях, восхитительно ясно смог выразить смысл ситуации одной короткой фразой: «У них есть вещи, которые им не надо говорить друг другу, и которые они не могут сказать нам». Со всей вероятностью (хотя об этом я могу говорить только предположительно и учитывая возможное возражение) евреи могут сказать то же самое о нас.

В этом раз и навсегда заключается «ущербность» *Occidental*. Как бы евреи не старались, как бы интимными и сердечными не были наши отношения, для них невозможно признать и впустить меня в те области своего сознания, доступ в которые будет автоматически открыт, если я окажусь von unsere Leute. Это не делает меня *Untermensch*, только подтверждает «ущербность» еврея, которая существует вне зависимости от его возможности анализировать сложившиеся между нами отношения. В этом также проявляется бессмысленность вопроса о превосходстве и неполноценности, одного или другого. «Ущербность» реально существует, и, кажется, ни они, ни мы ничего не можем с этим поделать. Реакция в наших отношениях является инстинктивной, наследственной привычкой. Евреи говорили мне, что всё это полная чепуха, что у *Occidental* не существует такой ущербности; но они не более компетентные судьи моих недостатков и реакции, которую я в них вызываю, чем я — в их недостатках и реакции, которую они вызывают во мне. Кот Томас, «хозяин» дома, в котором я обитаю, очень обижается на меня, когда я натыкаюсь на него в темноте, он думает, что я могу видеть в темноте не хуже него; он не компетентный судья моей «ущербности» или реакции, которую я у него вызываю своим поведением.

Если мы подумаем о том колоссальном наследуемом опыте, который присутствует в иудейском сознании, моя концепция «ущербности» *Occidental* становится более ясной. Еврей, каждый еврей, несёт в себе частицу продолжателя августейшей мировой традиции, возможно, древнейшей мировой традиции. В сравнении с ними вся суммарная традиция *Occidental* чрезвычайно хрупка и мелка. Доминантная секулярная традиция *Occidental* цивилизации — Ebbsfleet (название побережья в Северной Америке, где, согласно легенде, высадились первые европейцы в 449 году), the Conquest (высадка норманнов в Англии), the Mayflower, Независимость 1776-го — не более, как события вчерашнего дня; философская и религиозная традиция *Occidental*, очищенная и отделённая от нагромождения многочисленного заимствования, совершенно незначительна. Архитекторы будущего *modus vivendi* безусловно должны понимать, что любое сентиментальное преуменьшение эффекта такого неравенства или желание его исчезновение лучше оставить в стороне, как пример вопиющей интеллектуальной бесчестности. Вещи и действия есть то, что они есть, сказал Бишоп Батлер, «и последствия их будут такие, какие они будут; почему при этом мы желаем быть обманутыми?»

Отметки величайшей мировой традиции видны в душе, в сущности, каждого еврея: отличные, ясно определённые, нестираемые. Сам еврей может не знать об этом, часто не знает, но глаз *Occidental* никогда не ошибается. Один разумный еврейский апологет сказал: «Когда встречаются два еврея, они приветствуют друг в друге, даже не осознавая того, победителя Тита, Торквемады и Гитлера». Даже больше, они приветствуют друг в друге, даже не осознавая того, военный гений Гидеона и Иошуа, память всех бедствий палестинских племён в зародыше еврейской истории. Когда два еврея слушают музыку, они, не думая об этом, принимают её в своём сознании как часть традиции, идущей от Деборы и Давида к Мендельсону, от Галеви к Оффенбаху. То же самое в поэзии, в истории, в каждом ответвлении духовного развития. Содержание сознания, определяемое членством в многовековой традиции народа, вызывает автоматический ответ в другом человеке той же традиции. Само это членство вызывает наследственный автоматический ответ, который ограничивает степень «впускаемости» меня и моего мира в мир евреев.

Это неизбежно и неизменно. Прав ли Киплинг в своём знаменитом высказывании, что двум народам никогда не сойтись вместе, я не знаю. Всё, что я могу сказать, что те, кто надеются, что определяющий смысл членства может каким-то образом выскоблен из поколения, или следующего поколения, или из двадцатого поколения, или может быть трансформирован путём некоего духовного слияния, кажутся мне слишком самоуверенными. «Я живу в Америке сорок лет,—сказал один известный раввин,— но я был евреем пять тысяч лет». Это высказывание критиковали как неразумное, но он был прав. Он был евреем пять тысяч лет, и он ничего не может изменить, даже если научится летать. Он говорил о вещах, протекающих бесконечно глубже, чем любые политические предпочтения или государственная лояльность, он говорил о смысле членства в величайшей и наиболее мощной мировой традиции. Человек не способен изменить себя; и уж определённо, не фактом рождения в некотором месте и в чужой политической системе, меньше всего, получив документы о гражданстве.

Когда я был совсем молодым человеком, где-то лет двадцати пяти, я оказался в течение восьми дней на практически необитаемом острове в компании двадцатитрехлетней еврейской девушки. Вокруг не было ни души и мы были предоставлены сами себе; обстановка была очень интимной. Она была единственной девушкой в моей жизни, в которой все было прекрасно, я не мог при всём желании придраться к чему бы то ни было; красота и шарм, образование, космополитичная культура и манеры — всё было естественно и соразмерно. Такой я всегда представлял Фанни Мендельсон или, возможно, скорее, Генриетту Герц в то время, когда всесильный Шлейермахер пытался завоевать её расположение, а великий Вильгельм фон Гумбольдт писал ей очаровательные и причудливые любовные письма. Но в то же время, я был абсолютно уверен, что при всём максимальном желании с обеих сторон я никогда, даже через сто лет самых близких отношений не буду понимать её лучше, чем понимал в конце восьмого дня. Я никогда не видел её и ничего не слышал о ней после, и никогда не пытался продлить наши отношения. Я, однако, часто думал, что могло случиться, если бы некий горячий и достойный молодой *Occidental* влюбился в неё — кто застрахован от этого? — и женился на ней. Если бы он оказался чувствительным человеком, каким неудовлетворённым и несчастливым он был бы, осознав существование огромных областей её сознания, доступ к которым для него закрыт навсегда; но, если бы случилось противоположное, и он оказался бы слишком нечувствительным, чтобы почувствовать своё отторжение, какой невыносимой была бы её жизнь.

III

Итак, сейчас нам очевидно, насколько фундаментально эта двойная «ущербность» влияет на решение вторичных вопросов, всех этих осложнений и трудностей, лежащих на пути к устойчивому *modus vivendi*. Ещё раз подчеркну, что в интересах приличия и вкуса я должен обсуждать эти вопросы только с точки зрения *Occidental*. Но это не главное. Важнее всего, совершенно необходимо, чтобы наши социальные архитекторы рассматривали их не только как они видны интеллигентному и разумному *Occidental*, но также и прежде всего как они представляются неинтеллигентным и эмоционально перевозбуждённым *Occidental* массам; так как это в их среде, как я уже говорил, сантименты против меньшинств неизменно достигают взрывной точки, это в их среде, согласно всем признакам, вскоре может произойти взрыв.

313

Возьмём для примера обвинения, проявляющиеся под оскорбительным термином «еврейские манеры»: манеры, отражающие ожесточённое и бесчувственное высокомерие, вульгарную пошлость, грубое и агрессивное пренебрежение элементарной вежливостью. Это не еврейские манеры, и каждый интеллигентный *Occidental* это прекрасно знает. Это манеры колонистов, манеры на наших собственных западных и южных границах, манеры, которые характерны для вторжения «новых» денег Запада в общество Восточного побережья. Г. Л. Менкен точно заметил, что почти все качества, в которых обвиняют евреев, «совершенно идентичны суровым, нетерпеливым, самоуверенным, агрессивным и, увы, несколько неотёсанным качествам, с помощью которых мы завоевали американский Запад». Евреи столетиями были кочевниками в южной Палестине, воинственными и жестокими, как все примитивные скотоводы, «по-настоящему неукротимыми людьми», как сказал Менкен, «и ни скучная безнадёжность городского пролетариата, ни ещё более тупая беспомощность приручённой деревенщины их не затронула». Их последовательный опыт выживания в западном мире однозначно был такого рода, что подтвердил и усилил в них примитивные качества, включая качество манер. В этом заключается суть.

Но *Occidental* массы всего этого не знают и не видят вещи в подобном свете. «Восстание масс» (ссылка на известную книгу José Ortega y Gasset's La rebelión de las masas, в которой автор рассматривает рост политического влияния — весьма негативного — «массового человека»- Примечание переводчика), первая попытка которого произошла при Джексоне, и достигшее своего максимального влияния при Рузвельте, естественно и неизбежно сопровождалось возвратом к манерам, свойственным колонистам, безобразные свидетельства чего мы сейчас наблюдаем во всех слоях нашего общества. *Occidental* массовый человек принял такой возврат, наслаждается им, как своим собственным изобретением, и прославляет его, как «демократический». Синклер Льюис посвятил этому целую серию своих произведений, где он показывает, с каким удовольствием массовый человек пользуется такими манерами как своеобразным шифром, связывающим и выравнивающим его с остальной массой. Но когда *Oriental* пытается выразить себя, используя тот же самый языковой шифр, инстинктивная реакция, вызванная скрытой и глубоко укоренившейся ущербностью *Occidental*, мгновенно оказывается дискриминационной. Свести такую реакцию к простому «предубеждению», как это обычно происходит, будет типичным примером поверхностного подхода. Причина — в ущербности; и я пытался показать, что ущербность всегда обоюдная.

Возьмём другой пример — так часто высказываемое беспокойство и недовольство по поводу роли евреев в нашей общественной жизни. По данным Т*he Civil Service Commission* федеральное правительство предоставляет работу 951 тысячи гражданских лиц. Невозможно сказать, сколько среди них евреев. Со стороны евреев я слышал самую высокую цифру — 40%, со стороны неевреев — 63%. Для интеллигентного *Occidental* любая цифра не имеет значения; его интересует только то, чтобы все общественные службы были в руках наиболее знающих и умелых людей, пусть это будут евреи, турки, неверующие или еретики. Но я хочу ещё раз подчеркнуть, что для цели наших социальных архитекторов добиться устойчивого *modus vivendi* взгляд интеллигентного *Occidental* не имеет особого значения. Значение имеет взгляд масс, по причинам, которые я уже указал. Реакция же массового человека на количество евреев, работающих на федеральное правительство, была чётко высказана в разговоре со мной одним человеком, который сказал об одном из правительственных департаментов: «Ты не найдёшь ни одного чиновника во всём здании, рядом с которым не сидел бы проклятый еврей-юрист». Его отношение было бы точно таким и в случае, если, скажем, 25% сотрудников федерального правительства были сирийцами и, если гг. Коэн, Франкфуртер, Хендерсон, Моргентау, Хилман и Франк все были сирийцами. Но он никогда бы не протестовал, если бы в таком же процентном соотношении работниками были ирландцы. В данном случае, возможно, существует незначительная неблагоприятная реакция, вызванная завистью, политическими пристрастиями или чем-то другим, хотя я в этом сомневаюсь, но я гарантирую, что, если бы это было так, это не было бы и близко подобной реакции. Ещё раз, мотивирующая сила, стоящая за такой реакцией, не является «предрассудком» или «предубеждением», но ущербностью, которая проявила бы себя в подобный обстоятельствах в отношении любого *Oriental* народа.

Давайте дальше рассмотрим географическое распространение американских евреев. Из 4, 770,647 евреев 4,096,220 живут в переполненных городах с населением более 100 тысяч человек. Такое распределение крайне неудачное; евреи это знают, и их официальные лица делают всё возможное для более широкого расселения. Интеллигентные *Occidental* понимают, что сломать устоявшиеся традиции, ставшие второй натурой, практически невозможно, во всяком случае, в ближайших поколениях. Интеллигентным Occidental достаточно взглянуть на евреев-ашкенази, вышедших из гетто и черты оседлости, чтобы понять как глубоко в их душе и теле коренится традиция городской жизни. Поташ и Перлмуттер, Палаткин и Шейкович, Мейзнер и Финкман окажутся полностью раздавленными американской сельской жизнью, точно так, как оказались раздавленными ранние иммигранты квакеры, и по той же самой причине. Но *Occidental* массовый человек смотрит на это по-другому. Как последствие такой массовой концентрации евреев он видит бесконечное множество мелких экономических и социальных неудобств, и злобно размышляет о шансах на то, что милосердное Провидение когда-нибудь пошлёт ему сотню казаков, чтобы исправить положение вещей.

Наконец, существуют вопросы иммиграции, о которых должны задуматься наши социальные инженеры. Сегодня, когда я пишу эту статью, я получил информацию от Госдепартамента, что в страну впускают 4000 беженцев в месяц и что 600 тысяч обратилось за визой, половина их них, «включая многих евреев», из Германии и оккупированных Германией стран. Я также читал, что «тысячи венских евреев посылают телеграммы родственникам в США с просьбой оплатить их проезд сюда». Вне зависимости от отношения к этим вопросам интеллигентных *Occidental*, массовый *Occidental* относится к ним не так, как если бы речь шла о беженцах *Occidental*. В последнем случае его интересовали бы только экономические последствия, в то время как в случае евреев или любой другой группы *Oriental* его волнует другое. У него существуют дополнительные убеждения, которые обостряют его отношение к евреям. Он убеждён, что каждый еврей в мире, который находит путь в Америку, делает это обманом и аморальным способом; он убеждён, что у евреев гораздо лучше организована помощь «своим» достичь Америки; он убеждён, что при всех ограничениях закона и иммиграционных квот наши правительственные организации легко поддаются именно еврейскому давлению. Так ли это или нет—не имеет значения. Главное, он твёрдо убеждён, что это так, и наши архитекторы должны обратить внимание на его убеждения.

У меня нет данных для рассмотрения чисто экономической составляющей еврейского вопроса, да и нет желания это делать, потому что я не вижу в этом ничего специфического или важного, исключая, конечно, что массовый *Occidental* видит экономический успех и экономическую практику евреев под определённым углом, впрочем, в подобных обстоятельствах он похоже бы относился к успеху любого другого *Oriental* народа. Он склонен с большей подозрительностью относиться к конкуренту из *Oriental*, чем к конкуренту из *Occidental*; его обида и негодование несут на себе совсем другую качественную составляющую, обусловленную смутным ощущением космической несправедливости, чувством, что на него возложили неподъёмную ношу, совершенно им не заслуженную. Он также гораздо больше склонен к обвинению всего *Oriental* народа на основании случайного мошенничества или нечистоплотности отдельных его представителей. Всё относящееся к *Oriental* он мгновенно обобщает, всегда действует согласно максиме *omne ignotum pro magnifico* (всё неизвестное представляется величественным), примером чему является известное на Западном побережье изречение: «Делишки тёмные и грязный трюк получишь из китайских рук». Всё сказанное можно считать предосудительным, несправедливым и оспоримым, но так оно есть на самом деле, и нашим социальным архитекторам и инженерам надо найти наилучший путь в этой реальной ситуации. Цивилизованный *Occidental* знает, что среди *Oriental*, как среди любых народов, наверняка существует своя доля жуликов и мошенников, и он делает свои общие расчёты, принимая это во внимание; но ещё раз, мнение цивилизованного *Occidental* не имеет значение, важно только мнение массового *Occidental*.

Отведённое мне место на страницах журнала подходит к концу, но я хочу остановиться ещё на одном серьёзном моменте, который возникает из-за слишком болезненной чувствительности и подозрительности развитой у евреев, когда они умудряются увидеть враждебность там, где её нет, и даже ещё чаще связывать нелюбовь и недоверие к ним с причинами, которые не существуют. Еврейский писатель сказал о своём народе: «У евреев существует тенденция подпитывать своё убеждение в том, что единственной причиной даже мельчайшей критики, из-за которой у них могут случиться неприятности в бизнесе, социальной жизни и в любом виде деятельности является беспредметное антиеврейское предубеждение, совершенно неоправданное их персональным поведением». Или как однажды гораздо проще сказал мой знакомый: «Еврей всегда думает, что ты не любишь его только потому, что он еврей. До него просто не доходит, что твоё отношение может быть связано с его агрессивностью». В моём собственном случае, обсуждая еврейские вопросы с евреями, я часто замечал, что вместо того, чтобы принять сказанное мной как оно есть, они воспринимают сказанное так, как они думают, что я сказал, затем добавляют к этому полностью надуманные рассуждения о том, что я имел в виду в своих мыслях, таким образом получая в результате мало общего с тем, что я сказал или думал. Опять-таки, интеллигентный *Occidental* прекрасно понимает причины такой острой чувствительности, но массовый *Occidental* не понимает; это создаёт бесконечные раздражающие сложности, обычно ничтожные сами по себе, во взаимоотношениях с евреями. Как следствие, такое непонимание создаёт дополнительные трудности в работе наших социальных архитекторов, которые пытаются разработать систему устойчивого *modus vivendi* между двумя народами.

**IV**

Те, кто любит выдать желаемое за действительное, евреи и неевреи, могут оказаться неудовлетворёнными сухим фактическим изложением материала в этой статье и остаться недовольными тем, что я не пытался морализировать или играть на настроениях. Такой подход покажется им антиобщественным и лишённым симпатии, возможно, даже антирелигиозным. В таком случае, они не поняли мою цель. Моя статья не для них, но для социальных архитекторов и инженеров; и моя цель только обозначить наличие сыпучих песков и твёрдых скальных пород, на которых они безопасно построят своё здание. Скромный топограф, которым я являюсь, должен решительно сдерживать свои симпатии во время работы; те, кто хотел бы увидеть, как его симпатии обращаются в дела, должны навестить его после работы.

Я очень хочу, чтобы для этой работы нашли кого-то лучшего, чем топограф-любитель, эта работа требует самого высокого профессионализма. Я уже говорил в начале, что наиболее тревожным для меня было то, что этот наиважнейший вопрос был покрыт густым туманом молчания. Это не сулит ничего хорошего; существуют серьёзные свидетельства, что прискорбные антипатии привели к возникновению гнойника, всё время увеличивающегося в размере, увеличивающегося с такой скоростью, что становится не только печально, но и страшно. Решение вопроса не должно быть оставлено *ex parte* демагогам, сентиментальным плакальщикам, пропагандистам, распространителям пагубных и пустых мерзостей. Решение вопроса требует умелых, хорошо информированных и незаинтересованных в своей выгоде людей, выражающих своё мнение со всей откровенностью и спокойствием. Я сделал всё возможное, чтобы нарушить заговор молчания — наверняка не лучшим способом, так как слишком далёк от предмета обсуждения. Но я сделал всё, что мог.

## ПРОДОЛЖЕНИЕ ДИСКУССИИ
## ПОСЛЕ ПУБЛИКАЦИИ СТАТЬИ НОКА

В июле-августе 1941 года «информированный и незаинтересованный в своей выгоде» читатель журнала не мог, как это было двумя-тремя годами раньше, сослаться на незнание происходящего с евреями, во всяком случае, с европейскими евреями. Детали были противоречивы и информация далеко не полной, но о концлагерях и о массовых убийствах евреев в Польше и западных республиках СССР сообщали главные американские газеты. Начиная, как минимум, с 1938 года, христианские благотворительные организации и даже отдельные влиятельные еврейские лидеры бомбардировали Конгресс, Рузвельта и, особенно, Элеанор Рузвельт просьбами и требованиями об увеличении иммиграционных квот для европейских евреев. Проеврейское движение вначале было существенно слабее антиеврейского (об этом — ниже), но критически важен сам факт его непрерывного существования на всех ступеньках американского общества. К лету 1941-го года движение в защиту евреев значительно окрепло и, одновременно, с запретом Христианского фронта (об этом — ниже) агрессивный антисемитизм получил сокрушительное поражение. Американское общество увидело на примере Европы, к чему может привести сорвавшийся с цепи антисемитизм, та самая собака, которая, по Ноку, «никогда не спит».

В этом смысле, дискуссия в *The Atlantic Monthly* слегка запоздала, антиеврейские настроения в США к лету 1941-го года потеряли свою агрессивную остроту. Но, тем не менее, публикация, как не трудно представить, вызвала множество откликов. Уже в следующем номере *the Atlantic* появилась большая ответная статья публициста Джеймса Маршалла с характерным названием «Проблема антисемитизма в Америке» [11].

Суть позиции Маршалла, как видно из названия, была в том, что антисемитизм—это американская проблема (Маршалл говорит более конкретно—проблема американской демократии), а не еврейская. В самой статье Маршалл не стеснялся в выражениях, обвиняя Нока во всех смертных грехах, но прежде всего, в том, что в своём развитии и понимании проблемы Нок «застрял» в XIX веке [12]. Откуда он «вытащил», спрашивает Маршалл, дряхлые термины «*civilizied Occidental*» и «*Occidental massmen*»? Но больше всего Маршалла разозлил взгляд Нока на евреев, как на *Oriental*. Сколько лет должны прожить евреи среди христиан, чтобы перестать выглядеть *Oriental* в глазах христиан? Достаточно ли тысячи лет, как в Германии? Да и разве германские племена вышли не из тех же самых *Oriental*? На основании каких фактов Нок утверждает, что антисемитизм—проблема «массового» человека, а не интеллектуалов? Разве роль Габбиано, Хьюстона Чемберлена и царской элиты, породившей Чёрную сотню, не менее, если не более весома?

В общем, Ноку досталось по полной программе. Одним из серьёзных вопросов, поднятых Маршаллом, был вопрос об ответственности интеллектуалов Америки в допущенной антиеврейской истерии в стране. Маршалл весьма остроумно сравнивает Нока с Понтием Пилатом, называет его «социальным импотентом» и справедливо, на мой взгляд, утверждает, что если интеллектуалы «умоют руки», то может произойти то, чего больше всего опасался Нок: в такой Америке под властью нацистов и последователей Кафлина (о нём—ниже) действительно могут утвердиться Нюрнбергские законы. В этой связи Маршалл говорит о непозволительном промахе Нока, когда он, «не желая рассуждать о расовых теориях», по существу, создаёт новую неполноценную расу—*Oriental*, которая наверняка, по мнению Маршалла, пришлась бы по вкусу Геббельсу в противопоставлении её истинной арийской. Маршалл строчка за строчкой разбирает другие, по его мнению, промахи Нока и по-своему пытается объяснить причины реального американского антисемитизма, мы сейчас не будем касаться детального разбора статьи. В завершение, обобщая свою точку зрения, Маршалл пишет:

«Было бы глупо отрицать антисемитизм в Америке и что взрыв антиеврейского насилия не может произойти под воздействием агитации изоляционистов и пятой колонны. Но, как я уже сказал, не верно определять проблему, как „еврейскую проблему в Америке“. Такое представление фактически разрушает наше понимание демократии. Если мы будем решать наши проблемы в тщательно изолированном еврейском, негритянском, католическом, изоляционистском, рабоче-крестьянском, предпринимательском и любом другом сегменте общества, мы получим в результате кастовое общество. То, что беспокоит евреев, скорее является частью проблемы американской демократии, которая пытается свести в одно русло два независимых бурных потока. С одной стороны, демократия имеет дело с индивидами, не массой; она защищает право индивидуумов развивать свою индивидуальность и стремится к своему индивидуальному представлению о жизни. То есть, один поток—это индивидуальная свобода. С другой, мы имеем поток, где главенствует дисциплина, уважение к другим, принятие и уважение мнений других людей, что в условиях демократии может быть основано только на самодисциплине и самостоятельно накладываемых других самоограничениях. Это основа, заложенная ещё в Декларации независимости, секции о гражданский правах в Конституции и в Золотом Правиле…

…Я полагаю, что *modus vivendi*, о котором говорил мистер Нок и который он так и не сумел найти в отношениях между американскими евреями и остальными гражданами, есть тот же самый *modus vivendi*, который должен быть найден всем американским народом, чтобы сохранить демократический процесс и демократический подход к жизни. Если при всех наших различиях в интересах, возможностях и историческом прошлом мы потеряем нашу веру в цель демократии и не найдём общие пути для достижения этой цели с помощью демократических процедур и механизмов, тогда наши американские институты обречены на провал. Тогда… нам не остаётся другой альтернативы, ничего, кроме тоталитаризма»…

Критика Маршалла была, на мой взгляд, слишком идеологична (демократия победит тоталитаризм, заодно изменив человеческое поведение, и точка!) и не совсем справедлива. Как часто случается, автор критической статьи настолько увлёкся темой обсуждения и своим мнением о ней, что забыл о заданных ограничениях критикуемой им статьи. Он упустил, что Нок с самого начала осознанно сузил тему своих размышлений, предпочитая ответить только на часть вопроса редакции *The Atlantic*: «…*мы приглашаем высказать своё мнение евреев и не евреев в надежде, что свободный и откровенный обмен мнениями поможет уменьшить напряжение [в обществе], в настоящее время до крайности высокое,* **и приведёт нас к осмысленному и более трезвому пониманию человеческой природы, лежащей в основе проблемы»** (мною выделены слова, на которые пытался ответить Нок).

* * *

Сегодня возвращение к дискуссии семидесятилетней давности носит, в основном, академический характер. Страна изменилась неузнаваемо, и современному «коренному» американцу, также, как и новым, русскоязычным американцам, многое из положений Нока покажется, по крайней мере, странными. Среди них, кроме отмеченных Маршаллом, сразу бросаются в глаза:

- высказывание Гитлера, объясняющее особую жестокость своего государства примером, почерпнутым из истории США. Это в любом случае гигантское преувеличение: бесчеловечная жестокость никогда в истории США не являлась государственной политикой, как на уровне идеологии, так и практики;

- отрицание государственного антисемитизма в царской России;

- обеление Изабеллы и Фердинанда, как будто бы их политика Реконкисты сама по себе не была поводом для «возбуждения» масс против нехристианских соседей;

- самое главное — постановка во главу угла вопроса о противопоставлении *Occidental* и *Oriental*. Такой подход лишает дискуссию какой бы то ни было определённости о причинах негативного отношении как *Occidental,* так и Oriental к евреям, лишает американский антисемитизм безусловно присутствующей религиозной, антииудейской, составляющей. Если сказать коротко, то история христианских стран, включая Америку, убедительно показала, что отношение к *Oriental*-евреям и, например, *Oriental*-армянам — существенно разное, вне зависимости от их численности. Справедливости ради, надо признать, что Нок, который искусно ушёл от рассмотрения расовой составляющей антисемитизма — хотя и упомянул её, ещё более изящно ушёл от рассмотрения религиозной составляющей — не упомянув её вообще. Почему он это сделал и что он о ней думал, сейчас можно только гадать.

Дискуссии, начатой статьёй Нока, не суждено было занимать внимание читателей длительное время: через шесть месяцев Америка вступила во Вторую мировую войну и «американские» еврейские проблемы для рядового американца отступили на задний план.

# КРАТКАЯ ИСТОРИЯ АНТИСЕМИТИЗМА
## В АНГЛОЯЗЫЧНОМ МИРЕ XIX–XX СТОЛЕТИЙ

В 1920-х — начале 1930-х годов в США впервые возник массовый, «народный» антисемитизм. Как это часто случалось в социальной истории США, «новшество» пришло примерно с десятилетним опозданием из Европы. То, что происходило в те годы в континентальной Европе известно достаточно хорошо, но американские антисемиты не были слишком образованы в иностранных языках, зато хорошо говорили и читали по-английски, обращая самое пристальное внимание на законодателя моды — Великобританию. В доброй же старой Англии ещё до всех эксцессов Первой мировой войны и новой волны европейских революций отношение к евреям «вдруг» резко изменилось. Собственно говоря, если забыть о том, что английские католики, никогда, впрочем, не выражавшие «глас народа» (в основном Англия была протестантской страной), во время дела Дрейфуса стройными рядами встали на сторону антисемитской официальной Франции, то всё началось с восхождения в 1901 году на английский престол «беззаботного сына королевы Виктории» Эдуарда VII. Новый монарх не любил заниматься делами, связанными с национальной политикой, и, как пишут современники, «отдавал предпочтение развлечениям в кругу актрис и друзей» [13]. Немецкий финансист, иудей Эрнест Кассель, в самом начале правления становится его личным банкиром и ближайшим другом. К сожалению, никто, и английский король тем более, не может полностью избежать политики. В 1907 году Кассель налаживает близкие отношения с немецким евреем Альбертом Баллиным, важным советником Вильгельма II. И в Англии, и в Германии складывается впечатление, что это сотрудничество имеет важный политический смысл и способствует сближению политического курса двух стран. В Англии, с её «особой» любовью к Германии, такой оборот вызвал недовольство Парламента и протест в аристократических и дипломатических кругах. Младотурецкая революция, крайне непопулярная в Британии, подлила масла в антикассельские настроения — особенно после того, как Кассель был приглашён в Константинополь главным финансовым советником. У самого Касселя, а также у королевских финансовых проектов под его руководством, появилось слишком много влиятельных врагов, которые объединились под «крышей» самой известной респектабельной английской газеты «Таймс». Обвинения Касселя и его друзей во враждебности Британии быстро превратилось в обвинение в этом всех британских евреев. В развитие этой тенденции очень скоро любимой темой прессы стало обвинение всех британских евреев в лояльности Германии.

В 1911 году «Таймс» назвала революцию младотурков иудео-сионистским заговором. Ситуация для евреев стала ещё хуже после назначения Руфуса Айзекса генеральным прокурором Королевства и Герберта Сэмюэля — первым евреем, членом Кабинета. Знаменитый английский бард Р. Киплинг откликнулся на назначение Айзекса гневным, «полным ненависти» стихотворением «Gehazi». Крупный финансовый скандал 1912 года, так называемое «Дело Маркони», английской прессой был увязан с этими двумя именами; полная их реабилитация Парламентом ничего не изменила в общественном мнении. В английские газеты и журналы как-то незаметно вернулась тема ритуальных убийств, основным её популяризатором был известный писатель Г. К. Честертон. Такая была ситуация на уровне элиты, которая и без всех этих новшеств была традиционно, хотя и умеренно, настроена антиеврейски.

На уровне лондонского простого народа возникли свои причины для антисемитизма. В Лондоне, в районах Уайтчепел и Степени ещё в начале века проживало до 100 тысяч бедных евреев из Восточной Европы. Это своеобразное гетто вызывало резкое неприятие у лондонских масс, но не только у них. Местный епископ назвал этих евреев «захватнической армией, которая ест хлеб христиан и изгоняет их из родных очагов». В лондонских газетах стали появляться объявления о найме на работу «только коренных англичан», а та же «Таймс» обвинила их в «создании государства в государстве».

Но все это были цветочки. Ягоды созрели с началом Первой мировой войны. Британская пресса прямо обвинила немецких евреев в развязывании войны (такого же мнения придерживался британский посол в США Сесил Спринг-Райс, активно влиявший на общественное мнение в США) и в поддержке английскими евреями своих немецких собратьев. Гибель «Лузитании», английского парохода, потопленного немецкой подлодкой, привела к «слиянию массовой ксенофобии с изысканным антисемитизмом элиты». Альберт Баллин был назван прямым виновником гибели корабля, а Кассель — его сообщником.

Всё перечисленное и очень многое подобное могло остаться чисто английской проблемой. Но в дело вмешались события в России, после которых британский антисемитизм стал по-настоящему массовым явлением и образцом для подражания во всём западном мире. Большевистский переворот 1917 года был однозначно охарактеризован в Британии, как еврейский заговор. Пресса, английская разведка, дипломатические службы предоставили тому множество «самых достоверных» доказательств, большая часть которых или была ложью или была тщательно сфабрикована в кабинетах *Intelligence Service*. Всё это создало совершенно новую, агрессивную атмосферу в обществе. Честертон не стал прятать свои мысли за ширму английского юмора и даже на время забыл о фирменной особенности своей прозы, в которой читателю предоставлялась возможность разгадывать загадки в детективных построениях сюжета. Выступая на митинге в ноябре 17-го, он высказался совершенно ясно: «Я хотел бы добавить несколько слов специально для евреев… Если они продолжат своё увлечение глупыми разговорами о пацифизме, будут возбуждать народ против солдат, их жён и вдов, они узнают в первый раз, что слово антисемитизм реально означает». В антисемитском раже дело доходило до маразма. Уилтон, популярный журналист из «Тайм», опубликовал книгу о своих российских впечатлениях, в которой утверждал, что большевики воздвигли статую Иуды Искариота на Красной площади.

В очередной раз в обществе, на этот раз — английском, возник «образ» еврея, не имеющий ничего общего с основной еврейской массой. «Важнейшее различие между основной массой евреев, которые были религиозными, или ассимилированными, или сионистами и очень небольшой группой евреев-неевреев, которые на самом деле помогли развязать русскую революцию, было совершенно не понято»,— пишет по этому поводу Пол Джонсон в своей «Истории евреев». (По-английски Non-Jewish Jew звучит лучше и имеет смысл более определённый, чем «евреи-не-евреи»).

8 мая 1920 года газета «Таймс», стремясь резко обострить свою борьбу против Премьер-министра Ллойд Джорджа, который заявил о готовности вступить в переговоры с русским правительством, опубликовала статью «Еврейская опасность». В статье было сказано, что «британский Премьер-министр начал переговоры с группой заговорщиков, которые стремятся создать всемирную империю Давида».

Доказательство у «Таймс» оказалось совершенно убийственным и называлось оно — «Протоколы сионских мудрецов».

Это был первый известный случай, когда респектабельная западная газета провозгласила «Протоколы» официальным документом (по странной иронии судьбы уже через год с небольшим, в 1921 году, Филипп Грейвс, корреспондент той же британской газеты *The Times* доказал, что «Протоколы» являются фальшивкой русского происхождения; на этом антисемитская истерия в Англии быстро сдулась). «Протоколы» были переведены на английский сотрудниками разведки военного министерства всего за несколько месяцев до этого и опубликованы в отделении «официальной типографии Его Величества», издательстве «*Eyre & Spottiswoode*», совершенно не удостоившись какого-либо внимания. «Таймс» решила исправить ситуацию. Из статьи:

«…очевидно, что книга была опубликована в 1905 году. Некоторые пассажи выглядят как пророчества, которые полностью оправдались, если только не приписывать предвидение „сионских мудрецов“ тому факту, что они и были тайными организаторами этих событий. Когда читаешь, что „для наших планов необходимо, чтобы войны не повлекли за собой территориальных изменений“, как не вспомнить о лозунге „мира без аннексий“, выдвинутом всеми радикальными партиями и особенно в России. В то же время: „Мы спровоцируем всемирный экономический кризис всеми возможными средствами, с помощью золота, которое целиком находится в наших руках“…» *(Перевод взят из книги Льва Полякова «История антисемитизма. Эпоха знаний»).*

Насколько в эти годы антисемитизм стал нормой в Британии хорошо видно из одной газетной статьи, опубликованной 8 февраля 1920 года. Её автор, который, как утверждают его биографы, был филосемитом и до этого считал главным врагом Британии Германию, нашёл нового национального врага — евреев. Статья называлась «Сионизм против большевизма: борьба за душу еврейского народа». Разделяя евреев на хороших — тех, что за Британию, и плохих — тех, которые за еврейское социалистическое братство, направленное против Британии и «всего прогрессивного человечества» (слова в кавычках — мои), автор писал:

> *«…Движение среди евреев не является новым. Это старый всемирный сговор уничтожить нашу цивилизацию и восстановить общество, основанное на прекращении прогресса и развития, недоброжелательности и недостижимого равенства».*

Дальше автор перечисляет некоторых недоброжелателей: Маркс, Троцкий, Бела Кун, Роза Люксембург, Эмма Голдман. И дальше утверждает, что «этот сговор был пружиной всех подрывных движений XIX столетия… был существенной частью Французской революции… Все лояльные стране евреи должны восстановить честь называться евреями, решительно осудив большевизм». Под статьёй стояло имя Уинстона Черчилля.

Но если вернуться к «Протоколам», то день 8 мая 1920 года стал судьбоносным. До этого дня «Протоколы», как «решающий» довод в антисемитской пропаганде использовался только в России и Германии. С этого дня — во всём остальном мире. В том числе, в Соединённых Штатах, куда нам давно пора вернуться.

Отцом-основателем — и у нас есть все основания употребить единственное число — возникновения заметного «современного» антисемитизма в США был, конечно, великий индустриалист, промышленный гений всех времён и народов — Генри Форд. Этот факт давно стал общеизвестным, как и то, что «американские евреи автомашины „Форд“ не покупают» (эту фразу я в конце 1980-х слышал много раз). Фигура Форда — крайне, я бы сказал, уродливо противоречива. Гений в организации производства, в технологии автомобилестроения, он был удивительно необразованным, тёмным и невежественным человеком. Форд родился на маленькой ферме недалеко от Детройта, где тяжело работал вместе с отцом. По воскресеньям он ходил за шесть километров в ближайшую церковь и всю жизнь считал такой образ жизни наиболее привлекательным и важным для жизни государства. Форд рано женился и поддерживал семью, работая на отцовской ферме и мельнице. Всё его образование закончилось после нескольких бухгалтерских курсов в местном колледже. Но достигнув огромного успеха и всемирной известности (его сравнивали с Линкольном и Иисусом Христом), не говоря уже о богатстве, он искренне решил в свободное время взвалить на себя роль проповедника и учителя народов. Обычно не имея своего мнения по социальным и политическим вопросам, он оказывался лёгкой мишенью для всевозможных идеологов, как левых, так и правых. Интересно, что политическая активность Форда началась именно в левом лагере. В 1915 году Форд загорелся идеей пацифизма и решил остановить войну. Прознав об этом, к нему обратилась группа ещё больших пацифистов во главе с некой Розикой Швиммер, венгерской еврейкой. Они уговорили Форда финансировать «круиз мира» (или — «корабль мира», в других источниках) с агитаторами-пацифистами на борту — включая Форда — и послать его в Европу с антивоенной миссией. (Истории аналогичных «кораблей мира» в защиту угнетённых жителей Газы далеко не оригинальны). В интервью Форд заявил: *«Я остановлю войну. Я верну наших парней домой к Рождеству»*. Понятно, что вся авантюра была организована Розикой из рук вон бездарно; когда корабль после многочисленных задержек добрался до Осло, то о нём никто там, как и в других странах Европы, ничего не знал, да никто толком ничего не узнал и после. Форд и его пастор были членами «делегации». В единственном интервью в Осло, через четыре дня после прибытия, он говорил о своём новом тракторе и о том, как было бы здорово, если бы все военные заводы выпускали трактора вместо оружия. Через несколько дней он на первом же пароходе вернулся в Америку. Американская пресса не упустила шанс поиздеваться над всей этой авантюрой, долго ещё удивляясь, как Форд мог позволить втянуть себя в такую глупую затею. Единственным защитником Форда стал филадельфийский раввин Джозеф Кропкопф, заявивший, что «лучше тысячу раз оказаться глупцом, служа идеям гуманизма, чем оказаться героем, проливший шим реки крови».

Поездка с евреями-пацифистами на «корабле мира» не прошла для Форда зря. Он «узнал» для себя много нового, что открыло ему глаза на войну, мир и роль евреев. Полученное знание изменило цель его миссии. Что он узнал из уст самых прогрессивных евреев начала века, мы знаем благодаря рассказу одного из заместителей Форда в компании «Форд». Однажды этот человек работал очень поздно и спустился в кафе перекусить. Там он столкнулся с Фордом и у них начался ничего не значащий разговор. Человек предложил своему боссу только что купленную шоколадку. Форд надкусил её и скривился. Дальше между ними произошёл следующий интересный разговор, который начал Форд:

— совсем не тот вкус, что был раньше, не так ли?

— честно говоря, я не вижу разницы.

— это евреи поработали; они вкладывают туда всякую дрянь, чтобы заработать больше денег.

После этого заместитель постарался перевести разговор на другое. Он вспомнил, что ровно четыре года назад начался «круиз мира» и спросил Форда о том, как он видит результаты экспедиции сегодня. Ответ последовал достаточно странный: «Я знаю, кто виновен в войне — это интернациональные еврейские банкиры организовали войну, чтобы заработать больше денег». Форд понизил голос и добавил: «Я знаю, что это правда, потому что один еврей на корабле мне все рассказал. Этот человек знал, что говорит, он рассказал мне всю историю с начала до конца. Мы расскажем эту историю всему миру, и наступит день, когда евреи за все ответят».

Время рассказать «правду» пришло с покупкой еженедельной газеты *The Dearborn Independent*. Мелкая провинциальная газета, по замыслу Форда, должна была стать рупором «независимого» мнения. Под независимостью имелось в виду независимость от еврейского влияния, для чего Форд отказался от размещения любой рекламы и создания редакционной коллегии. Все решения по размещению материалов в газете он передал её редактору Е. Г. Пиппу, а для написания передовой колонки, в которой должны были выражаться его собственные мысли, Форд нанял известного в Детройте канадского журналиста Уильяма Камерона, который до своей журналистской деятельности был провинциальным священником и принадлежал к очень странной христианской секте «британских израильтян». Пипп был известен в Детройте, как либерал. Либералом считали и Камерона. Последний, кроме всего, был известен своей лояльностью к местным евреям. Филипп Шломович, редактор детройтской еврейской газеты, вспоминал, что Камерон часто присутствовал на еврейских собраниях и в своих статьях всегда поддерживал евреев.

На самую главную позицию в газете — генеральным менеджером — был назначен Эрнест Либольд (*Ernest Liebold*), правая рука

Форда, фигура совершенно одиозная. Воинственный пруссак по духу и семейному происхождению за несколько лет совершил головокружительную карьеру от никому неизвестного банковского клерка до личного секретаря, финансиста и пресс-секретаря Форда. По нынешним меркам он был начальником кабинета у Форда. В Либольде Форд нашёл человека, который мог делать за него все грязные дела. Не удивительно, что в компании «Форд» Либольда дружно ненавидели. Самому Форду это нравилось, он как-то сказал о Либольде: «Цепного пса нанимают не для того, чтобы его любили». Антисемитизм Либольда зашкаливал за

«Историческая» газета
от 22 мая 1920 года

все рамки и не удивительно, что он подобно магниту притягивал к себе всю антисемитскую мразь Америки (его важным сотрудником, например, был патологический антисемит Борис Бразоль, русский монархист и один из самых активных членов «Чёрной сотни»). Некая мадам Паскита де Шишмарова ознакомила Либольда с «Протоколами», сочинив для правдоподобия их «достоверную» историю. К этому времени «Протоколы» выдержали 37 изданий в Европе, но были практически неизвестны в Америке. Либольд, с энтузиастом подхватил распространение фальшивки, сделав, возможно, больше, чем кто-либо для придания ей респектабельности.

22 мая 1920 года газета *The Dearborn Independent* опубликовала первую антиеврейскую статью — об экономическом могуществе евреев. В следующем номере от 29 мая разоблачалось политическое могущество евреев, основанное на деятельности секретной всемирной еврейской организации с красивым названием «*All Judaan*».

С этого номера газета стала регулярно печатать «Протоколы», и в дальнейшем все свои антиеврейские публикации обычно обосновывала «Протоколами», используя их как решающий аргумент. Это было только начало борьбы. Форд с подачи Либольда решил во что бы то ни было доказать подлинность «Протоколов». Была создана сыскная контора солидных размеров, среди её агентов — под кличками — была первая десятка активных американских антисемитов, в том числе — доктор Хьютон (директор службы военной разведки штата Нью-Йорк, предоставивший в Конгресс США полный список русских большевиков, по которому «девятнадцать двадцатых» были евреями и — это не шутка! — большинство из них были выходцами из нижнего Ист-Сайда, еврейского района Нью-Йорка. Этот список наделал много шума в стране и был перепечатан всеми крупными газетами. Ещё больше шума, включая разбирательство в Конгрессе, вызвали «списки» большевиков, созданные министром юстиции Митчелом). Среди активных агентов конторы были русские иммигранты-информаторы Наталия де Боргори, Борис Бразоль и Сергей Радионов, который отправился в Монголию (!), чтобы отыскать там подлинник «Протоколов». Некоторые члены сыскного бюро занимались более практической работой: поиском секретной линии связи, по которой член Верховного суда Луис Брандайс передавал свои распоряжения американскому Президенту. Вся эта дикость была освящена именем Генри Форда и воспринималась рядовым американцем со всей серьёзностью.

Еврейские организации, обычно не прощающие ни одного серьёзного случая антисемитизма, на этот раз решили устраниться от «спора» с Фордом. «Если мы вступим в противоборство, мы разожжём пожар, и никто не сможет предсказать, каким образом его удастся потушить», — писал Джейкоб Шифф, лидер Американского еврейского комитета. Это была серьёзная ошибка, суть которой стала ясна примерно через год. Луис Маршалл, один из лидеров АЕК, писал в сентябре 1921 года: «События показали, что политика умолчания была ошибочной. Не только каждую неделю продолжается публикация столь же яростных статей Форда, но что ещё хуже, „Протоколы" распространяются в каждом клубе, в каждой газете, их получили все члены Конгресса, они находятся в руках тысяч людей. Их обсуждают во всех салонах и во всех социальных кругах…».

Очень скоро проснувшиеся евреи «навели порядок», во всяком случае, в городах с серьёзным еврейским населением. Их контратака в газетах и журналах не была особо изысканной и вряд ли сегодня пришлась по вкусу большинству американских евреев, но она оказалась на удивление эффективной. Форд был назван — в передовицах, огромными заголовками на первых страницах — негодяем, предателем и обманщиком. Крупные заголовки, как обычно победили, но на поверхность сразу же полезли многочисленные фальшивки уже американского происхождения: именно тогда стали широко известны антиеврейские «цитаты», сочинённые от имени Вашингтона и Франклина.

«Фордовский» антисемитизм в США 1920-х годов оказался короткоживущим. Евреи разных политических и религиозных предпочтений смогли быстро объединиться и привлечь на свою сторону самые широкие общественные круги. Первого декабря 1920-го года во многих газетах появился оплаченный еврейскими организациями «Призыв к гражданам: „Протоколы“, большевизм и евреи». «Призыв» разоблачал вымысел и бессмысленность обвинений против евреев. Но очень интересно, какие были для этого были использованы чисто американские аргументы:

> «Если отвлечься от их истории, характеризующейся крайним неправдоподобием, то анализ текста „Протоколов“ показывает… что они должны принадлежать перу самых отъявленных врагов демократии. Они изобилуют циничными отзывами о Французской революции и понятиях свободы, равенства и братства. Они восхваляют привилегии и самовластие. Они издеваются над образованием. Они осуждают свободу совести. Они утверждают… что доктрина, согласно которой правительство должно служить народу, это лишь пустая фраза» (*Цитата взята из книги Льва Полякова «История антисемитизма. Эпоха знаний»*).

Но решающий залп по антисемитизму был дан 16 января 1921 года в «Заявлении», которое подписали три президента (Тафт, Вильсон и Гардинг), девять Госсекретарей, кардинал, множество президентов университетов, известные священнослужители, писатели, люди бизнеса — всего более ста человек. Ещё одна цитата из книги Л. Полякова:

> «Нижеподписавшиеся граждане не-еврейского происхождения (гои) и христианского вероисповедания осуждают и глубоко сожалеют по поводу возникновения в нашей стране организованной антисемитской кампании, ведущейся согласовано и в унисон с аналогичными компаниями в Европе… Американское гражданство и американская

демократия стали объектом вызова и угрозы. Мы протестуем против этой организованной компании предрассудков и ненависти не только потому, что она является безусловно несправедливой по отношению к тем, против кого она направлена, но в первую очередь потому, что мы убеждены в её абсолютной несовместимости с американским гражданством, лояльным и интеллигентным…»

Реакция на «Заявление» была подобна лавине. Все более-менее известные американские деятели поспешили отмежеваться от Форда. Очень скоро создалось впечатление, что он остался в полном одиночестве. Форд, конечно, не прекратил свою миссию, но скоро потерял какое бы то ни было серьёзное влияние на общественное мнение. Евреи тоже не успокоились и в 1927 году — по суду обвинили Форда в клевете. Судебный процесс они выиграли и добились от Форда полного прекращения своей газетной антисемитской деятельности и официального «слёзного» извинения. Что не помешало ему в 1938 году на свой 75-летний юбилей получить из рук германского консула личный подарок фюрера, высшую награду Германии для иностранцев — крест, между перекладинами которого располагались четыре золотых орла со свастиками на конце хвоста (крест висел на широкой красной ленте, переброшенной через шею, и смотрелся удивительно нелепо на фоне привычного белоснежного костюма юбиляра).

Отношения Форда и Гитлера — отдельная и очень серьёзная тема. Я позволю напомнить только несколько общеизвестных фактов.

Антисемитские статьи в *The Dearborn Independent* были собраны в книгу известным германским антисемитом и членом Рейхстага Теодором Фричем. Эта книга — «Международный еврей: наиважнейшая мировая проблема» стала настольной книгой Гитлера и оказала, многие исследователи уверены — решающее влияние в формировании его антисемитских взглядов. В «Майн Кампф» Гитлер говорит о Форде (единственный упоминаемый им американец в книге) следующее: «…единственный великий человек, который, несмотря на всю ярость евреев, сохраняет полную независимость …от людей, контролирующих стодвадцатимиллионную нацию». В интервью 1931 года Гитлер сказал, что Форд является «вдохновителем его идей» и объяснил, что именно по этой причине на его столе всегда находится портрет Форда. «Я должен сделать всё возможное, чтобы претворить его теории в практические дела в Германии». Значение Форда хорошо понимал и Гиммлер, который в 1924 году писал, что «Форд—один из наших самых ценных, важных и мудрых борцов».

В том же 1924 году при посредничестве сына композитора Вагнера Зигфрида Вагнера и его жены Винифред—оба были ярыми сторонники нацизма—на дому у Форда состоялась встреча личного представителя Гитлера Курта Людеке и Форда (Гитлер в это время сидел в тюрьме, но продолжал управлять своей партией). Форд посещал Германию в тридцатые годы, где его встречали по самому высшему разряду. Ради объективности надо заметить, что в своей любви к фюреру и нацизму Форд, к сожалению, не был исключением.

В 1970-е стали появляться первые книги и исследования о роли американского бизнеса в экономическом становлении нацизма. Сегодня это широко известный факт. Среди компаний, активно поддерживающих нацистскую Германию, были все три автомобильных концерна—вице-президент General Motors тоже получил награду Гитлера, правда, не самую высокую, DuPont, IBM, Standard Oil (сейчас—Exxon), National City Bank. Но самыми главными были Ford и I. G. Farben, которому принадлежали американские компании Bayer Co., General Aniline Works, Agfa Ansco, and Winthrop Chemical Company. Форд был членом совета директоров I. G. Farben, компании, которая по мнению многих, «создала» Гитлера. Крупнейшими популяризаторами нацизма в тридцатые годы были газетный магнат William Randolph Hearst, Joseph Kennedy (американский посол в Лондоне и отец будущего президента), герой-авиатор Charles Lindbergh, John Rockefeller и финансовый гений Andrew Mellon. Сотрудничество с Германией было запрещено законом (*Trading with Enemy Act*) только после объявления войны в декабре 1941, но активное сотрудничество компании Ford (и других) продолжалось через подставные компании почти до конца войны [14]. Не только «деньги не пахнут», но, как показала история Второй мировой, не пахнет и кровь.

Но вернёмся к нашей основной теме. Как показали дальнейшие события, победа евреев в 1920-е была в лучшем случае временной. Одно дело было привлечь общество на свою сторону в эпоху роста экономики и всеобщего благополучия, совсем другое — во время гигантского кризиса Великой депрессии и роста угрозы мировой войны. Новые времена вывели на сцену юдофобии новых актёров: в 1930-х в Детройте, по соседству с Фордом, взошла яркая звезда свежего лидера американского антисемитизма — мичиганского католического священника Чарльза Кафлина.

Кафлин был клиническим примером человека с радикальным левым мышлением, сегодня его больше других напоминает сенатор Сандерс. В борьбе за «социальную справедливость» он сжигал за собой все мосты и не брал пленных. Причину социальной несправедливости он первоначально видел в господстве и финансовом терроризме больших банков. Хотя в тридцатые меньше пяти процентов больших банков принадлежали евреям (из всех банков — меньше одного процента), а среди известных банкиров преобладали чисто христианские фамилии, это не остановило Кафлина от обвинения во всех грехах банкиров именно еврейских. А дальше «еврейский вопрос» стал для него *idée fixe*. При этом он обладал чисто человеческой привлекательностью, недюжинной энергией, предпринимательскими способностями и острым восприятием новых технологий средств массовой информации. Его оружием стало радио, которое в нашем представлении было введено в массовое сознание как инструмент пропаганды Президентом Рузвельтом в его регулярных радиообращениях к американскому народу. Как оказалось, Рузвельт не был первым и не был главным «радиопроповедником». Надо сказать, что прогресс радиовещания в 1920–1930-е годы был феноменальным: в 1922 году в стране существовало 500 радиовещательных станций, в 1925 — уже больше тысячи; в 1923 было выпущено 200 тысяч радиоприёмников, в 1925 — пять миллионов. К середине тридцатых радио было практически в каждом американском доме. В 1926 году Кафлин начинает свои еженедельные часовые радиообращения из Детройта. Вначале это были обыкновенные религиозные проповеди, но примерно с 1930 года их содержание резко изменилось на политическое: основной темой становится осуждение коммунизма и социализма и очень быстро — американского капитализма, который, по его мнению, «из-за своей жадности стал унавоженной почвой для распространения левацкой идеологии». В июле 1930-го Кафлин получает всеамериканскую известность, выступая в Конгрессе основным свидетелем на Слушаниях по расследованию коммунистической активности. В 1931, после конфликта с радио концерном CBS, Кафлин организовывает свою собственную сеть из 36 радиостанций. Ранний и очень активный сторонник Рузвельта и его New Deal (The New Deal is a Christ's Deal—известная фраза Кафлина), он быстро разочаровался в его финансовой политике и в недостаточности, по его мнению, программ «социальной справедливости». Кафлин отрицал свободную конкуренцию рынка, требовал национализации основных индустрий и введения «серебряного» денежного стандарта [15]. Постепенно Кафлин приходит к убеждению, что все беды идут от ростовщиков и «создателей» денег, а дальше делает «логический» шаг—очень в русле доктрины католической церкви—обвиняя во всём евреев. К 34-му году его радиоаудитория достигла десятка миллионов человек, по некоторым данным—до 40 миллионов. Согласно всем источникам, это была крупнейшая радиоаудитория Соединённых Штатов; Википедия пишет, что на пике популярности треть нации слушала его передачи. Ежедневно он получал более 10 тысяч писем. Понятно, что при таком влиянии Кафлин-человек быстро превратился в Кафлина-корпорацию, одних клерков у него было около ста пятидесяти человек.

После победы уже ненавидимого им ФДР на выборах 1936 года, Кафлин совершает ещё один резкий идеологический поворот, сосредоточив всю свою активность на евреях и пропаганде режимов Германии и Италии. К этому времени он, наконец, «разобрался» в истинной причине Великой депрессии и в каждой радиопередаче терпеливо объяснял своей аудитории, что она в «интернациональном сговоре еврейских банкиров». В 38-м году он публикует в своей газете «Социальная справедливость» уже подзабытые к тому времени «Протоколы сионских мудрецов»

Не менее активным Кафлин был и на политическом фронте. В 1934 году он организовывает Юнионистскую партию, которая участвовала в президентский выборах, в 1938-м становится одним из основателей Христианского фронта. После Ку-клукс-клана Христианский фронт был самой известной массовой антисемитской организацией Америки. И вместе с *German American Bund*—самой известной пронацистской. Фронт открыто организовывал бойкот еврейских магазинов и продукции предприятий с еврейскими хозяевами, одним из его лозунгов был «Покупай у христиан»; он регулярно издавал так называемый «Христианский индекс»—список магазинов и предприятий Нью-Йорка, принадлежащих христианам. Центром действия Фронта был Нью-Йорк, а его членами были в основном американцы-католики, выходцы из Ирландии. Бруклинская католическая газета *Tablet* стала главным распространителем идей Фронта и одновременно распространителем газеты Кафлина «Социальная справедливость» (*Social Justice*). Католический антисемитизм был настолько всеобщим, что активными членами Фронта были архиепископ Фултон Шин (в ближайший год-два ожидается причисление его к лику святых католической церкви) и епископ Бруклина Томас Молой (который однажды на обвинение в антисемитизме ответил: «Ну и что? Какой закон я нарушил?»)

Обстановка в Нью-Йорке накалилась до предела после событий Хрустальной ночи в Германии (Кафлин по этому поводу заявил, что «евреев наказывают за то, что они вначале преследовали христиан»). В феврале 1939 года Кафлин призвал своих радиослушателей к активным действиям. 20 февраля в главном зале Нью-Йорка, *Madison Square Garden*, состоялся грандиозный пронацистский митинг [16]. Джеймс Векслер, известный журналист, освещавший события 20 февраля, писал, что рука Кафлина чувствовалась во всём: «в первоначальном призыве, в рабочей подготовке „мероприятия“, в издании миллионов листовок, в организации толпы, скандировавшей его имя» [17]. С этого дня для евреев Нью-Йорка (в основном Бруклина) началась жизнь, похожая на ту старую, европейскую, от которой они бежали совсем недавно. Евреев оскорбляли на улицах, выгоняли из общественного транспорта, избивали и даже нападали с оружием [18]. По данным полиции, практически все нападавшие были членами Фронта. Только в 39-м году нью-йоркская полиция привлекла к суду более ста человек, обвинённых в преступлениях против евреев. В сентябрьском и октябрьском номерах журнала *Look* антисемитские выступления в Нью-Йорке получили широкое освещение и очень жёсткую критику. Журнал опубликовал десяток совершенно ужасных фотографий жертв издевательств и избиений.

Наконец-то противники Кафлина—евреи и неевреи—после Хрустальной ночи в Германии и февральских событий в Нью-Йорке стали—организовывать сопротивление (имеется в виду—интеллектуальное сопротивление; простые бруклинские и манхэттенские евреи регулярно вступали в драки с антисемитами во время митингов и демонстраций). Многие важные радиостанции большого Нью-Йорка и Чикаго отказались транслировать речи Кафлина. В знак протеста сторонники Кафлина организовали огромный митинг у одной из нью-йоркских радиостанций. Лозунги митингующих шокировали добропорядочную нью-йоркскую публику, среди них были, например, такие: «Отправьте евреев в кораблях с дырой во дне туда, откуда они приплыли», «Подождите, скоро Гитлер придёт сюда». Протесты продолжались несколько месяцев. Но по мере все большей осведомлённости американцев о событиях в Европе в стране возникло сильное анти-антисемитское движение. Во главе его были религиозные лидеры христиан-квакеров Руфус Джонс (одновременно Джонс был известным философом и писателем) и Кларенс Пикетт *(Clarence Pickett)* (Пикетт, без всяких преувеличений, был одним из главных деятелей в борьбе за спасение европейских евреев). Очень быстро подтянулась и американская интеллигенция, особенно редакции крупнейших газет и журналов. Одновременно Кафлином и Христианским фронтом занялись спецслужбы правительства (с подачи Рузвельта, ненавидящего Кафлина).

Вскоре были получены доказательства финансирования мероприятий Фронта германским посольством. В январе 1940, после того, как ФБР через своих информаторов узнало о вооружении активистов Фронта, заготовке оружия и о готовящихся убийствах евреев, коммунистов и десятка конгрессменов, был осуществлён рейд штаб-квартиры Фронта и региональных офисов. Захваченные документы подтвердили подозрения, и Христианский фронт был немедленно запрещён. Сравнительно недавно в архивах Германии были найдены документы, подтвердившие давние подозрения о том, что Кафлин тоже получал финансирование своей деятельности от нацистского государства. После разгрома Христианского фронта Кафлин официально провозгласил, что он «остаётся верен движению», но его авторитет и влияние в стране резко уменьшились. Начавшаяся вскоре война и рост антигерманских настроений окончательно покончили с каким-либо серьёзным влиянием Кафлина на общественное мнение. И наконец, новый детройтский епископ в 1942 году запретил Кафлину любую общественную деятельность за пределами его церкви.

Джеймс Кэррол следующим образом описал деятельность и роль Кафлина в книге «Меч Константина» **[19]**:

«Священник Чарльз Кафлин *(Charles Coughlin)* (1891–1979) — „radio priest“ — был невероятно популярен в Соединённых Штатах в 1930-е годы. В приснопамятном 1938 году его газета, *Social Justice*, опубликовала „Протоколы Сионских

Мудрецов“, известную фальшивку, впервые напечатанную в России в 1905 году. „Протоколы“ представляют из себя как бы стенограмму секретного заседания мирового сионистского конгресса, планирующего мировое господство евреев. Полезность фальшивки для антисемитов — особенно в Германии 30-х годов — заключалась в „доказательстве“ навязчивой идеи о еврейской конспирации. Дьявольский сговор, естественно, заключался в том, что интернациональный кагал еврейских финансистов достигал порабощения мира путём еврейского финансового доминирования. „Протоколы“ оказались полезными и Кафлину, который изо всех сил боролся против золотого стандарта. Взамен он предлагал „не еврейский серебряный стандарт“. Преклонение перед золотом пришло от евреев, которые верили, как проповедовал священник в радиопередаче „золото — священно, золото — это богатство, золото более важно, чем человек или жильё, в котором он живёт“. Золотой стандарт был „теорией европейских евреев“. Местные банкиры Wall Street были, по его мнению, „современными Шейлоками, … наращивающими жир и богатство“».

Кафлин был разносторонний антисемит, который среди прочих регулярно использовал термин «коммунистический еврей». В одном из номеров *Social Justice*, в том же 1938 году, он писал: «Почти без исключения интеллектуальные лидеры… марксистского атеизма в Германии были евреями». Историк Алан Бринкли показал, что эта и подобные образцы клеветы в колонке редактора были фактическим плагиатом из речей Геббельса, главного идеолога нацизма.

* * *

История радиосвященника Кафлина — только небольшая, хотя и важная часть в истории роста антисемитизма в Америке перед Второй мировой войной. Конечно, бедные католические массы не были каким-либо исключением. Огромным влиянием на уровне плебса пользовались *Silvershirt Legion of America* во главе с Уильямом Пелли и *Defenders of the Christian Faith* пастора Джеральда Уинрода. Но, конечно, одной из самых серьёзных и влиятельных, можно сказать — элитных, общественных организаций, организацией, представляющей всю Америку предвоенного периода, был *America First Committee*, в котором главной, знаковой фигурой был легендарный авиатор Чарльз Линдберг. Линдберг был очень активным членом организации, выступал на десятках митингах, давал многочисленные интервью. После первого беспосадочного перелёта в Европу и трагедии с похищением и убийством сына его известность превышала, пожалуй, известность любого другого американца [20]. К его мнению прислушивались десятки миллионов. Линдберг был близким другом Форда и свободно высказывал общее с Фордом мнение о евреях [21]. Так выступая в сентябре 1941 года на гигантском митинге, организованном *America First Committee*, он заявил: «Три группы стремятся к войне: администрация Рузвельта, англичане и евреи… которые получили в этой стране невиданное влияние в кино, прессе, радио и в нашем правительстве». В своём опубликованном дневнике он писал: «Мы должны стремиться к уменьшению еврейского влияния… Везде, где пропорциональная численность евреев оказывается слишком большой, неизбежно возникнет насильственная реакция протеста. Это плохо, потому что некоторые евреи нужного типа, я думаю, представляют ценность для страны».

Все опросы общественного мнения показывают стойкую антиеврейскую предвзятость в самых широких слоях. *В предвоенные годы абсолютно пацифистски настроенное американское общество жёстко связывало пробританскую и антинацистскую политику Рузвельта с еврейскими финансовыми и «братскими» интересами американских евреев.* Антиеврейские настроения двадцатых значительно усилились в результате Великой депрессии и социалистическо-коммунистическо-нацистской пропаганды тридцатых. По-прежнему существовали квоты для еврейских студентов в большинстве известных университетов (никогда, впрочем, не называемые своим именем) [22], несмотря на борьбу еврейских организаций ещё больше ожесточились дискриминационные иммиграционные квоты, жёстче стали нормы приёма евреев в привилегированные корпорации и социальные клубы. Ни в одном опросе 1938–41 годов антиеврейские предубеждения не падали ниже 50%, например, в опросе 38-го года 85% высказалось против увеличения квот для еврейских иммигрантов из Европы, в опросе 39-го года 10% высказались за немедленную депортацию евреев, но за исключением короткого времени 1938–39 годов и в основном — в Большом Нью-Йорке, антиеврейские сантименты нигде не переросли в антиеврейское насилие [23].

Что же касается общих настроений, то время, как сказал бы Райкин, было «мерзопакостное» для евреев, как на уровне народных масс, так и среди элиты. Алан Дершовиц пишет [24], что «лучшие из лучших — Г. Л. Менкин, Т. Элиот, Г. Адамс, Д. Б. Шоу, Г. Уэллс, Т. Драйзер, совершенно не боясь остракизма, говорили любые гадости о евреях». Вывески «Евреям не обращаться», «Только для христиан» — были нормой. Конгрессмен Джон Рэнкин совершенно спокойно, выступая в Конгрессе, мог назвать популярного политического обозревателя Уолтера Уинчела *(Walter Winchell)* — «этот маленький жид» [25]. Мисс Лора Делано Хаутлинг *(Laura Delano Houghteling)*, жена Джеймса Хафтелинга, Верховного комиссара по делам иммиграции, рассуждая по поводу законопроекта Вагнера — Роджерса, согласно которому США должны были принять 20 тысяч еврейских детей — эмигрантов из Европы, высказала своё мнение следующим образом: «Эти 20 тысяч прекрасных детишек вырастут и станут 20 тысячами взрослых еврейских уродов» [26]. Вышеупомянутый законопроект, естественно, не пошёл дальше под-подкомиссии Сената. Интересно заметить, что мисс Хаутлинг была двоюродной сестрой Президента Рузвельта.

Антиеврейские лозунги были невероятно популярны во время избирательных кампаний, особенно на Юге. Кроме перечисленных мной ранее, многие другие важные и влиятельные общеамериканские организации, например, «Американский Легион», «Ветераны иностранный войн», «Дочери Американской революции» открыто выражали антисемитские взгляды.

Тем не менее, встаёт вопрос: почему при наличии массового «народного» антисемитизма правительство Соединённых Штатов не пошло на поводу у масс, как это случилось в Европе, и что предсказывал и опасался Нок?

Самый простой и очевидный ответ заключается в различии структур власти, в гениальности американской Конституции, которая как будто специально предусмотрела подобную ситуацию [27].

В многопартийных парламентских дрязгах европейских стран для партии борющейся за власть важен буквально каждый голос, что вызывает насущную необходимость в коалициях (а после победы — в поддержке коалиций) с мелкими партиями, а значит, и мнением меньшинств. Причём, меньшинств любого вида, включая самые радикальные. Сама политическая борьба в такой ситуации оказывается гораздо более экстремальной, радикальной. Евреев, их активную политическую роль в жизни общества (евреи всегда на виду и активны в любых, часто противоположных, политических процессах), их политическое, экономическое и финансовое влияние легко, удобно, да и привычно — глубоко в европейской традиции, «назначить» причиной многих неприятностей, особенно экономических.

Вторым очевидным европейским фактором был европейский национализм, старые счёты и обиды, уходящие в глубокую древность. В этих разборках на уровне народов мифические евреи всегда играли важную негативную роль. Одновременно, антиеврейские лозунги и насилие против евреев были, пожалуй, единственным фактором способным объединить самые различные националистические фракции. Опять таки, в этом была глубоко укоренившаяся европейская традиция, особенно характерная для Германии [28].

Третьей отличительной европейской причиной, на этот раз причиной только конкретного времени, была реальная коммунистическая угроза, близость и влияние СССР, мощное рабочее движение, попытки коммунистических переворотов в ряде стран. Коммунистические и рабочие движения непосредственно — и часто справедливо — связывали с евреями, и в борьбе с этой угрозой стали возможны совершенно невероятные коалиционные соглашения, обычно за счёт евреев. Характерным примером может быть сговор Национал-социалистической партии Гитлера и влиятельнейшей католической партии Центра в июле 1933 года [29].

Наконец, влияние религии и религиозного антисемитизма в большинстве европейских странах всегда было существенно выше.

В Соединённых Штатах, к счастью, всё было по-другому. Любовь-не любовь людей друг к другу по любой из причин и свободное выражение своих взглядов были нормальным, можно сказать, конституционным правом американского гражданина: Первая поправка к Конституции отвергает практически любые попытки судебного преследования как отдельных индивидуумов, так и организаций, пропагандирующих радикальные этнические и религиозные взгляды. Например, идеология Ку-клукс-клана не преследуется: преследуются по закону только факты насилия (включая доказанный сговор, с целью совершить конкретное насилие). Но межрасовые отношения после Гражданской войны находились вне сферы высокой политики и практически не влияли на неё на федеральном и штатном уровне. Единственное известное мне исключение—антикитайские законодательные акты 1882 года были приняты, во всяком случае, в Калифорнии по совершенно другим причинам. Национализм, в европейском смысле, в стране не существовал, наверно, с того времени, когда в середине XIX века власти Пенсильвании запретили американским гражданам, выходцам из Германии, организовать свою параллельную систему образования на немецком языке. «Красная угроза» после середины 1920-х уже не воспринималась чем-то реальным. Действительно, некоторые поиски выхода из Великой депрессии, особенно в начале правления Франклина Рузвельта, были в русле социалистической доктрины, но они быстро потеряли смысл и значение после решительного сопротивления Конгресса и решений Верховного Суда 1935 года [**30**], и к концу десятилетия были забыты. Очень важно, что религия и государство не только формально по Конституции разделили свои сферы влияния, но к середине XX века реальное разделение уже было устоявшейся американской традицией. И ещё: к этому времени американские евреи стали органичной частью американского общества, прекрасно знающей о своих правах, *о правах американских граждан.* И не дающих себя в обиду. (*Anti-Defamation League*—очень активная организация по защите евреев от нападок и клеветы, была организована в 1913 году). Этому, кстати, евреи научились у своих соседей по стране, и этим они заслужили определённое уважение как соседей, так и власти.

Да, в значительной части американского общества 1920–1940 годов господствовали серьёзные антиеврейские настроения. Этому были причины, о многих из которых написал Альберт Нок в своей статье. Нежелание воевать за чужие интересы (особенно после разочарования итогами Первой мировой войны), которое искусные демагоги и популисты связывали с евреями, было ещё одним важным, возможно, в предвоенные годы—главным фактором [**31**]. Но в обстановке открытой нелюбви к евреям отсутствовали, на мой взгляд, две главные, **решающее** составляющие: в Соединённых Штатах не было *официального государственного и официального религиозного антисемитизма.* Никогда в эти годы ни на каком федеральном, штатном, городском, университетском, медийном, либо на уровне официальных заявлений любой конфессии христианской церкви не прозвучало осуждение евреев—*как евреев*. Традиция многонационального государства—государства-иммигрантов, уважение основного закона, дающего каждому члену общества, включая евреев, право на жизнь, свободу и высказывание своего мнения, сыграли свою решающую роль.

И в этом было самое главное отличие американского общества от европейского. Именно по этой причине в Америке могла возникнуть нормальная дискуссия по «еврейскому вопросу», с частью которой я познакомил читателей этих заметок.

Именно из этих простых фактов следовали и различные последствия для судеб евреев в Америке и Европе.

*** 

Статья Нока в *The Atlantic Monthly* содержит очевидные недостатки и «странности», на которые, безусловно, намного легче обратить внимание сегодня. Сегодня нам известно, что нелёгкий поиск *modus vivendi* между еврейскими и не-еврейскими гражданами страны пошёл совсем в другом, не пессимистичном «ноковском» направлении. Еврейский «вопрос», в той форме, как он стоял перед страной восемьдесят лет назад, больше не существует, хотя на смену ему пришли другие серьёзные национальные, этнические и, в меньшей степени, религиозные «вопросы». И к большому сожалению, всё больше—идеологические, псевдопартийные. Традиционный многоликовый и различный для разных стран антисемитизм сегодня нашёл новую нишу, во многом объединивший все прежние—антисионизм, под респектабельным «зонтиком» антиколониализма и прав человека. Что ж, прочесть статью Нока полезно хотя бы для того, чтобы увидеть, насколько далеко общественное мнение в США по «еврейскому вопросу» ушло вперёд в сравнении с довоенным. Или, учитывая современные реалии, насколько изменилось основание общественного мнения. Детальное рассмотрение этого процесса не является предметом исследования в этой главе, но, на мой взгляд, необходимо понять, что среди других, две причины, обе внешние, сыграли свою важную роль в этой положительной динамике. Первая—японская атака на Пёрл-Харбор в декабре 1941 года, в большой степени снявшая с евреев обвинение в «разжигании войны» и давшая стране на некоторое, весьма критическое, время нового «козла отпущения»—японцев (и тоже, по Ноку, из *Oriental*) [32].

Вторая — радикальное послевоенное изменение демографической структуры страны, в том числе, резкое увеличение численности *других Oriental* народов. Ни первое, ни второе Альберт Нок не смог предвидеть. Впрочем, как и никто другой.

К счастью, не проверенной практикой и уже потому недоказанной на сегодня остаётся самая вероятная, по Ноку, причина возможного усиления антисемитизма и антиеврейского насилия в американском обществе — как последствие экономической катастрофы. Нам остаётся только априори не поверить Альберту Ноку или — поверить. И ждать доказательства.

* * *

И в заключение, только для того, чтобы дать лучшее представление о времени, несколько высказываний людей, не самых последних в американском и европейском обществе 1920–1930 годов (цитаты в основном взяты из книги «Human Smoke» by Nicholson Baker).

Нет никаких причин для паники. Голосование за Гитлера — это только симптом, совсем не обязательно ненависть к евреям, но скорее мгновенное возмущение, обида, вызванные экономической беспросветностью и безработицей среди оболваненных молодых немцев… Когда это изменится, я надеюсь, изменится к лучшему, немецкий народ вернётся к норме.

—*А. Эйнштейн, 18 сентября 1930*

По поводу евреев: доктор Шахт — глава Немецкого банка — утверждает, что еврейская проблема слишком раздута в Америке. «Никто не убит. Не было никакого насилия по отношению к индивидуальным евреям»

—*Самюэль Фуллер, американский бизнесмен в письме своему старому другу Франклину Рузвельту из Берлина, 8 мая 1933 (Рузвельт просил Фуллера накануне отъезда того по делам в Берлин прояснить для него ситуацию с евреями в Германии. Рузвельт давал подобное задание всем своим друзьям, путешествующим по Европе, получая от них самую противоречивую информацию)*

Целью нашей еврейской политики должна быть эмиграция всех евреев… Ассимилированные евреи — те, кто хочет остаться жить в Германии как немцы — должны понять, что их надежды не оправдаются, в то время как сионисты, те, кто хочет эмигрировать в Палестину, должны всячески поощряться. Цель государственной полиции — поощрять сионизм и эмиграционною политику всеми возможными способами.

> —*Рейнхард Гейдрих,* глава Гестапо, *24 мая 1934*

Каждый германский корабль, бросивший якорь в наших портах, привозит свежий груз нацистских крыс, которые распространяют лёгочную чуму антисемитизма и расовой ненависти и выгрызают фундамент нашего великого содружества… Никто не защищён от нацистского Холокоста.

> —*Джозеф Тененбаум,* организатор бойкота германских товаров в США, выступая на антинацистском митинге в Нью-Йорке, *15 марта 1937*

Я знаю, некоторые из вас думают, что я должен говорить с Гитлером более жёстко [по вопросу притеснения евреев]. Но приходило ли вам в голову, что ответом на моё резкое письмо может быть бомба на ваш обеденный стол.

> —*Стэнли Болдуин,* Премьер-министр Великобритании в обращении к делегации рабочих-христиан, *21 марта 1937*

Великая война отбросила три пятых Европы обратно в Средние века. Мы вступили в войну, чтобы спасти демократию, но в результате она там окончательно умерла… Следующая война может оказаться ещё более разрушительной и более «образовательной»

> —*рабби Барух Браунштейн,* выступая перед делегатами Национального собрания еврейских женщин Америки, *13 апреля 1937.* Собрание приняло резолюцию, протестующую против обязательного призыва в армию, поддержало соблюдение строгого нейтралитета и высказалось против военного обучения в школах.

Было бы опасной глупостью для английского народа недо-
оценить выдающееся место в мировой истории, которое
займёт Муссолини, или не понять удивительный уровень
смелости, цельности, самоконтроля и целеустремлённости,
примером которых он является

> —*Уинстон Черчилль* в статье в *The News of the
> World, 10 октября 1937*

«Должны ли США объявлять войну ____?»

> —в такой форме в январе 1938 была предложена
> Поправка к Конституции по инициативе ряда
> конгрессменов во главе с *Луисом Лудловым.*
> Согласно предлагаемой Поправке, вопрос
> о вступлении США в войну должен решаться
> на всенародном референдуме.

Господа Барух и Моргентау зациклены на спасении своих
единоверцев и своей собственной позиции в Америке, им
совершенно безразличны остальные жертвы Гитлера. Эти
люди ведут себя совершенно так же, как вели себя богатые
и влиятельные евреи, которые привели к власти Гитлера,
чтобы этим избежать большевизма.

> —*Феликс Франкфуртер* в частном письме
> другу, *апрель 1938*

Евреи—порождение дьявола. Все евреи должны покинуть
Румынию; если они это не сделают, будут ужасные погромы. Мир должен найти для них место. Мадагаскар выглядит вполне подходящим для этой цели.

> —*Александр Куза,* министр в румынском пра-
> вительстве, в интервью *The New York Times,
> 21 января 1938*

«Продаются евреи. Кому они нужны? Никому»

> —Заголовок в одной из центральных герман-
> ских газет после закрытия Конференции
> в Эвиане, *июль 1938*

Трудно понять абсолютную апатию по отношению к судьбе евреев и христиан-не арийцев среди людей Британской

империи… Неправильно называть их беженцами, так как для них не существует страны, куда можно было бы бежать.

> —*Джордж Белл, епископ Чичестера, 27 июля 1938*

Мы густонаселённая индустриальная страна с большим количеством безработных в настоящее время. Лучше нам честно признать как факт, что решение разрешить серьёзную иммиграцию приведёт к значительному антиеврейскому движению в стране.

> —*Сэр Сэмюэль Хор (Hoare),* министр внутренних дел Великобритании, выступая в Парламенте, *21 ноября 1938*

Это были крайне неприятные и неудовлетворительные переговоры.

> —*Кларенс Пикетт,* квакер и руководитель крупнейшего американского агентства помощи европейским беженцам, после категорического отказа заместителя Госсекретаря США Джорджа Мессершмидта принять помощь подготовленных и обученных добровольцев «разгрести авгиевы конюшни» при рассмотрении заявлений на получение американских виз в посольствах Германии и других европейских стран. Тысячи заявлений лежали не рассмотренными из-за «отсутствия персонала» в консульствах, *декабрь 1938*

Я скорее дам… евреям умереть в Германии, чем как-то прозябать на каких-то землях, которые ещё вчера были оккупированы Германией.

> —*Рабби Стивен Вайс* (один из лидеров американских сионистов) в частном письме другу по поводу предложения Чемберлена переселить европейских евреев в Танганьику, примерно *январь 1939*

## ПРИМЕЧАНИЯ

[1] Этот эпиграф взят из работы Людмилы Демарской-Цигельман «Советизм, нацизм...» http://berkovich-zametki.com/2005/Starina/Nomer7/Dymerskaja1.htm Найти первоисточник у Томаса Манна мне не удалось.

[2] http://www.theatlantic.com/magazine/archive/1941/06/the-jewish-problem-in-america/306268/

[3] Статья анонимного автора называлась «I Married a Jew».

[4] http://en.wikipedia.org/wiki/The_Freeman

[5] http://www.thefreemanonline.org/features/albert-jay-nock-a-gifted-pen-for-radical-individualism/

[6] Рекомендую: http://mises.org/daily/2892

[7] http://mises.org/daily/4926 — интересаная статья Фрэнка Чодорова о Ноке. Очень подробно о философии Нока в книге «The Right» by Matthew Continetti, 2022 год.

[8] Нок объяснял это тем, что толстый том словаря лежал на специальном низком столике, и он смог до него дотянуться намного раньше, чем до книжных полок.

[9] http://mises.org/daily/4926

[10] http://habrahabr.ru/company/taucraft/blog/145755/

[11] http://www.theatlantic.com/magazine/archive/1941/08/the-anti-semitic-problem-in-america/306274/

[12] И в этом была своя, возможно, не известная Маршаллу ирония. Нок в некоторых частях своей статьи повторил — скорее всего не зная об этом — идеи статьи 1908 года «Социальная ущербность евреев», ассимилированного американского еврея Эдвина Куха; девятнадцатый век, как известно, закончился в 1914 году.

[13] Начало этой части моих заметок основано, в основном, на книге Леона Полякова «История антисемитизма, книга Вторая — Эпоха знаний».

[14] http://www.rationalrevolution.net/war/american_supporters_of_the_europ.htm

[15] Он считал общепринятый «золотой стандарт» — еврейским.

[16] По разным данным в митинге участвовало от 20 до 30 тысяч человек.

[17] Сам Кафлин в радиообращении сразу после митинга категорически отрицал своё участие.

[18] Об этом времени и событиях в Нью-Йорке можно прочесть в романе «Фокус» Артура Миллера.

[19] http://berkovich-zametki.com/2007/Zametki/Nomer9/Kerrol1.htm

[20] В книге Филипа Рота «Заговор против Америки» действие происходит после «победы» Линдберга на президентских выборах 1940 года. Если бы Линдберг действительно выставил свою кандидатуру, как его уговаривали многие, то фантазия Рута могла бы оказаться реальностью.

[21] Агент ФБР, следящий за Линдбергом по указанию Гувера, доносил по инстанции слова Форда: «Когда у меня в гостях Линдберг, мы говорим только о евреях».

[22] Эти квоты были в пределах 5–15% и внедрялись или тайно, как в Принстоне, или «под другим соусом», как в Гарварде. Из известных университетов только Браун никогда не вводил квоты для приёма еврейских студентов. В менее популярных университетах квоты были редкостью.

[23] В 1942 году были осквернены несколько еврейских кладбищ в Бостоне.

[24] В книге «The Vanishing American Jew».

[25] http://en.wikipedia.org/wiki/John_E._Rankin

[26] http://www.jewishvirtuallibrary.org/

[27] По итогам голосования на должности в исполнительные ветви власти в США (губернаторов и Президента страны) «победитель получает всё».

[28] Об этом подробно в «Истории антисемитизма. Книга Вторая» Леона Полякова — в главе «Германия».

[29] http://berkovich-zametki.com/2010/Starina/Nomer4/Yudovich1.php

[30] http://berkovich-zametki.com/2012/Zametki/Nomer4/Judovich1.php

[31] На политическом «фронте» самыми влиятельными антисемитами в предвоенные годы были конгрессмен Джон Рэнкин и сенатор Роберт Рейнгольдс. На уровне исполнительной власти «главным антисемитом» был Госдепартамент.

[32] Джон Рэнкин мгновенно изменил «направление главного удара» и стал инициатором выселения американцев японского происхождения с Западного побережья США в концлагеря.

# ВЗГЛЯД ИЗ СЛЕДУЮЩЕЙ ЭПОХИ

*А по набережной легендарной
Приближался не календарный —
Настоящий Двадцатый Век.*

**Анна Ахматова**

Исторические века не начинаются с круглых дат и не совпадают с календарными. XX век, начавшийся с Первой мировой войны, был веком крушения империй и невиданного прогресса технологий, но для западного мира он был также веком отступления религии и торжества идей свободного рынка и универсальных прав человека. За только что закончившуюся первую четверть календарного XXI века померкла привлекательность обеих этих идей, и в воздухе повисло ощущение наступления новой эпохи.

Евреи, как канарейка в шахте, снова оказались в самой горячей точке этого перелома. Именно поэтому так злободневны собранные в этой книге эссе одного из лучших современных популяризаторов политической истории нового времени. Все они были написаны относительно недавно, когда еще было возможно делиться сокровенными мыслями с близкими и невозможно вещать в публичном пространстве то, что сегодня уже стало частью повседневного дискурса. Со времени написания этих эссе их актуальность только возросла.

Каждое из них посвящено одному из эпизодов ближневосточной саги, первый из которых начался еще в XVIII веке, а последний завершился к середине XX. Все они выписаны ярко и увлекательно, с характерным для автора широким охватом событий и упором на индивидуальные качества главных участников и, самое главное, на моральную и этическую мотивировку их поступков. Собранные вместе, они иллюстрируют почти двухвековое столкновение высоких принципов американской политики как с реально существующими границами их применения, так и с меркантильными интересами.

В первых пяти главах книги подробно описаны эпизоды, в центре каждого из которых — одна или две коллизии. Первая из них — непредсказуемость последствий принятия ответственных политических решений, а вторая — противоречия между моральными принципами принимающих эти решения людей и такими факторами как их собственные корыстные интересы и ограниченность ресурсов, необходимых для реализации этих решений. Последняя коллизия резко обострилась сегодня в странах Запада, в первую очередь, за счет заметного смещения центра тяжести этой дилеммы в сторону корыстных интересов как у политического класса, так и у общества в целом.

Последняя глава и примыкающее к ней приложение посвящены предупреждению основоположника современного либертарианства Альберта Нока о грядущих вспышках антисемитизма в Америке и состоянию этой формы ксенофобии на бытовом уровне в первой половине XX века. Здесь поражает точность прогноза Нока, который ошибся только в одном: благополучие нашей страны неуклонно возрастало с тех пор, и мы только сейчас подошли к той черте, за которой сбываются его худшие опасения о перерастании этого явления из бытового в политическое.

Игорю Юдовичу удалось создать исчерпывающее повествование о каждом из этих эпизодов, охватывающее как внутреннюю механику взаимоотношений действующих лиц, так и их подход к формулировке и отстаиванию своих позиций в самых разных ситуациях реальной политической жизни.

*Михаил Рейз*